JN301793

きっちり学ぶ
経済学入門

江良亮・森脇祥太 [編著]

徳原悟
高橋意智郎
竹村敏彦

尾身祐介
坂本博史
矢口優
四方田雅史
神林邦明
清水政行 [著]

日本評論社

まえがき

　本書『きっちり学ぶ経済学 入門』は、ミクロ経済学とマクロ経済学の基礎理解を目的として、公務員試験や各種資格試験、そして経済学系大学院進学、学部編入試験等の対策も視野に入れ、経済理論の基礎を徹底的に理解してもらいたいとの意図で書かれています。

　本書は特に、本書執筆者らの過去の指導経験から感じた「初学者が理解しづらいところ」を重点的に、それでいて冗長にならず、コンパクトに解説することを心がけています。たとえば、本書第1章の消費者行動理論では、消費量の変化を所得効果と代替効果に区分しますが、「効用水準ではかった実質所得」といった表現がでてきます。このような箇所は多くの場合、初学者にとって、いわば壁となることが多く、経済学の基礎理論を学ぶ上での大きな障害となっているとわれわれは考えています。そのような箇所に焦点をしぼり、たとえてみれば、「崖が急なところが登りやすくなる」ことを読者に皆さんに感じてもらえるよう工夫しながら書き上げました。

　また、各章の最後に確認用語をまとめていますので、復習の際に活用してください。そして、重要な用語は英訳もつけました。経済学をより専門的に深く学ぶためには、英語で書かれた文献や学術論文を読む必要があります。また、大学院入試の英語では、専門用語を正しく理解していることが採点上のポイントになります。その意味で、単語帳としても有効活用できればよいと考えて作成しました。

　経済学は、最初の導入部分を学ぶときが、最も退屈で難解に感じる人が多い学問です。しかし、その壁を越えると、理論体系の一貫性から、ひとつの理論で多くの現象を説明できることがわかり、楽しく感じられるようになるはずです。そして、特に資格試験等の受験を予定されていない方でも、社会

を理解するうえで、経済学の理論は必ずや有効な思考ツールとなるはずです。それも、本書で学ぶような基礎的な箇所のみであっても、経済問題に対する理解力が高まり、論理的に社会を見る目が養われます。その意味で本書を通じて、経済学の入門段階を越えていただき、みなさんの世界観を広げてほしいということも、本書を執筆した意図の一つです。

　最後になりましたが、本書に執筆に際して、早稲田大学教授の樋口清秀先生からは、数々の貴重なご助言をいただきました。日本評論社の飯塚英俊氏には本書の上梓に際して大変お世話になりました。心よりお礼申し上げます。また、本書を編者2人の指導教員であった元早稲田大学教授故大塚勝夫先生にささげたいと思います。

2011年1月

江良　亮

森脇祥太

きっちり学ぶ 経済学入門　目次

第1部　ミクロ経済学編

第1章　家計の行動 ……………………………………………………… 3

- I　家計の行動 3
  - 1．家計と効用 3　2．予算制約 5　3．効用関数と無差別曲線 7
  - 4．消費者行動理論における前提条件 9　5．限界代替率 10
  - 6．効用が最大化されるときの需要量の決定 11
- II　所得変化の効果 13
  - 1．所得消費曲線 13　2．需要の所得弾力性 14
- III　価格変化の効果 16
  - 1．価格消費曲線 16　2．代替効果と所得効果 16
- IV　需要曲線の導出 19
  - 1．通常のケース 19　2．ギッフェン財 21
- V　応用分析 22
  - 1．異時点間の資源配分 22
- VI　労働供給 25
  - 1．余暇と労働の選択 25　2．労働供給曲線の導出 27

第2章　企業の行動 ……………………………………………………… 31

- I　企業の行動 31
- II　総費用曲線の導出 32
- III　短期の限界費用（MC）、平均費用（AC）の導出 32
  - 1．平均費用曲線 33　2．限界費用（MC）曲線 34　3．平均費用と限界費用との関係 34
- IV　企業の収入 35
  - 1．総収入 36　2．限界収入（MR）、平均収入（AR） 37
- V　短期の利潤最大化の条件 38
- VI　短期供給曲線の導出（損益分岐点・操業停止点） 40
  - 1．短期供給曲線の導出 40
- VII　長期における企業の行動 42
  - 1．長期利潤最大化行動 44　2．企業の長期供給曲線 45
- VIII　生産関数と費用最小化行動 46
  - 1．生産関数 46　2．複数の生産要素と生産関数 47
  - 3．等量曲線と技術的限界代替率 48　4．規模の経済性 50
  - 5．費用制約（等費用線の導出） 51　6．費用最小化行動の均衡条件 52

第3章　不完全競争市場 53

- I　不完全競争 53
  - 1．完全競争市場と不完全競争市場 53　2．不完全競争市場の種類 54
- II　完全競争市場と独占の相違 56
  - 1．完全競争市場の仮定 56　2．完全競争市場と独占の相違 58
  - 3．独占企業の利潤最大化生産量の決定 60
- III　寡占 61
  - 1．マークアップ原理 61　2．参入阻止価格 62　3．屈折需要曲線 63
- IV　独占的競争 64
  - 1．独占的競争と製品差別化 64　2．短期均衡 65　3．長期均衡 66
- V　複占 66
  - 1．クールノー競争 66　2．市場構造と企業行動 67　3．反応関数とクールノー均衡 68

第4章　市場の効率性 71

- I　部分均衡分析 71
  - 1．完全競争市場の条件 71　2．市場の需要曲線の弾力性 72
  - 3．市場の均衡価格の決定 73
  - 4．市場の安定性 74　5．完全競争市場における効率性 77
- II　一般均衡分析 79
  - 1．純粋交換モデル 80
- III　消費・生産両面の効率性 82
  - 1．生産フロンティア（生産可能性曲線）と生産の効率性 82　2．消費者行動の導入 82
- IV　経済厚生と政府の介入 84
  - 1．最高価格の設定 84　2．価格支持政策 84　3．従量税 86

第5章　市場の失敗 87

- I　外部効果と市場の失敗 87
  - 1．市場の失敗とは 87　2．金銭的外部効果と技術的外部効果 87
  - 3．技術的外部不経済の市場への影響と課税政策 88　4．外部経済と補助金政策 90
  - 5．コースの定理 91
- II　費用逓減産業 93
  - 1．費用逓減産業と自然独占 93　2．費用逓減産業 93
- III　公共財 94
  - 1．公共財とは 94　2．公共財の最適供給メカニズム（部分均衡分析）97
  - 3．公共財の最適供給メカニズム（一般均衡分析）97
- IV　リンダール均衡 99
- V　情報の非対称性 101
  - 1．逆選択 102　2．モラル・ハザード 103　3．解決策 103

Ⅵ 【補論】不確実性の経済学 104
　1．期待利得 105　2．期待効用 106　3．危険回避者 107
　4．危険愛好者 108　5．危険中立者 109

第6章　国際貿易 ……………………………………………… 111

Ⅰ　リカード・モデル 111
　1．比較優位の原理 111　2．貿易の利益 113

Ⅱ　ヘクシャー＝オリーン・モデル 117
　1．比較優位と生産要素賦存 117　2．リプチンスキーの定理 117
　3．ストルパー＝サミュエルソンの定理 119　4．要素価格均等化の定理 121
　5．ヘクシャー＝オリーンの定理 122

Ⅲ　産業間貿易と産業内貿易 124

Ⅳ　多国籍企業と企業内貿易 126

第7章　ゲームの理論 ……………………………………………… 129

Ⅰ　ゲーム理論 129

Ⅱ　同時手番ゲーム 130
　1．戦略形ゲーム 130　2．最適反応、支配戦略、ナッシュ均衡 131
　3．混合拡張した戦略形ゲーム 135

Ⅲ　逐次手番ゲーム(1) 139
　1．展開形ゲーム 140　2．完全情報ゲーム 141　3．不完全情報ゲーム 145

Ⅳ　逐次手番ゲーム(2) 146
　1．有限繰り返しゲーム 147　2．無限繰り返しゲーム 153

Ⅵ　不完備情報ゲーム 157

第2部　マクロ経済学編

第8章　マクロ経済の基本用語 ……………………………………………… 161

Ⅰ　国内総生産と国民総生産 161
　1．国内総生産と国民総生産の定義 161
　2．国内（国民）総生産の計算に含まれるもの、含まれないもの 162
　3．フローとストック 163

Ⅱ　三面等価の原則 163
　1．三面等価の原則とは？ 163　2．支出面からみた国民総生産（国民総支出）163
　3．分配面からみた国民総生産（国民総所得）164　4．貯蓄と投資の恒等関係 165

Ⅲ　名目と実質 166
　1．経済成長率 166　2．名目と実質 166

第9章 財市場分析 ……………………………………………………… 171

Ⅰ 国民所得の決定メカニズム 171
　1．有効需要の原理 171　2．ケインズ型消費関数 172
　3．均衡国民所得の決定メカニズム（45度線分析）175

Ⅱ 乗数効果 178
　1．乗数の導出（1）租税が国民所得の水準に依存しないケース 179
　2．均衡予算乗数の定理 180
　3．乗数の導出（2）租税が国民所得の水準に依存するケース 181
　4．乗数の導出（3）海外部門が存在するケース 182

Ⅲ ビルトイン・スタビライザー 183

Ⅳ 貯蓄のパラドックス 184

第10章 貨幣市場 ……………………………………………………… 187

Ⅰ 貨幣市場 187

Ⅱ 貨幣供給 189
　1．マネー・サプライ 189　2．ハイパワード・マネー 190
　3．信用創造 190　4．信用乗数 191　4．金融政策 192

Ⅲ 貨幣需要 193
　1．貨幣の保有動機 193　2．債券価格の決定メカニズム 194
　3．投機的動機にもとづく貨幣需要 L_2 の決定メカニズム 195　4．貨幣需要の決定式 196
　5．流動性の罠 197

Ⅳ 利子率の決定メカニズム 197

Ⅴ 古典派の貨幣市場 198
　1．貨幣の中立性命題 199　2．貨幣数量説 199　3．古典派の貨幣需要 200

第11章 *IS-LM* 分析 ……………………………………………………… 203

Ⅰ *IS* 曲線 204
　1．*IS* 曲線の定義 204　2．*IS* 曲線の導出とシフト 205
　3．投資の利子弾力性と *IS* 曲線の傾き 206

Ⅱ *LM* 曲線 207
　1．*LM* 曲線の定義 207　2．*LM* 曲線の導出とシフト 208
　3．貨幣需要の利子弾力性と *LM* 曲線 210

Ⅲ 利子率 r と国民所得 Y の同時決定と裁量的政策の効果 210

Ⅳ 金融政策が無効となるケース 212
　1．流動性の罠のケース 212　2．投資の利子弾力性がゼロのケース 213

Ⅴ クラウディング・アウト 214

Ⅵ 古典派のケース 216

付論1　国債発行の2つの方法の相違　217
　付論2　投資理論　219
　　1．ケインズの投資の限界効率　220　2．加速度原理　220　3．ストック調整モデル　221
　　4．新古典派投資理論　221　5．宇沢理論　222　6．トービンの q 理論　222
　【参考】限界の q ／ q 理論の貢献　224

第12章　AD-AS 分析とフィリップス曲線　227

　Ⅰ　総需要曲線（AD 曲線）の導出　227
　Ⅱ　古典派とケインズ派の労働市場の相違　228
　　1．古典派の労働市場　228　2．ケインズ派の労働市場　229
　Ⅲ　総供給曲線（AS 曲線）　232
　　1．古典派の総供給曲線　232　2．ケインズ派の総供給曲線　232
　Ⅳ　裁量的政策の効果　233
　　1．古典派の場合　234　2．ケインズ派　234
　Ⅴ　フィリップス曲線　236
　Ⅵ　長期フィリップス曲線　237
　Ⅶ　現代のマクロ経済理論の諸潮流　239

第13章　国際マクロ経済学　241

　Ⅰ　外国為替相場　241
　　1．為替レート　241　2．国際通貨体制の歴史　244
　Ⅱ　国際収支均衡曲線（BP 曲線）　246
　Ⅲ　IS-LM-BP 分析　249
　　1．固定相場制における財政政策の効果　250　2．固定相場制における金融政策の効果　251
　　3．変動為替相場における財政政策の効果　252
　　4．変動為替相場制下での金融政策の効果　254

第14章　経済成長理論　257

　Ⅰ　ハロッド＝ドーマー・モデル　257
　Ⅱ　ソロー＝スワン・モデル　261
　Ⅲ　黄金律　263
　Ⅳ　経済成長の要因分解　265
　Ⅴ　内生的成長理論　266

参考文献リスト　269

索引　271

著者紹介

江良亮（ERA, Akira） 第1章、第2章
山形県立産業技術短期大学校庄内校国際経営科主任講師
1971年埼玉県生まれ。早稲田大学政治経済学部卒業、同大学院経済学研究科修士課程、同大学商学研究科博士後期課程単位取得退学、（財）国際通信経済研究所研究員等を経て現職。

森脇祥太（MORIWAKI, Shota） 第14章
大阪市立大学大学院経済学研究科准教授
1969年愛媛県松山市生まれ。早稲田大学商学部卒業、同大学院商学研究科博士後期課程単位取得退学、拓殖大学国際学部准教授等を経て、現職。経済学博士（京都大学）。

徳原悟（TOKUHARA, Satoru） 第13章
拓殖大学国際学部准教授

高橋意智郎（TAKAHASHI, Ichiro） 第6章
実践女子大学人間社会学部准教授

竹村敏彦（TAKEMURA, Toshihiko） 第7章
関西大学ソシオネットワーク戦略研究機構助教

尾身祐介（OMI, Yusuke） 第3章
東北公益文科大学講師

坂本博史（SAKAMOTO Hiroshi） 第4章
財団法人マルチメディア振興センター情報通信研究部研究員

矢口優（YAGUCHI, Yue） 第5章
拓殖大学国際学部准教授

四方田雅史（YOMODA, Masafumi） 第8章
静岡文化芸術大学文化政策学部 文化政策学科講師

神林邦明（KANBAYASHI, Kuniaki） 第9章、第10章
拓殖大学非常勤講師

清水政行（SHIMIZU, Masayuki） 第11章、第12章
早稲田大学社会科学部助教

第1部
ミクロ経済学編

●第1章

家計の行動

I 家計の行動

1．家計と効用

　ミクロ経済学において、家計（household）とは、生産要素市場（factor market）で与えられた所得水準と、生産物市場で与えられた価格（price）を所与（given）として、効用を最大化する消費計画を決定する経済主体として定義される。

　所得（income）は労働市場（labor market）という生産要素市場における需要（demand）と供給（supply）で決定され、消費者、つまり家計自身は自らの所得の水準を決定することはできない。同様に、生産物市場でも財・サービスの価格は需給で決定される。このように、消費者自身が決定することのできない状況を、経済学では「所与である」という。所得配分と財・サービスの価格が所与である下で、効用（utility）を最大にするような自らの消費計画を決定するのが家計である。

　また、ミクロ経済学において、家計の定義は以下のようである。生産要素市場にて労働サービスを供給し、その対価である所得を用いて、さまざまな財・サービスを需要する単位であり、それは単身世帯のような個人の場合もあれば、3世代同居のような大家族の場合も考えられるだろう。つまり、結局は消費の決定を行う単位のことであると考えればよく、具体的な人数が設定されているわけではない。

　その家計が消費を行うのは、何らかの満足を得るためであろう。もちろん、

満足というのは広い概念であり、一般的な意味で一意に定義することは非常に困難であり、おそらくはさまざまな定義が存在しうる。そこで、ミクロ経済学においては、まずは話を単純化し、財・サービスの購入量で決定されることにする。つまり、購入量が増加すれば満足も同様に増加する関係として効用を定義し、これを満足度とするものと基本的に考える。

この満足の度合いをまずは数値で表してみる。このように表現された消費者の満足度を効用という。ただし、この数値そのもの、その絶対値自体は重要ではない。家計が、任意の消費の組み合わせについて、どちらか一方を好むのか、優劣をつけられるかどうかがここではポイントとなる。つまり、ある財の組み合わせが、他の財の組み合わせより好ましいかどうかについて、順位づけさえできればよい。このような考え方を序数的効用（ordinal utility）と呼ぶ。一方で、順序だけでなく、その組み合わせから得られる数値の大きさに意味のある効用を基数的効用（cardinal utility）とよぶ。

まずは例として、ビールとジュースの2財のみを家計が消費する状況を仮定する。

　　①（ビール，ジュース）＝（4本，7本）
　　②（ビール，ジュース）＝（6本，9本）

を比較してみる。この場合、②の組み合わせの方がビールもジュースもより多く消費できるため高い効用が得られる。

また、

　　③（ビール，ジュース）＝（3本，8本）

であれば、②の組み合わせよりもビール、ジュースともに消費量が少ないために、③の組み合わせから得られる効用は、②よりも小さい。一方、ビールは①の方が多く、逆にジュースは③の方が多い。①と③のどちらの効用が高いかは、各家計が持つ嗜好（taste）、いってみれば個人個人の好みにより異なってくる。つまり、①のほうが良いとする家計もあれば、③のほうが良いと考える家計もあることであろう。同じ財・サービスを同じ量だけ消費したとしても、家計によってどれだけの効用を得られるかは異なるのである。序数的効用を前提とすれば、効用の個人間比較（interpersonal comparison of utility）は不可能なのである。つまり、私の満足度とあなたの満足度を比較

することはできず、比較可能であるのは、私とあなたがどれだけその財を購入したかという需要量だけとなる。

　効用という満足度であるが、効用の水準自体は需要量が大きくなればなるほど大きくなるものの、効用の「増加分」は次第に減少していくとミクロ経済学では考える。たとえば、多くのビール好きな人々にとって、夏の暑い時期にビアガーデンにて飲む1杯目のビールは格別に美味しいことであろう。しかしながら、2杯、3杯と飲むに従って、単位当たりの満足度の増加分は減少していかないだろうか。

　ビールを飲む前の効用水準と1杯目を飲んだときの効用水準との差が、効用の増加分であり、これを限界効用（marginal utility：MU）と呼ぶ。一般的に限界効用とは、ある財・サービスの消費量を1単位増加したとき、これに伴う効用の増加分と定義される。ビールの例でいえば、限界効用はビールを飲む前の効用水準と1杯目を飲んだことによって増加した効用水準であり、その増加分は2杯目から3杯目ではより小さくなり、3杯から4杯、4杯から……、と次第に小さくなっていく。ビールでなくとも、たとえばジュースでも回転寿司でも同様に、基本的に効用の増加分は減少していくであろう。これを限界効用逓減の法則（law of diminishing marginal utility）と呼ぶ。

2．予算制約

　財・サービスを購入するためには、その対価を支払うための所得が必要となる。次に、家計の所得について考えていく。

　ここでは、家計が2つの財（x_1, x_2）を消費し、その2財の消費に所得のすべてを支出し貯蓄は一切行わないものとする。ここで、以下のように記号を定義する。

　　M：所得
　　x_1：x_1財の需要量
　　x_2：x_2財の需要量
　　p_1：x_1財の価格
　　p_2：x_2財の価格

図表 1-1

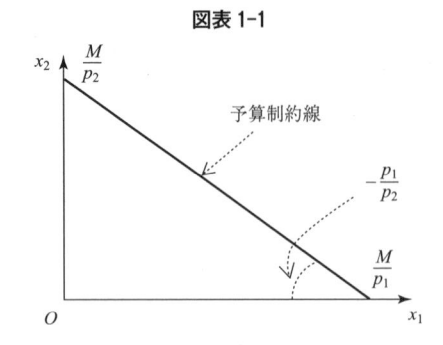

図表 1-2(a)　**図表 1-2(b)**　**図表 1-2(c)**

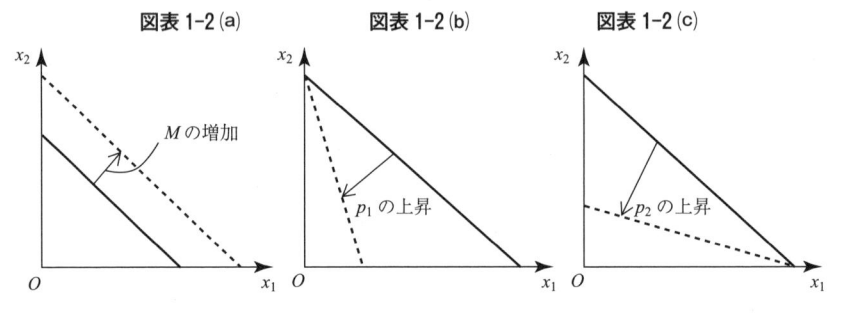

すると、家計の所得 M は、

$$M = p_1 x_1 + p_2 x_2 \quad \cdots\cdots \quad (1\text{-}1)$$

と表現できる。

図表 1-1 は予算制約式（budget constraint）である（1-1 式）を図示したものである。図表 1-1 は縦軸に x_2、横軸に x_1 をとった平面において、右下がりの直線となり、その傾きは、$-(p_1/p_2)$ になることに注意である[1]。

ここで、もし、2 財の価格が一定のまま、M（今期の所得）だけが増加（減少）すれば、図表 1-2(a)のように、予算制約線は外側（内側）に平行にシフトする。

---

1) 以下の数式を参照のこと。

$p_1 x_1 + p_2 x_2 = M$

$p_2 x_2 = -p_1 x_1 + M$　両辺を p_2 で割ると、

$x_2 = -\dfrac{p_1}{p_2} \cdot x_1 + \dfrac{M}{p_2}$　となるため、予算制約線の傾きは、このようになる。

また、p_1 のみが上昇（下落）すれば、図表 1-2(b)のように、予算制約線は縦軸の切片を中心に時計回り（反時計回り）に回転する。これは M で購入可能な x_2 の需要量は変わらないが、p_1 の上昇（下落）により、x_1 の需要量は減る（増える）ためである。同様に、p_2 のみが上昇（下落）すれば、図表 1-2(c)のように、予算制約線は横軸の切片を中心に反時計回り（時計回り）に回転することになる。

3．効用関数と無差別曲線

次に効用関数（utility function）を定義する。効用関数とは、消費の組み合わせ (x_1, x_2) に対して、ある効用の水準が決定される関係として、$U(x_1, x_2)$ と表記するものである。効用関数は、単に「効用は2財の消費量によって決定される」という関係をイメージしてほしい。我々は皆、できる限り多くの消費をしたいと欲しても、所得水準を超える消費を行うことはできない。このことから、

$\text{Max} \quad U(x_1, x_2) \quad \cdots\cdots \text{(1-2)}$
$s.t. \quad p_1 x_1 + p_2 x_2 = M$

という関係が導ける。これが予算制約下での消費者行動である。

この（1-2）式の意味は

$p_1 x_1 + p_2 x_2 \leqq M$

という所得という予算制約のもとで、効用が最大となるような、つまり $U(x_1, x_2)$ が最大となる（= Max にする）ような消費の組み合わせを選択するという意味であり、これを予算制約下での効用最大化（utility maximization）と呼ぶ。

効用最大化行動の結果、効用が最大化された状態で決定された x_1 財と x_2 財の組み合わせを (x_1^*, x_2^*) と表記することが多い。本書を通じ、「*」はよく最適であることを意味して使われることが多い。

図表 1-3 は x 軸と y 軸がそれぞれ x_1 財と x_2 財の消費量、そして z 軸、つまり高さが効用水準を表している。x_1 財及び x_2 財と効用の関係はこのように図示される。つまり、(x_1, x_2) に対する効用の大きさを高さによって表し

図表 1-3

効用水準 (U)

第2財の消費量 (x_2)

U_0
U_1
U_2

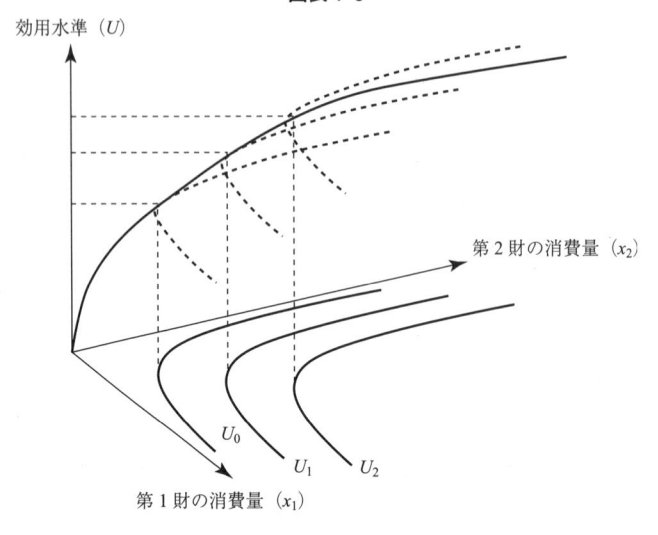

第1財の消費量 (x_1)

ている。このような曲面を効用曲面と呼ぶ。このとき、効用は高ければ高いほど満足が大きい。この曲面が図表1-3のようになっているのは、限界効用逓減の法則のためである。

　次に、この図表1-3にて示された立体を、底面と水平に切ってみることを想像してほしい。すると、図表1-4の底面に図示されているようなU_0、U_1、U_2のような曲線が、切り口として描かれる。この曲線はいわば、地図などでみられる等高線と同じように考えてほしい。ここで、効用曲面の等高線上にある点はすべて同じ効用水準である。

　U_0曲線上のさまざま組み合わせ (x_1, x_2) は、等高線と同様に高さはすべて一緒であるため、効用水準は等しく、x_1財とx_2財の消費量の組み合わせが異なる。このように、等しい（同一の）効用水準を与える財x_1と財x_2の消費量の組み合わせを結んだ曲線（等高線のようなもの）をミクロ経済学では、無差別曲線 (indifference curve) とよぶ。この無差別曲線を図示すると図表1-4のようになる。無差別曲線は以下の5つの特徴をもつ。

(1)無差別曲線は、右上に位置するものほど効用が高い。図表1-4でいえば、U_0よりもU_1、U_1よりもU_2が高い効用を示す。

図表 1-4

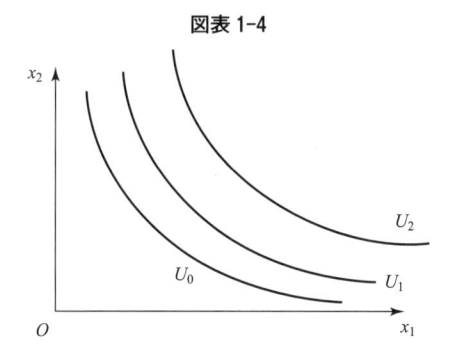

(2) 無差別曲線は右下がりになる。この意味するところは、効用を一定水準に保ちながら、1つの財の量を増やすと、結果的に他の財の量を諦めて減少させる必要があるということである。
(3) 無差別曲線は互いに交わらない。
(4) 無差別曲線は、原点に対して凸型の曲線となる。
(5) 無差別曲線は、厚みを持たない。

4．消費者行動理論における前提条件

家計の消費行動において、選好（preference）の基本的前提として、以下のものが仮定されている。

第一に、完備性（completeness）である。家計は、ある2つの消費計画について、その好ましさを判断可能であることを意味する。つまり、どちらか一方の方が好ましいか、あるいはどちらも同じくらい好ましいか、を判断できるという仮定である。

次に推移性（transitivity）である。複数の消費計画の選好において矛盾が生じないことを保障するものであり、これら2つの性質が仮定されれば、消費者はいかなる消費計画についても選好順序をつけることができることになる。たとえば、消費計画 A が B より好ましく、B は C より好ましいとする。すると必然的に A は C よりも好ましいことになる。この完全性と推移性を満たす選好をもつとき、経済学では合理的と判断する。

そして、連続性（continuity）が挙げられる。これは消費者の選好順序の判定に切れ目がないこと、すなわち、消費者の消費計画の列の選好は、連続しており、突然ジャンプすることがないことを意味している。財を消費する場合、1個と2個との間には、無限の消費量が選択可能であることをさす。

最後に、非飽和性（non-satiation）も重要な仮定の1つである。これは限界効用が正であることを意味し、ある組み合わせに含まれる財のうち、いずれか1つの財の消費量を増やして作られた組み合わせは、もとの組み合わせより選好されることを意味する。

これらの仮定を前提に家計がどのように最適な消費を行っていくのかを以下で見ていく。

5．限界代替率

限界代替率（Marginal Rate of Substitution：MRS）とは、ある財（x_1）を追加的に1単位増加させたときに、効用水準（U）を一定にするために断念しなくてはならない他の財（x_2）の消費量を意味する。MRSは「x_1財のx_2財に対する限界代替率」と呼び、また、x_1財1単位がx_2財で計って何単位分に相当するかを表している。つまり、交換比率ということもできる。

また、限界代替率の性質としては、限界代替率は無差別曲線にしたがって、x_1財の量を増加させるに従い逓減していくことも重要である。このことを「限界代替率逓減の法則」と呼ぶ。このことは、無差別曲線が原点に対して凸であることと同義となる。というのは、どちらもx_1財の増加に伴って、x_2財で計ったx_1財の価値がしだいに小さくなっていくことを意味しているためである。

図表1-5では、A点とB点とでは、x_1財の稀少性（scarcity）が異なる。いま、x_1財の限界効用をMU_1、x_2財の効用をMU_2と表記すると、x_1財の消費量をΔx_1だけ変化させたときの効用の減少分を補うために、x_2財がΔx_2だけ必要であるとする。つまり効用Uの変化分は、

$$\Delta U = 0 = MU_1 \cdot \Delta x_1 + MU_2 \cdot \Delta x_2$$

で示され、

図表 1-5

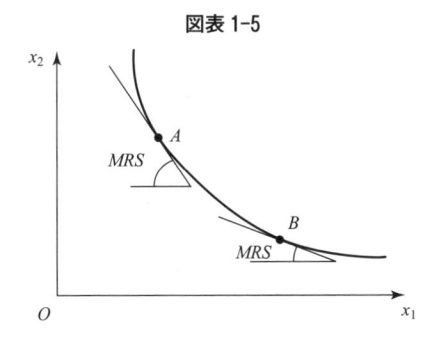

$$-\frac{\Delta x_2}{\Delta x_1} = \frac{MU_1}{MU_2}$$

と整理される[2]。

$-\dfrac{\Delta x_2}{\Delta x_1}$ は限界代替率であり、限界代替率と2財の限界効用の比は等しくなる。

6．効用が最大化されるときの需要量の決定

図表1-6で示されているようにE点のように、

$$MRS = \frac{p_1}{p_2}$$

となるときに効用が最大となる。このE点を均衡点（equilibrium point）と呼ぶ。

A点、B点、E点ではE点が最適である理由を考えてみよう。B点は予算制約を満たさないため、消費可能な量を超えているため消費不可能であり、A点ではより高い効用水準を選択できる余地が残っている。

E点のように予算制約線と無差別曲線が1点で接する消費の組み合わせこそが、最適な消費計画といえる。このときには予算制約の制約下でもっと

2）同一無差別曲線上の変化はゼロなので$\Delta U = 0$となる。

図表 1-6

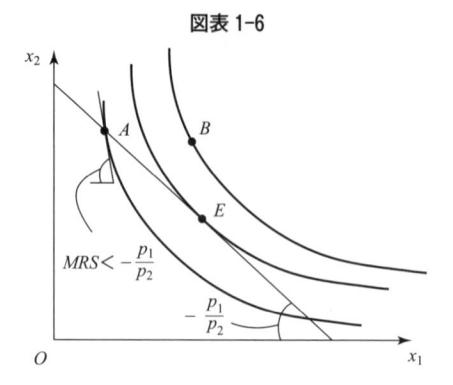

も効用水準の高い消費計画が実行できる。そして、予算制約線と無差別曲線が1点で接する、ということは、予算制約線の傾きである財の相対価格（relative price）比と無差別曲線の傾きである限界代替率も同様に等しいことになる。これは効用最大化条件と呼ばれる。数式で表せば、

$$-\frac{\Delta x_2}{\Delta x_1} = \frac{MU_1}{MU_2} = \frac{p_1}{p_2}$$

となり、ここから、

$$\frac{MU_1}{p_1} = \frac{MU_2}{p_2}$$

が導出される。この式の意味するところは、各財の限界効用をその財の価格で割った値はすべての財が等しくなるということである。本章では財が2つのケースによって説明してきたが、この関係は基本的に2財よりも多くの財の場合、つまり n 財の場合でも成立する。この関係を加重限界効用均等の法則（law of equi-marginal productivities）と呼ぶ。

また、先ほど説明した予算制約式をもう一度、確認したい。

$$M = p_1 x_1 + p_2 x_2$$
　所与　所与　所与

繰り返しになるが、所与であるとは家計が決定できない変数であることを意味し、この予算制約式では所得と2財の価格という3つの変数が所与であることになる。家計が数量を決定できるのは財の消費量のみである。

図表1-7

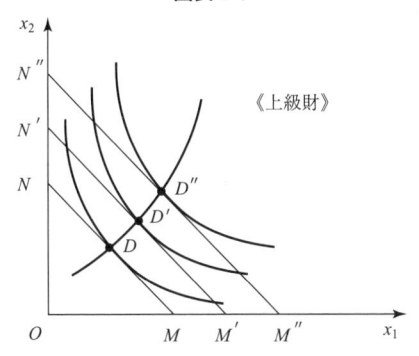

《上級財》

以下では、この所与とされてきた変数である所得と財価格が変化した場合に、どのように消費行動が変化するかを分析する。

II 所得変化の効果

1．所得消費曲線

これまでは、財の価格と家計の所得が所与、つまり一定であると仮定してきた。しかし、そのような仮定が変化した場合にはどのような変化がみられるのであろうか。たとえば、所得が変化すれば消費計画も変化するであろう。同様にある財の価格が高騰すれば、他の財・サービスで代替し、消費量も変化するであろう。そこでまず、財の価格を一定にして、所得のみが変化したときの需要量の変化をみていくことにする。

図表1-7は所得がMNから$M'N'$、$M'N'$から$M''N''$へと増加した場合に、均衡点がどのように移動していくかを示したものである。また、縦軸と横軸に着目すると、Mは、x_2財を購入しなかったときのx_1財の購入量であり、逆にNは、x_1財を購入しなかったときのx_2財の購入量である。

所得が増加すれば、予算線も図表1-7のように$MN \rightarrow M'N' \rightarrow \cdots$へと平行移動していく。なお、この場合には所得水準のみが変化し財の価格は変化しないため、予算制約線の傾きはまったく変化せず、平行移動することに注意

である。

所得と財の価格が与えられたときの消費者の最適消費点は、無差別曲線と予算線の接点であり、予算が MN のとき図表1-7では D 点となる。所得が増加すれば、消費者の効用が増加するため、最適消費点は、図表1-7のように $D' \to D'' \to \cdots$ へとシフトしていく。このようにして生ずる均衡点 $D \to D' \to D''$ の軌跡は拡張経路（expansion path）であり、所得消費曲線（income-consumption curve）と呼ばれる。所得消費曲線は、他の条件をすべて一定にして、所得だけを変化させた場合に生ずる均衡需要量の変化を示すものである。

ところで、財にはさまざまなものがあり、所得が上昇したら購入したいと考えられる財もあれば、所得水準にかかわらず一定量消費されるものもあることであろう。たとえば前者の例としては高級車など、後者としてはトイレット・ペーパーなどが挙げられる。所得水準が変化した場合に消費量がどのように増加するかで、財は3つに分類することができる。

まず、1つ目が上級財（superior goods）または正常財（normal goods）と呼ばれ、所得が増加すれば消費量も増加する財である。2つ目は中級財（neutral goods）と呼ばれ、所得の変化にかかわらず消費量が一定である財である。そして3つ目は下級財（inferior goods）と呼ばれ、所得が増加すると消費量が減少する財である。

一般に、所得消費曲線は右上がりの曲線になるが、これは2つの財がともに上級財の場合である。また、一方が下級財、他方が上級財の場合には右下がりの曲線になる。さらに、一方が中級財、他方が上級財の場合には垂直の線が描かれることになる。

2．需要の所得弾力性

上級財・中級財・下級財の詳細を説明する前に、所得弾力性（income elasticity）という概念について触れておくことにする。所得弾力性（e）とは以下の式によって表すことができる。

図表 1-8(a) 《下級財》 図表 1-8(b) 《中級財》 図表 1-8(c) 《上級財》

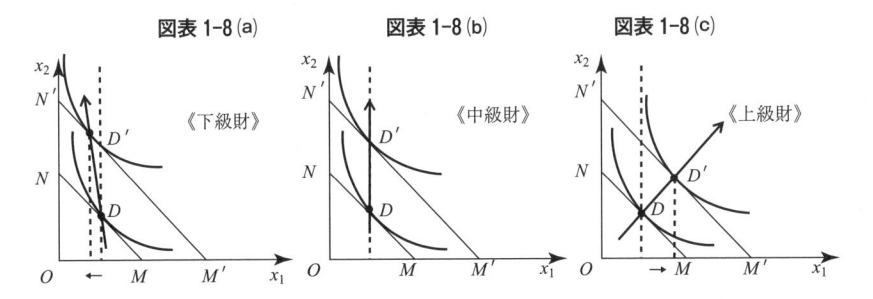

需要の所得弾力性：$e = \dfrac{\Delta x_1 / x_1}{\Delta M / M}$

 この定義は、所得 (M) が1％変化した場合に、x_1 財の需要が何％変化するかを示している。次に所得弾力性と上級財や下級財などとの関係を説明する。なお、図1-8(a)(b)(c)は、x_1 財についてのみの需要量の変化を表している。

(1) 下級財の場合

 図1-8(a)では所得が上昇しているにもかかわらず、需要量は減少している。この場合、所得弾力性はマイナスであることになる。下級財の例としては、豚肉や扇風機などが挙げられる。下級財の所得弾力性 (e) は、$\boxed{e<0}$ となる。

(2) 中級財の場合

 図1-8(b)では所得が上昇しているにもかかわらず、需要量は一定であり、変化がない。このような場合、所得弾力性はゼロであり、中級財の例としては、トイレット・ペーパーなどがあげられる。中級財の所得弾力性 (e) は、$\boxed{e=0}$ と表せる。

(3) 上級財の場合

 図1-8(c)では所得の上昇に伴い、需要量が増加する。このような場合、所得弾力性はプラスであるという。上級財の例としては、牛肉やクーラーなどがあげられる。上級財の所得弾力性 (e) は、$\boxed{e>0}$ と表せる。

III 価格変化の効果

1．価格消費曲線

今度は所与であった価格が変化した場合をみていくことにする。所得消費曲線のときと同様に、(所得が一定であるときに) 価格が変化したときの最適消費の軌跡を価格消費曲線 (price-consumption curve) と呼ぶ (図表1-9(a))。この価格消費曲線を用いることによって、財を分類することができる。

この財価格の変化から、その変化に対応した消費量が効用最大化行動から決定される。ここから、財価格と需要量の関係を示したものが需要曲線 (demand curve) なのである。中学や高校の社会科において、右上がりの供給曲線と右下がりの需要曲線の交点で価格が決定されることを学んだ読者もいるであろう。あの右下がりの需要曲線の背後には、このような最適化行動があるのである。

2．代替効果と所得効果

上記で示した価格変化の効果は2つの効果に分解することができる。

第一に、p_1 の下落により x_1 財が x_2 財に対して相対的に安くなり、x_1 財の消費量が増大するという効果であり、代替効果 (substitution effect) と呼ばれる。つまり、2財の相対価格が変化することによる経路である。

第二としては、p_1 の下落により実質的な所得が増大することによる効果であり、所得効果 (income effect) と呼ばれる (ただし、このとき p_2 と M は一定である)。いわば、x_1 財の価格が変化することによる消費者の実質所得 (real income) の増加を通じて、最適消費計画に影響を与える経路である。

図表1-9(b)において、$E_1 \rightarrow E_2$ が代替効果であり、$E_2 \rightarrow E_3$ が所得効果に相当する。

ここで、名目所得 (nominal income) と実質所得の違いに注意してほしい。名目所得とは家計が給与として受け取る賃金などの金額そのものである。名

図表 1-9 (a)　価格消費曲線

図表 1-9 (b)　《上級財》

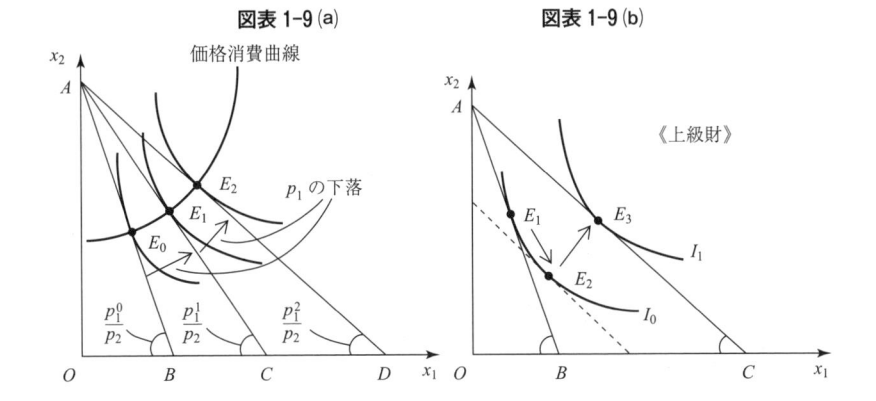

目所得は非常にイメージしやすい概念であろう。アルバイトの給与明細などを思い出してほしい。実際の支払額といってもいいだろう。これに対して実質所得とは「どれだけ財を購入できるか、その購買量で示した所得」である。つまり、たとえバイト先から支払われるバイト料にまったく変化がなく、名目所得が一定であっても、財の価格が下落すれば、当然のこととして、消費できる財の需要量は増大する。このとき、名目所得が一定であっても、実質所得が増大したとミクロ経済学では考える。

　図表 1-9 (b)では、x_1 財の価格が下がった結果、実質所得が増大し（名目所得は一定）、予算制約線が AB から AC に変化し、これによって最適点が E_1 点から E_3 点へ移動している。これを代替効果と所得効果とに分けて、価格の効果（全部効果）を分析してみよう。

　まず、相対価格の変化による効果を純粋に取り出すために、価格変化後も当初の効用水準が変化しないと想定する。

　このときの最適消費計画を探すためには、価格変化後の予算制約線に平行で、かつ、価格変化前の無差別曲線 I_0 に接するような予算制約線を描くことがヒントになる。図表 1-9 (b)では点線で示されている。このとき最適消費計画は E_1 から E_2 に移動することになる。この E_1 から E_2 への移動においては、実質所得は一定とみなせることに注意である。なぜなら、E_1 と E_2 はともに無差別曲線 I_0 に接しているため、満足度、つまりは効用水準でみると、同じ水準を達成しうる。E_1 と E_2 の相違は相対価格のみである。相対価

図表 1-10 (a) 《上級財》

図表 1-10 (b) 《下級財》

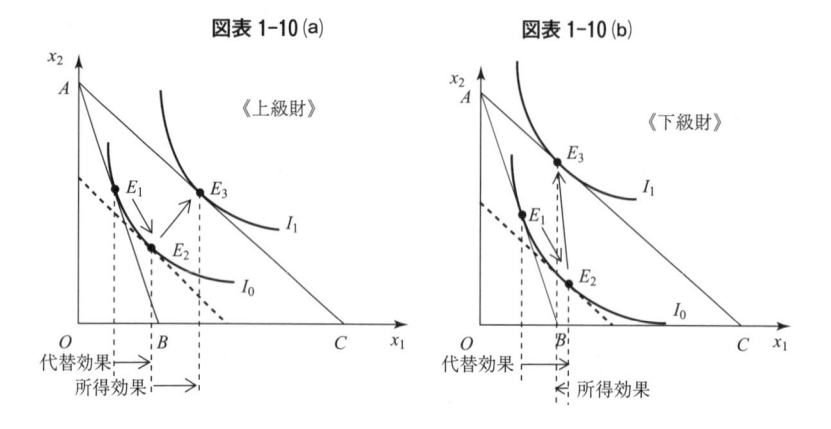

図表 1-10 (c) 《ギッフェン財》

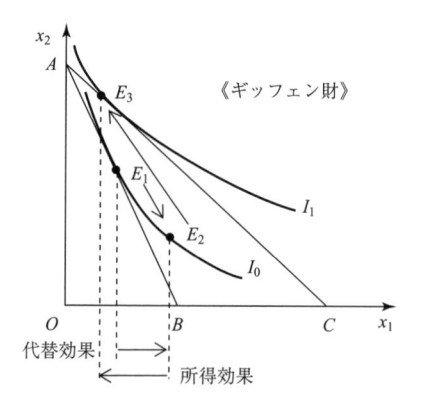

格が変化したことによって消費の組み合わせが変化したといえる。これが代替効果なのである。

そして E_2 から E_3 への移動は、財の相対価格には変化がなく、実質所得の増加によるもので、この実質所得の増加が x_1 財の需要量に与える効果こそが、所得効果なのである。所得と相対価格のどちらが一定でどちらが変化したのかを常に意識して考えてみることが重要である。

ある財の価格が下落したと仮定したときにその財について、代替効果はプラスに作用し、消費量が増大する。つまり、相対価格の低下による効果は、当該財の需要量を増加させる。これに対し、所得効果は、上級財、中級財、

下級財のそれぞれについて効果が異なってくる。
① 上級財は、所得が増加したとき、所得効果によって需要量が増加する（図表 1-10(a)）。
② 下級財は、所得が増加したとき、所得効果によって需要量が減少する（図表 1-10(b)）。
③ 下級財のなかで、代替効果より所得効果が絶対値で上回っている場合（代替効果＜所得効果である場合）、価格が低下しているにもかかわらず、需要量が減少することになる。このような財をギッフェン財（Giffen goods）と呼ぶ（図表 1-10(c)）。

なお、図表 1-10(a)から図表 1-10(c)の x_2 はいずれも上級財である。

IV 需要曲線の導出

1．通常のケース

図表 1-11 は、通常の財の価格消費曲線を示している。

このとき p_1 の変化と x_1 との関係、つまり価格変化が消費量に与えた影響をみていくと、p_1 が下落することにより、x_1 が増大していることがわかる。

そこで、縦軸に p_1、横軸に x_1 をとり、この関係を図示すると通常の右下がりの需要曲線を描くことができる。

通常、需要曲線は右下がりであり、価格が下落すれば、消費量は増大する。これを需要の法則（law of demand）という。

ところで、需要曲線とは経済の家計全体から総計したものであり、市場需要曲線（market demand curve）または社会的需要曲線（social demand curve）と呼ばれる。図表 1-11 で描かれた需要曲線はあくまで個別の家計のものであり、個別需要曲線（individual demand curve）と呼ばれる。

この市場需要曲線を導出するためには、個別需要曲線をある一定の価格のもとで水平に足し合わせていく必要がある。いいかえれば、個別需要曲線は、社会を構成する個人が、ある財に対してもつ需要を表示したものであり、各家計の個別需要曲線を横方向に足し合わせたものが社会全体の需要曲線、す

図表 1-11

図表 1-12

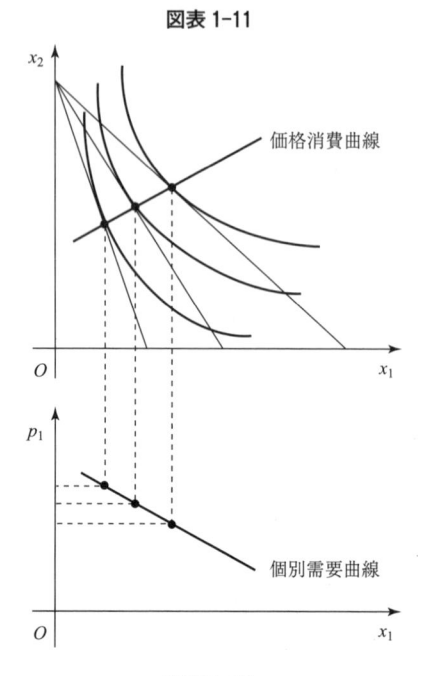

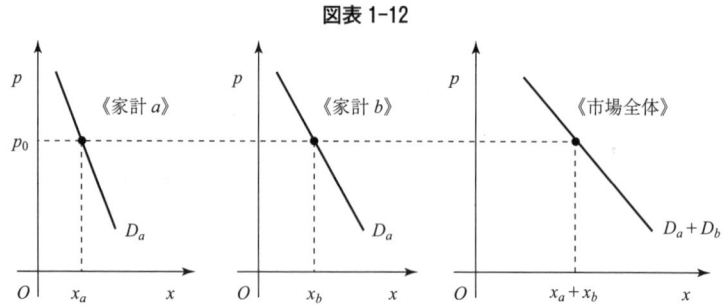

なわち市場需要曲線となる。

　図表 1-12 は個別需要曲線から市場需要曲線の導出過程のイメージを示している。ここでは単純化し、a と b の 2 つだけの家計が市場に存在すると想定している。

　もちろん、この関係は家計がたった 2 つの場合だけではなく、それ以上の数の家計が存在する市場においても成立するものである。

図表 1-13

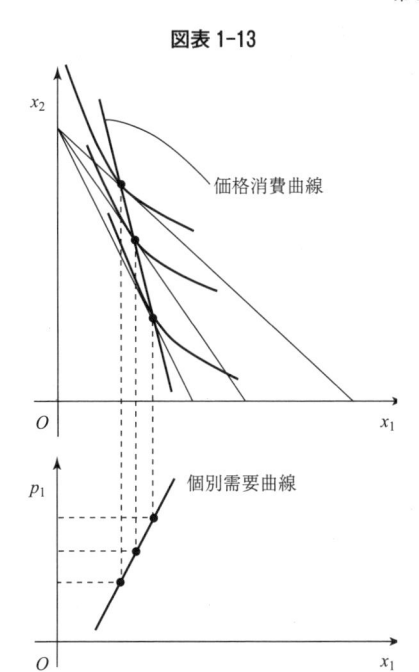

2．ギッフェン財

　図表 1-11 の通り、通常の財の場合には、価格が下落すると需要量が多くなり、需要曲線は縦軸に p_1、横軸に x_1 をとった平面上で右下がりの曲線として描かれる。

　しかし、ギッフェン財では異なる結果となる。ギッフェン財は、価格が下落することにより、かえって需要量が減少してしまう財であるために、図表 1-13 のように、需要曲線は右上がりとなる。

　このギッフェン財は通常は存在しないともいわれており、現実経済の分析のためというよりも、ミクロ経済学における消費者行動を深く理解するためのツールとして考えても良いだろう。図表 1-10 (c) のようにギッフェン財をきちんと図示することができ、かつ図表 1-13 のようにギッフェン財の個別需要曲線が導出できれば、消費者行動理論の基本的な理解は完成したと判断できる。

図表 1-14

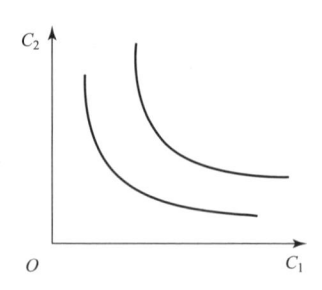

V 応用分析

1．異時点間の資源配分

　これまでは、取り扱ってきた消費者行動は、ある特定の時点のみの家計の行動であった。しかし人間は現時点だけではなく、将来を見越して消費活動を行う。貯蓄などはその典型的なものである。ここではより発展的に、家計が生産要素を提供して得た所得を、今期と来期以降に振り分ける場合を想定する。これを異時点間の資源配分（intertemporal allocation）という。これは、今期にどれほどの貯蓄を行うか、いいかえれば、限られた所得という資源を現在と将来でどのように配分するかという問題となり、消費だけではなく貯蓄をどれだけ行うかという家計の行動を分析することも可能になる。

　ここでは、単純化し、今期（第1期）と来期（第2期）のみの2つの期間についての消費計画を考えていく。また、今期の消費（C_1）と来期の消費（C_2）を、それぞれ異なる財と考えると、図表1-14のような無差別曲線で表すことができる。この場合、今期には、所得 Y_1 をすべて消費せず、残りを貯蓄（S）に回すため、

　　$C_1 = Y_1 - S$　…（1-3）

であり、来期には貯蓄 S に利子（r）をかけた $(1+r)\cdot S$ と来期の所得 Y_2 で消費を行うとする。このため、

　　$C_2 = Y_2 + (1+r)\cdot S$　…（1-4）

図表 1-15

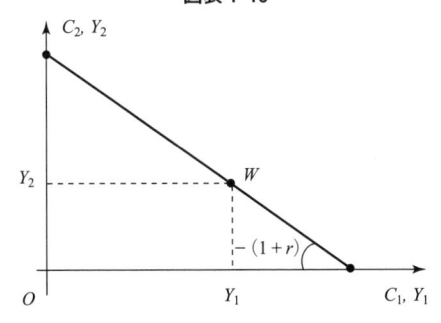

が来期の消費となる。この (1-3) と (1-4) 式を整理すると、(1-3) 式より、

$$S = Y_1 - C_1$$

であり、(1-4) 式より、

$$S = \frac{C_2}{(1+r)} - \frac{Y_2}{(1+r)}$$

となり、整理すると、S が消去され、

$$Y_1 + \frac{Y_2}{(1+r)} = C_1 + \frac{C_2}{(1+r)} \quad \cdots \text{(1-5)}$$

となる。この (1-5) 式の意味するところは、左辺が生涯「所得」の割引現在価値（present discount value）を示し、右辺が生涯「消費」の割引現在価値を示している。つまり、生涯所得の割引現在価値と生涯消費の割引現在価値が等しいこと、そして、生涯（このモデルでは 2 期間）においては所得と消費が等しいことに注意である。

また、これとは逆に、今期の消費を、今期の所得と借り入れからまかない、来期は今期の借り入れ分を返済して、その残りを来期の消費とする経済主体、つまり借り入れ主体の場合を考える。この場合、今期の消費は、

$$Y_1 + S = C_1 \quad \cdots \text{(1-6)}$$

であり、来期の消費は、

$$Y_2 - (1+r) \cdot S = C_2 \quad \cdots \text{(1-7)}$$

である。この場合も、(1-6) 式より、$S = Y_1 - C_1$ となり結局、

$$Y_1 + \frac{Y_2}{(1+r)} = C_1 + \frac{C_2}{(1+r)} \quad \cdots \text{(1-8)}$$

図表 1-16

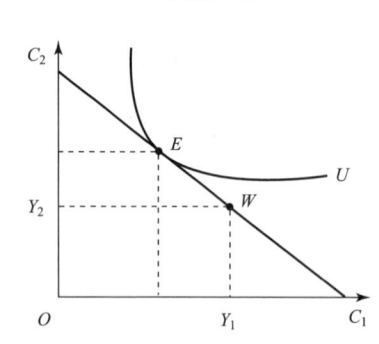

図表 1-17

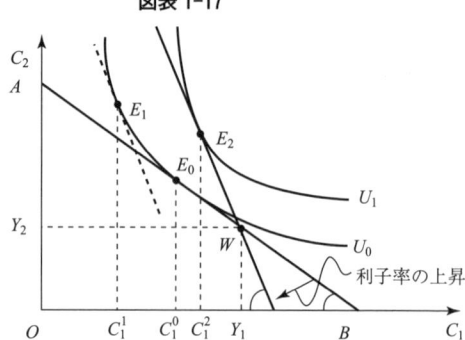

となり、貯蓄主体と借り入れ主体の予算制約式は（1-5）式とまったく同じものとなる。

図表 1-15 はこの予算制約式を図示したものであり、予算線の傾きは $-(1+r)$ となる。W は所与である生涯所得を示している。

この家計は（1-5）式の予算制約のもとで、効用 $U(C_1, C_2)$ を最大化したい。ここでも、この無差別曲線と予算制約線が1点で交わるように、最適な消費時配分が決定される。

図表 1-16 の E 点は均衡点を示している。このとき、予算制約線の傾きと、無差別曲線の接線の傾きは等しい。よって、

$$\frac{\Delta C_2}{\Delta C_1} = -(1+r)$$

が成立している。

次に、利子率が上昇したときに、貯蓄は増大するか否かを検討してみよう。一見、利子率の上昇は貯蓄マインドを上昇させるように思えるため、貯蓄が増大するかのように思える。これまでと同様に、所与とされてきた利子率が上昇した場合、予算制約線はシフトする。それにより、均衡点も移動し、消費配分の組み合わせも異なったものとなる

図表 1-17 において、所得が一定のまま、利子率 r のみが上昇した場合、この予算制約式は、W を軸に、右に回転する。この結果、均衡点は E_0 から E_2 へと変化する。

この E_0 から E_2 への変化も、これまでと同様に所得効果と代替効果とにわけることができる。E_0 から E_1 が代替効果であり、E_1 から E_2 が所得効果である。

異時点間の最適消費配分問題において、この所得効果と代替効果は以下のような意味を持つ。利子率 r の上昇は、今期における消費の機会費用を増大させることによって、今期の消費を減少させ、今期の貯蓄を増大させる。この効果を代替効果という。また、利子率 r の上昇は利子配当所得の増大をもたらすので、今期の消費を上級財とみなすなら、今期の消費を増大させ、貯蓄を減少させる効果である。この結果、代替効果は貯蓄を増大させるが、所得効果は貯蓄を減少させる効果をもつことがいえる。各家計が現在消費と将来消費にどのようなウエートを置いているか、各家計の選好に依存する。よって、利子率 r の上昇により貯蓄が増大するか否かは、その家計の選好により異なってくるのである。

VI　労働供給

消費者行動の側面として、生産要素の供給がどのように決定されるかを考えていく。ここでは、労働サービスの提供は、労働者にとって「負の効用」、つまり効用を減少させるものとする。ミクロ経済学では、「負の労働」と解釈できる「余暇」（leisure）を使って、家計がどのように労働を供給していくのかを分析する。

1．余暇と労働の選択

当然のこととして時間は無限ではない。家計は限られた資源である自らの時間を労働供給と余暇とに配分し、効用を最大化する主体として考えることができる。

余暇は所得を生み出さないため、余暇の時間を労働に配分し、その労働によって所得を得て、その所得から消費行動が行われることになる。この意味で、たとえ余暇の時間を、映画や遊園地といったレジャー施設などの有料な

図表 1-18

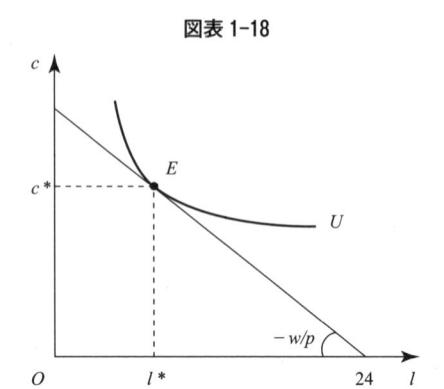

サービス消費ではなく、単に自宅でのんびりすごしたとしても、所得を発生させうる労働に時間を割かなかったという意味で機会費用（opportunity cost）を発生させるものということもできる。

ここで家計は、24時間という資源を余暇（l）と労働供給（$24-l$）とに振り分け、このときの1時間当たりの賃金をw円とし、その得た賃金によって購入する財の消費量をc、このときの財の価格をp円とする。

以上の仮定によって、

$$U(c, l)$$

と表記できる効用を、

$$w \times (24 - l) = p \times c$$

という予算制約式の中で最大化にすることになる。

図表1-18において、E点で効用が最大化されている。E点では限界代替率＝実質賃金（$MRS = -w/p$）が成立している。これは、貨幣所得で何単位の財を購入できるかを示している。

では、なぜ予算制約式の傾きが$-w/p$となるのであろうか。w/pは消費財の価格ではかった賃金、つまり実質賃金を表している。実質賃金とは実質所得と同様に、どれだけの財を購入できるか、つまり購買力で評価した賃金である。

1時間当たりの賃金がw円であれば、余暇を1時間あきらめることによってw円の収入を得ることができるため、w円の消費を行うことができる

図表1-19

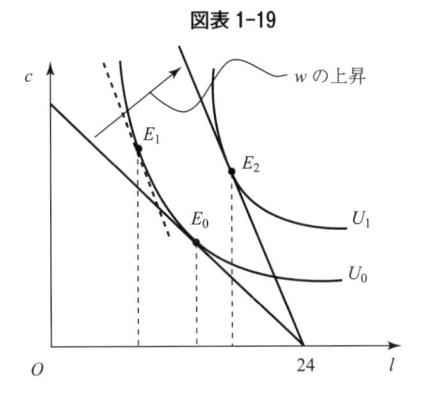

ことになる。つまり、余暇を1時間消費することは、w 円分の消費を犠牲にしていることということもできる。これを「余暇1時間の機会費用は w 円である」といい、この余暇の機会費用をもって余暇の単価と考えることも可能である。

つまり、家計は24時間分の賃金（24×w）を、w 円分の余暇と、p 円分の消費財に振り分けており、これが労働供給活動と解釈できるのである。また w/p は、余暇と消費財の相対価格比であることがわかる。

2．労働供給曲線の導出

労働供給曲線とは、消費量 c と余暇 l を両軸にとった図表1-19において、効用の最大化行動において、賃金の変化による最適点が移動した軌跡として描かれるのである。

図表1-19において、E_0 から E_1 への変化は、代替効果に対応する変化である。1時間当たりの賃金（w）の上昇によって労働の価格が上昇し、相対的に低くなった余暇を減らし、労働供給を増やそうとする働きといえる。

E_1 から E_2 への変化は、所得効果を表していて、余暇を上級財（正常財）と考えれば、実質的な所得の増加によって余暇を増加させようとする働きとなる。これにより、労働供給が減少する。結局、労働が増加するか、減少するかは、代替効果と所得効果の相対的な大きさに依存することになる。つま

図表 1-20

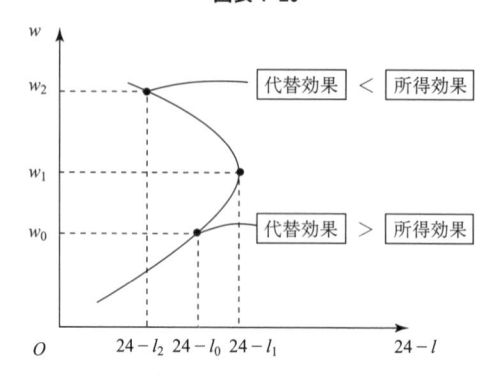

り、賃金（w）が上昇した場合において、

　代替効果 > 所得効果　のとき、労働供給は増加し、逆に
　代替効果 < 所得効果　のとき、労働供給は減少する。

　さて、ここまで議論した賃金（w）の変化による労働供給（$24-l$）の変化を両軸にとった図が、労働供給曲線となるのである。

　図表 1-20 のように、労働供給曲線は、後方屈曲供給曲線となる、なぜそうなるかを考えてみよう。

　財の価格を一定として、賃金が低いときには実質賃金の水準は低く、機会費用で評価した余暇への支出割合は少ないため、賃金が上がったとしても実質所得の上昇は小さくなり、所得効果が大きくならない。このため、相対的に代替効果が大きくなり、右上がりの供給曲線となる。

　一方、実質賃金水準が高い場合には、賃金の上昇は、比較的大きな実質所得の増加をもたらし、相対的に所得効果が代替効果より大きくなる。よって、供給曲線は左上がりとなる。このような労働供給曲線を後方屈曲的（backward bending）な労働供給曲線という。

確認用語

家計　生産物市場　生産要素市場　所得　労働市場　需要　供給　所与　効用　限界効用　限界効用逓減の法則　序数的　基数的　嗜好　効用間比較の不可能性　効用の個人間比較　予算制約式　効用関数　効用最大化　無差別曲線　選

好　完備性　推移性　連続性　非飽和性　限界代替率　稀少性　相対価格　加重限界効用均等の法則　所得消費曲線　上級財　正常財　中級財　下級財　ギッフェン財　所得弾力性　価格消費曲線　代替効果　所得効果　実質所得　需要の法則　市場需要曲線　個別需要曲線　異時点間の資源配分　機会費用　後方屈曲的な労働供給曲線

●第2章

企業の行動

I 企業の行動

　第1章において消費行動の主体として、消費者や家計を見てきた。一方、財の生産（供給）を行う主体は企業（あるいは生産者）である。ミクロ経済学において企業は、生産要素市場で与えられた生産要素価格と、生産物（財・サービス）市場で与えられたその企業が生産する生産物の価格とを所与にして、利潤最大化のために生産量を決定すると考える。

　利潤とは、収入から費用を差し引いたものであり、本章で詳しく見ていくように、ここでは企業は収入を決定する重要な変数である生産物価格については所与であると考えるため、企業は費用を最小化することによって同時に利潤を最大化していると考える。

　経済学では、企業が生産活動を行うにあたって、資本などの固定的な生産設備の新規投入が生産に寄与しないため、そうした固定的な生産要素投入量の変化については対象としない、短い期間を意味する短期（short-run）と、固定的な生産要素を含めた、すべての生産要素投入量を変化させて生産を行う長期（long-run）とを分けて考える。

　以下では、企業は短期において、労働や原材料などの可変的な生産要素の投入量を調整して生産をするが、資本は固定的なものとして一定の資本量のもとで生産を行い、一方、長期においては資本も含めたすべての生産要素の投入量を調整して生産を行うと考える。

II　総費用曲線の導出

　企業が生産を行う場合に要する費用全体を、総費用（total cost：TC）といい、固定費用（fixed cost：FC）と可変費用（variable cost：VC）とに分けられる。まず、固定費用（FC）とは、生産量に依存しない固定的な費用であり、短期において存在する。言いかえれば、固定費用とは生産量とは独立した費用のことで、生産量の大小にかかわらず、必ず支払わねばならない費用である。工場における生産に例えれば、機械設備や工場設備の部分になる。図表2-1(a)では、常に一定の水準の費用aがかかることから、aの高さの水平線で表されている。

　これに対して、可変費用（VC）とは、生産量に依存して生ずる可変的な費用である。工場における生産に例えれば、生産量の増加に応じて必要とされる量も変化する人件費や原材料費にあたる。一般に、少量の生産の時には可変費用は逓減し、生産量が一定水準を超えると逓増すると考えられることから、可変費用をグラフで示すと図表2-1(b)のような形状となる[1]。

　そして、総費用曲線は、この固定費用と可変費用を加算することによって導出する（図2-1(c)）。この総費用曲線を数式的に表したものを総費用関数といい、生産水準をいろいろ変えたとき、生産量とその生産をするのに必要な総費用との関係を表す。短期における総費用（TC）は固定費用（FC）と可変費用（VC）とを足し合わせたものであるから、短期の総費用関数は生産量をXとすると、

　　$TC(X) = FC + VC(X)$

となる。

III　短期の限界費用（MC）、平均費用（AC）の導出

　総費用を産出量で割り、産出量1単位当たりの費用としたものを平均費用

1）後に本章VII節で詳しく述べるが、長期においては固定費用aは存在しないので、総費用と可変費用は一致する。

図表 2-1(a)　　　　図表 2-1(b)　　　　図表 2-1(c)

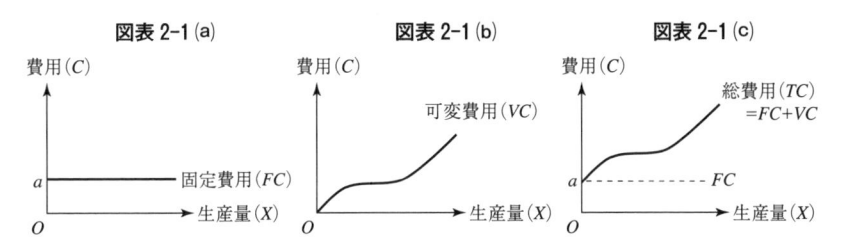

（average cost：AC）という。また、産出量を1単位変化させたときの総費用の変化を限界費用（marginal cost：MC）という。以下では、短期における限界費用（MC）、平均費用（AC）がどのように導き出され、どのような形状であるかについて見ていく。

1．平均費用曲線

平均費用とは産出量1単位当たりの費用である。例えば、自動車の生産の際に、10台の自動車を生産するのに1000万円の費用がかかったとすると、総費用は1000万円であり、平均費用は1台当たりの費用であるから、総費用を生産台数の10で割った100万円ということになる。数式で表すと、

$$AC(X) = TC(X)/X$$

となる。また、

$$AC(X) = \frac{TC(X)}{X} = \frac{FC}{X} + \frac{VC(X)}{X} = AFC(X) + AVC(X)$$

という関係も成り立ち、AFCを平均固定費用、AVCを平均可変費用と呼ぶ。

図表 2-1(c)のような総費用曲線を想定すると、短期では生産規模が一定であるので、ある生産量水準までは生産量を増加させるにつれて、生産量1単位当たり費用（平均費用）は減少する。しかし、ある一定の生産量を超えると収穫逓減の法則が働き平均費用は逓増する。そして平均費用曲線を幾何学的に表せば、上式の定義より、短期総費用曲線上の1点と原点とを結んだ直線の傾きとなる。つまり総費用曲線が逓減から逓増に変化するなら、その総費用曲線から導かれる平均費用曲線は図表 2-2のようなU字型となる。

図表 2-2

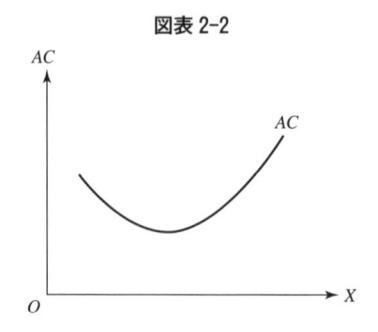

2．限界費用(MC)曲線

　限界費用とは、生産量をある水準から1単位変化させたときの総費用の変化である。先ほどの自動車生産の例でいえば、自動車をもう1台多く（少なく）生産した場合にどれだけ総費用が増加（減少）するかを意味する。いいかえれば、限界費用とは次の1台の生産にかかる費用ともいえる。限界費用を数式であらわすと、総費用の変化を生産量の変化で割ったもの、

$$MC(X) = \frac{\Delta TC(X)}{\Delta X}$$

となる[2]。幾何学的には、限界費用は総費用曲線上の1点の接線の傾きとなる（平均費用が1点と原点との傾きであることとの相違に注意せよ）。よって、図表2-1(c)のような短期総費用曲線から導かれる短期限界費用曲線はU字型となる（図表2-3）。

3．平均費用と限界費用との関係

　限界費用が平均費用よりも小さい（大きい）とき生産量を増やす（減らす）と平均費用は減少する。そのため、平均費用は限界費用が平均費用より

---

[2] より厳密には

$$MC(X) = \frac{dTC(X)}{dX}$$

となる。

図表 2-3

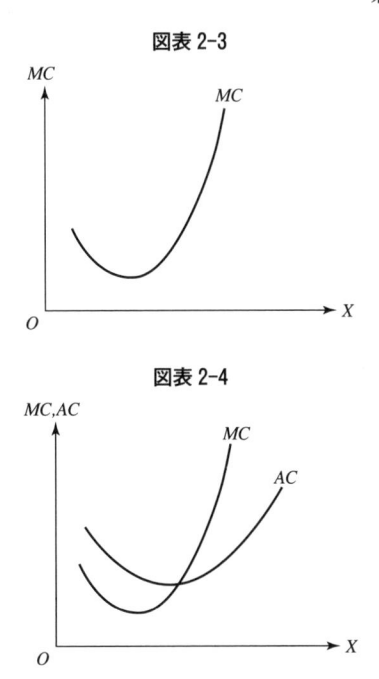

図表 2-4

も小さいときに減少し、限界費用と等しいところで最小になる。そして限界費用が大きくなると増加する。そして図表2-4のように、平均費用がもっとも小さくなる生産量の点を左下から右上に限界費用曲線が通ることに注意されたい[3]。

Ⅳ 企業の収入

前節では利潤の構成要素の1つである費用（関数）についてみた。本節では企業の収入（revenue）について考える。収入についても費用と同様に総収入（total revenue：TR）、限界収入（marginal revenue：MR）、平均収入（average revenue：AR）といった概念に分類できる。

1．総収入

総収入（total revenue：TR）とは、日常用語でよく使う売上のことである。つまり、販売したものの値段と販売量とを掛け合わせたものである。経済学では値段を財価格 p、販売量のことを生産量 X、とよぶ。

総収入を式であらわすと、

$$TR(X) = p \times X$$

となり、図表2-5のように図示できる。ここで総収入（TR）の傾きが p であることに注意されたい。つまり、完全競争企業は価格が p の水準で所与であるため、このように一定の傾きをもつ[4]。

3）この証明には、少々の微分の知識が必要となるが、微分がわからない読者は以下を飛ばして読んでも差し支えない。
　総費用関数を
　　$TC(X)$　……①
とすると、平均費用関数は
　　$AC(X) = \dfrac{TC(X)}{X}$　……②
と表記できる。また、限界費用関数は
　　$MC(X) = TC'(X)$　……③
となる。また、②式を書き換えると、
　　$TC(X) = AC(X) \cdot X$　……④
になり、この④式を生産量である X で微分する。すると、
　　$MC(X) = TC'(X) = AC(X) + (AC)' \cdot X$　……⑤
となる。この⑤式を注意して眺めてみよう。平均費用が最低の時はU字型の平均費用曲線の底となる、つまり
　　$(AC)' = 0$　……⑥
である。この⑥式より、平均費用が最低の時には、
　　$AC = MC$
となることがわかり、図表2-4のようになる。

4）独占企業のように供給が1社のみであれば、その企業が生産量を増やせば価格が下落する。よって、完全競争とは異なる状況を考えねばならない。この点については、第4章で詳しくみる。

図表 2-5

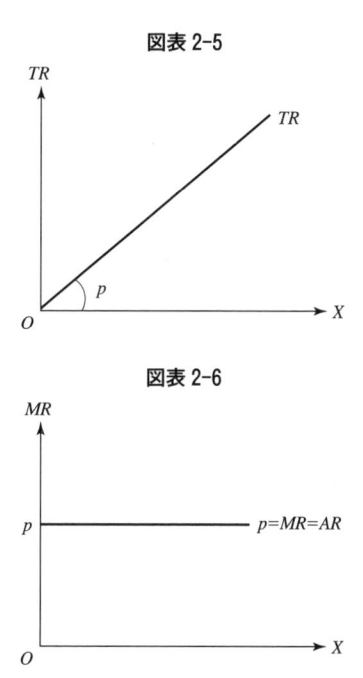

図表 2-6

2．限界収入（MR）、平均収入（AR）

　限界収入（MR）とは、追加的に 1 単位生産を変化させたときの収入の変化のことである。限界収入（MR）を式で表すと、

$$MR(X) = \frac{\Delta TR(X)}{\Delta X} = \frac{\Delta(p \cdot X)}{\Delta X} = p$$

となる。また、限界収入曲線は各生産量における総収入曲線の傾きでもある。総収入曲線が直線であるために、限界収入曲線は総収入曲線の原点の傾き p となり、図であらわすと、図表2-6のように所与の価格水準 p において水平な直線となる。

　一方、平均収入は総収入を生産量 X で割ったものであり、生産 1 単位当たりの収入、つまり単価である。平均収入を式で表すと、

$$AR(X) = \frac{TR(X)}{X} = \frac{p \cdot X}{X} = p$$

となり、完全競争市場では、限界収入曲線と平均収入曲線は同じく、所与の価格水準 p において水平な直線となる[5]。

V 短期の利潤最大化の条件

本節では、いままでみてきた費用関数と収入関数を用いて、企業はどのようにして利潤を最大化していくのかを、考えていく。

まず、ここで利潤を定義する。利潤 (Π) とは総収入 (TR) から総費用 (TC) を差し引いたものである。数式で表すと、

$$\Pi(X) = TR(X) - TC(X)$$

となる。この式から明らかなように利潤 (Π)、総収入 (TR)、総費用 (TC) のどれもが生産量 X を説明変数としている。では、どのような生産量 X の水準が利潤 (Π) を最大化させるのだろうか。

そのためにまず、限界利潤を定義する。限界利潤とは生産量を1単位変化させたときの利潤の変化のことをさす。限界利潤が正であれば生産を増やすことによって利潤がでるので企業は生産を増やす。逆に限界利潤が負であれば企業は生産を減少させる。よって限界利潤がゼロであれば企業はそれ以上にも以下にも生産量を増減させないことになる。つまり、限界利潤がゼロのときが最も望ましい生産量であるといえる。これを式であらわすと、限界利潤は生産量の変化 (ΔX) に対して利潤が変化する ($\Delta \Pi(X)$) のだから、その比である $\Delta \Pi(X)/\Delta X$ は限界利潤 (MTP) と定義できる[6]。同様に限界収入は生産量の変化に対して収入が変化する ($\Delta TR(X)$) ので、$\Delta TR(X)/\Delta X$ と定義でき、限界費用は前節で定義したように $\Delta TC(X)/\Delta X$ となる。〔限界利潤 = 限界収入 - 限界費用 = 0〕という関係が利潤最大化の条件であるから、以上をまとめると、

---

[5] この限界収入曲線と平均収入曲線が同じになるという性質もまた、完全競争企業にのみ特徴的なことである。不完全競争企業の場合ではこれが成立しなくなるが、この点については第3章、第4章で詳しくみていく。
[6] 数学的により厳密には $d\Pi(X)/dX$ となる。

図表 2-7

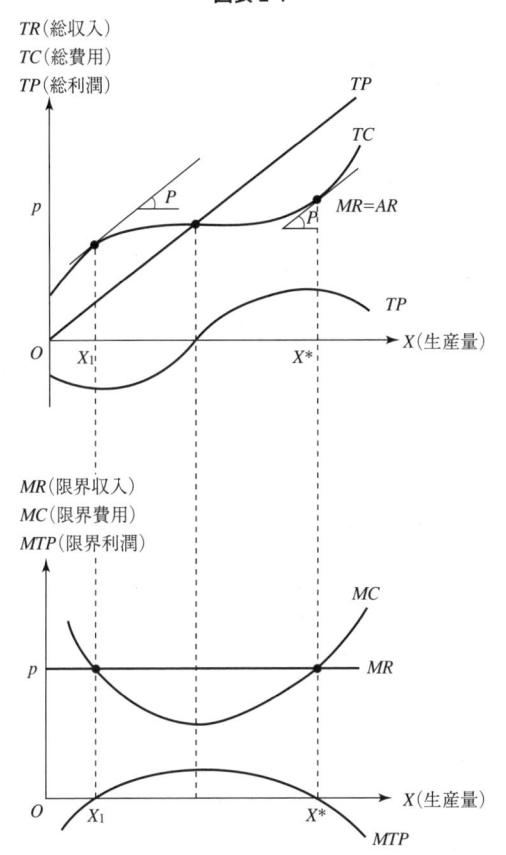

TR（総収入）
TC（総費用）
TP（総利潤）

MR（限界収入）
MC（限界費用）
MTP（限界利潤）

$$\frac{\Delta \Pi(X)}{\Delta X} = \frac{\Delta TR(X)}{\Delta X} - \frac{\Delta TC(X)}{\Delta X} = MR(X) - MC(X) = p - MC(X) = 0$$

となり、この式を満たすような X が利潤最大化の生産量ということになる。つまり、$p - MC(X) = 0$ より、

$p = MR(X) = MC(X)$

が利潤最大化条件となる。

　これを図示すると図表2-7のようになる。図表2-7の上部は、総収入、総費用、総利潤関係を示している。総収入から総費用を引いた垂直距離が総利潤（total profit：TP）となり、それは TP 曲線としても図表2-7中に示さ

れている。総利潤は最初にマイナス（赤字）で途中からプラス（黒字）に転じて、そしてまたマイナスになっていることを示している。そして、この総利潤を示す垂直距離が最大化される生産量 X^* では、総収入の傾き（$=p$）と総費用の傾き（MC）が等しく、総利潤の傾きがゼロになっていることがわかるだろう。

図表2-7の下部は、上部に対応した同様の関係を示している。〔$p = MR(X) = MC(X)$〕が成立する生産量は2つ存在するが、X^* でないもう一方の X_1 は赤字の生産量であり、利潤は最大化されていない。もう少し厳密に言うと、〔$p = MR(X) = MC(X)$〕は利潤最大化の生産量の必要条件ではあるが、十分条件ではない。利潤最大化の十分条件は、〔$p = MR(X) = MC(X)$〕が成立するうえに、さらに限界費用 MC が右上がりであり、逓増していることをすべて満たすことである[7]。

VI 短期供給曲線の導出（損益分岐点・操業停止点）

ここまで、生産物の価格である財価格は企業にとっては所与であり、一定としてきた。以下では財価格が変化した場合に、新たな価格 p に対して生産者がどのように生産量 X を決定するのかをみていく。

1．短期供給曲線の導出

価格 p が変化した場合の影響を図表2-8でみていく。まず最初に、財価格が p_0 であるとする。このとき、利潤最大の生産量は X_0 であり、D 点が利潤最大化点となる。

財価格が p_0 であるとき、総収入は p_0 に X_0 をかけた長方形となる。このときには生産1単位当たり AC に相当する費用がかかっており、その費用

---

7) 数学的により厳密に定義すれば、$p = MR(X) = MC(X)$ が「利潤最大化の1階条件」であり、限界費用 MC が右上がりであり、逓増していることが「利潤最大化の2階条件」となる。

図表 2-8

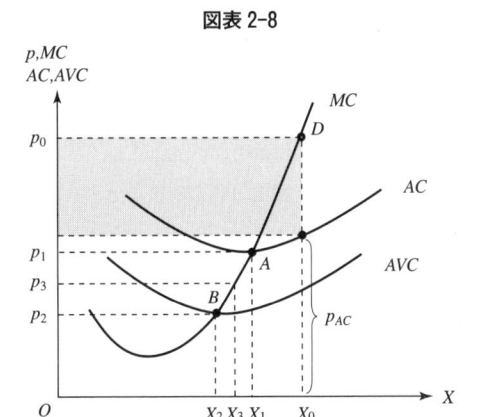

を p_{AC} とする。この p_{AC} に X_0 をかけた長方形が総費用に相当する。よって、図表 2-8 の網掛けの部分が総収入から総費用を引いた超過利潤となる。

ここで、財価格が下落し、p_1 になったとする。このときの利潤最大化生産量は X_1 である。これまでと同様の考え方で、総収入は p_1 に X_1 をかけた面積で示され、総費用も p_1 に X_1 をかけた面積で示される。よって総収入と総費用が同じことから、まったく利益がなくなることになる。総収入と総費用が同じとなるこの A 点を損益分岐点と呼ぶ。損益分岐点では利潤は生じない。いいかえれば、財価格が p_1 に下落するまでは超過利潤が発生することになる。

それでは、財価格が p_1 よりさらに下落し損失が発生した場合に企業は即座に生産を止めるのであろうか。実際には p_2、つまり平均可変費用と等しい水準までは生産を行うことになる。財価格が p_1 から p_2 までの水準では、確かに総費用が総収入を上回り損失が発生する。たとえば、p_1 と p_2 の間の p_3 という価格を考えよう。この p_3 に対応する平均費用を AC_3、平均可変費用を AVC_3 とする。このとき、

$$AC_3 > p_3 > AVC_3 \quad \cdots\cdots (2\text{-}1)$$

が成立する。この各辺に p_3 に対応する生産量 X_3 をかけると、

$$TC(X_3) > p_3 \cdot X_3 > VC(X_3) \quad \cdots\cdots (2\text{-}2)$$

が成立する。この (2-2) 式から、総収入 ($p_3 \cdot X_3$) で可変費用 $VC(X_3)$ は支

払えても、総費用 $TC(X_3)$ は賄えず、損失が発生することがわかるだろう。ここで（2-2）式から支払うことのできる可変費用 $VC(X_3)$ を控除すると、

$$FC > p_3 \cdot X_3 - VC(X_3) > 0 \quad \cdots\cdots \quad (2\text{-}3)$$

という関係が導き出せる。この（2-3）式の意味は、生産を行えば、固定費用 FC のすべては賄えないが、一部は回収できるということである。そして、もし生産を停止し、生産量をゼロにしてしまえば固定費用のすべてを賄えないため、両者を比較すると生産を行った方が損失が少ないという意味で有利であることも意味する。では、どこまでの価格下落なら、引き続き生産を続けた方が生産者にとって有利であろうか。固定費用の一部を賄うことのできる p_2 までは生産を続けるであろう。

そして、財価格が p_2 を下回ると、$[p_2 = AVC_2]$ が成立し、これより $p_2 X_2 = VC(X_2)$ となり収入と可変費用が等しくなる。つまり財価格が p_2 を下回ると、固定費はまったく賄えないことを意味する。いいかえれば、p_2 を下回れば企業は可変費用も固定費用も賄えず、生産してもしなくても同じ状況となるのである。そこで、この B 点を操業停止点（shut-down point）と呼ぶ。

前に見たように、完全競争のもとでは企業は、価格（限界収入）が限界費用を上回るかぎり、その生産物を供給する。いいかえれば、限界費用曲線は、ある与えられた価格のもとで企業がどれだけ供給するかという関係も表すから、価格と供給量との関係を示す供給曲線である。企業は、短期において操業停止点以下の価格水準では生産を行わないから、短期の場合、限界費用曲線のうち操業停止点より右上の部分が供給曲線となる。

Ⅶ　長期における企業の行動

本節では、費用のすべてが可変的費用である長期について見ていく。長期費用曲線を導出する場合、一時点をとれば資本設備は一定であるため、その場合の総費用は短期総費用曲線（STC）で表すことができる。

しかし、需要の増加に応じて生産を増大させなければならない場合、設備を拡大させた方が生産費を低く抑えることができる。

図表 2-9

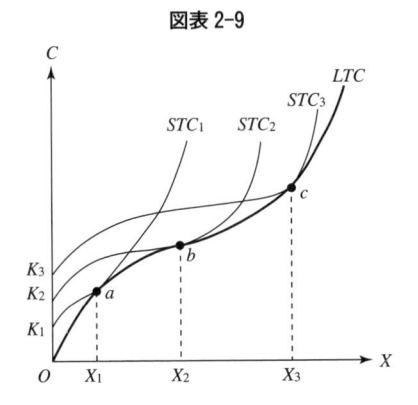

 図表 2-9 において、STC_1（小規模設備）、STC_2（中規模設備）、STC_3（大規模設備）と固定的な生産設備を変化させることによって規模を変化させた方が、より低い費用で生産が可能であるという意味で効率的な生産をすることができる。例えば、X_1 という生産量では、小規模設備が選択され、X_3 という生産量では、大規模設備が選択されることによって費用が最小となる。

 このように、短期では固定的な生産要素である資本設備に応じた短期費用曲線を、設備の規模の違いを一企業の固定的設備の変化と捉えることによって、短期の費用最小化点の包絡線（envelope）として長期費用曲線が導出されることになる（図表 2-9）。つまり、費用最小点 abc を結ぶと長期費用曲線（LTC）が導出される。

 この長期費用曲線を生産量で割ることによって、長期平均費用（LAC）が得られる。なお、LAC も SAC の包絡線となる。長期限界費用曲線も、短期の場合と同様に、長期総費用曲線の各点における傾きによって表される。ここで、長期では設備を増大できるために、設備一定のもとで生じる費用逓増を回避することができるので、LMC は SMC より緩やかになる（図表 2-11）。

図表 2-10

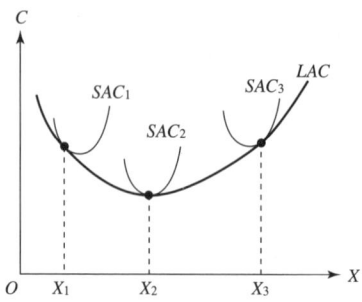

図表 2-11

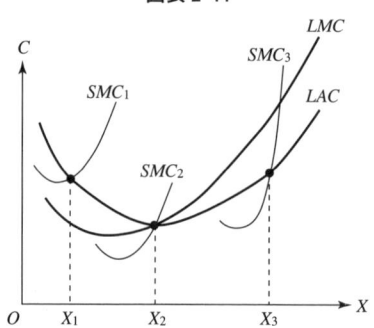

1．長期利潤最大化行動

　企業は、財市場で決定された財価格と生産要素市場で決定された生産要素価格を所与に、利潤最大の生産量を決定する。

　これは、短期均衡と同様に、〔総収入 − 総費用〕が最大になるように決定されることになるが、長期の場合では、最適生産量だけでなく、同時にそれを生産する生産規模も決定される。

　長期利潤最大の均衡条件は、〔$LMC = MR = p$〕となる。同時にそれは、短期総費用曲線の傾きと等しくなり、最適規模の資本設備も決定される。すなわち、$p = LMC = SMC$ となる（図表 2-12）。

図表 2-12

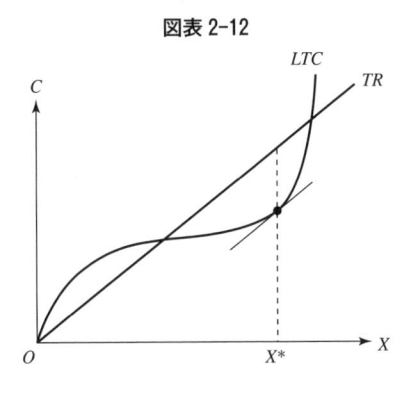

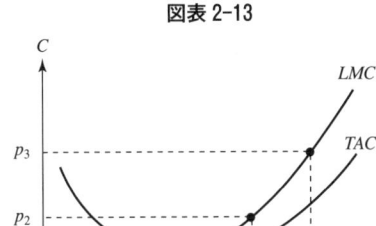

図表 2-13

2．企業の長期供給曲線

　長期においては、すべての生産要素を可変的に調整しながら、企業は利潤最大化行動をとり、最適生産量と最適規模を決定する。その際に企業は、価格に応じて LMC 曲線にそって生産量を変化させる。例えば、図表 2-13 において、価格が p_2 から p_3 へと上昇すると、企業は LMC にそって生産量を X_2 から X_3 へと変化させることとなり、短期の時と同様にこの LMC が長期供給曲線となる。

　しかし、価格が p_1 に下落するまでは超過利潤が存在するので、新規企業が参入し、供給量の増加によって価格を低下させることになる。p_1 まで価格が低下すると、企業の利潤はゼロとなるため損益分岐点となり、p_1 以下では生産が行われないため、その損益分岐点より右側の LMC が長期供給曲

線と定義される。

結局、この水準では、企業の参入も退出もなく、この産業全体では価格変化も生産量変化も停止することから、〔$p = LMC = LAC$〕が成立し、A点を長期産業均衡点といい、このときの価格を正常価格という。 以上の議論をまとめると、図表2-14のようになる。

図表2-14　長期産業の均衡

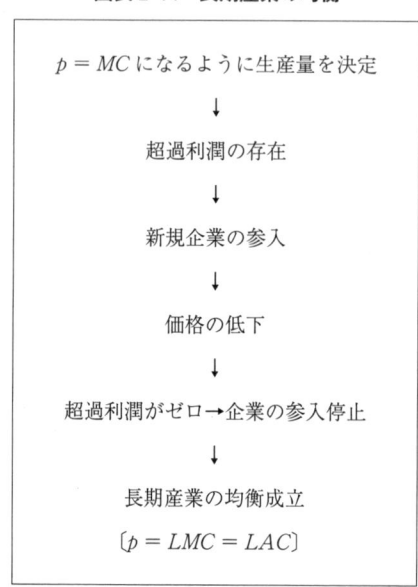

```
      $p = MC$ になるように生産量を決定
                    ↓
              超過利潤の存在
                    ↓
              新規企業の参入
                    ↓
              価格の低下
                    ↓
      超過利潤がゼロ→企業の参入停止
                    ↓
            長期産業の均衡成立
            〔$p = LMC = LAC$〕
```

Ⅷ　生産関数と費用最小化行動

1．生産関数

企業は、労働（L）、資本（K）、土地（T）などを投入して生産活動を行い、財を生産する。本章の冒頭でも述べたように、このとき企業は利潤を最大化するように行動する。前節で述べたように、利潤は収入から費用を引いたものである。

収入とは、生産物の販売量（X）に生産物の1単位当たりの価格（p）を

図表 2-15

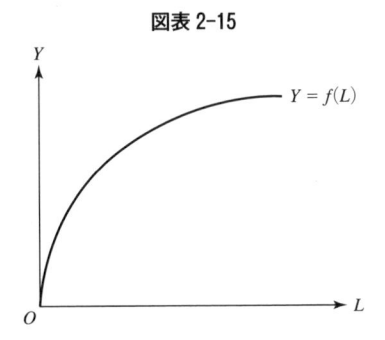

かけたものである。一方、費用とは、各生産要素の投入量と、それぞれの生産要素の単位あたりの価格（賃金 w、利子率 r など）をかけあわせたものである。

企業の要素投入量と生産量との関係は生産関数と呼ばれる。資本と労働を投入することで生産が行われる場合、この関係は以下のような数式で表せる。

$Y = f(K, L)$

Y は生産量を表し、f は生産技術を意味する。この生産関数が直観的に意味するのは、右辺の括弧の中の資本や労働といった変数を投入すると、当該企業の f という技術を通して Y だけの量が生産される、ということである。

以下、議論の簡略化のために、まず生産要素が労働1つの場合の生産関数を考える。

$Y = f(L)$ → 1投入1生産物の生産関数

図表2-15は、労働という生産要素（投入物）と生産量との関係を示している。また、グラフがこのような形をしているのは、生産量が少ないときは生産要素が増加すれば生産量も増加するが、1つの生産要素の追加的な生産増大効果はしだいに逓減するものと仮定することを反映している点に留意されたい。

2．複数の生産要素と生産関数

生産要素が2つの場合には、1生産要素の場合と同様に生産関数に要素の

図表 2-16

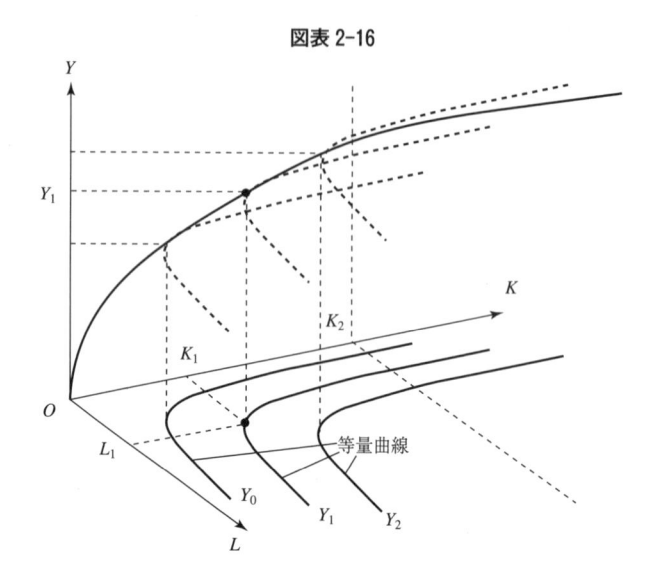

値を代入して、生産量を算定する。

図表 2-16 で示すと、(L_1, K_1) によって、Y_1 の生産量を生産することになる。また、例えば、K_2 のところで生産曲面を切った場合の労働と生産量の図は、図表 2-15 の生産曲面と同じになる[8]。

3. 等量曲線と技術的限界代替率

引き続き、労働 (L) と資本 (K) を生産要素とする生産関数 $Y = f(K, L)$ について考える。等量曲線とは、同じ生産量を生産する生産要素の組み合わせを図示したもので、幾何学的には生産曲面を生産量で水平に切った切り口を上からみた等高線で表せる。これは、前章で見た家計の無差別曲線に相当するものと考えてもよい。

ただし、家計の無差別曲線と違い、等量曲線の大きさに意味があるという

---

8) 生産要素が3つ以上の場合も、生産曲面の考え方は同じであるが、その厳密な説明のためには本書のレベルを超える数学の知識が必要であるのでここでは説明しない。

図表 2-17

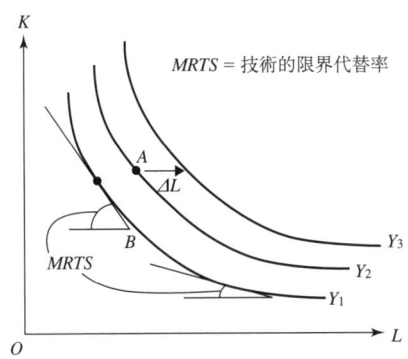

点には留意されたい。つまり、無差別曲線は序数的であり、その絶対的な大きさは意味を持たなかったが、等量曲線は基数的意味をもち、その絶対量に意味がある。この点を図で説明しよう。図表 2-16 では、右上の等量曲線の方がより多くの生産をすることになる。それぞれの等量曲線の間は生産量の大きさを表している。たとえば、等量曲線 Y_1 と等量曲線 Y_2 との差は、生産量の差を表しており、その差が測定できるため、意味をもつのである。

技術的限界代替率（marginal rate of technical substitution：$MRTS$）とは、生産要素を 1 単位増加（減少）させたときに、生産量を一定に保つために減少（増加）させることのできる他の生産要素の量をいう。つまり技術的限界代替率は、生産に際して、1 つの生産要素がもう 1 つの生産要素に比較して、相対的にどれだけの貢献を示すかを表す尺度である。

図表 2-17 において、労働 L を 1 単位増加させると、生産量は L の限界生産物の分だけ増加する。一方、K を 1 単位減少させると、生産量は K の限界生産物の分だけ減少する。ここで、L を 1 単位増加させて、なお同じ等量曲線上にいるためには、〔L の限界生産物／K の限界生産物〕だけ、K を減らす必要があり、この値が技術的限界代替率となる。つまり技術的限界代替率とは、それぞれの生産要素の限界生産物の比で表される。

ただし、上の議論では、1 つの仮定を暗黙に置いている。その仮定とは、K と L の技術的限界代替率が逓減するということである。この仮定は、1 つの生産要素を偏って使用するよりも、両生産要素を共に使用する方が生産

量が大きくなるということを意味する。等量曲線を右下に移動すると技術的限界代替率逓減の法則が成立するので、Lの限界生産物は減少し、Kの限界生産物は増加することになるので、技術的限界代替率は逓減することになり、等量曲線は、原点に対して凸になる点に注意されたい。

ここまでの議論を、数式的にまとめると次のようになる。A点から労働(L)を追加的にΔL投入する。ただし、Kの水準は一定とする。このとき生産量の増分は、$[\Delta Y = MP_L \times \Delta L]$となる。ここで同一の等量曲線上を保つためには$L$の増加によって生じた生産量の増分に相当する生産量を減少させる必要があり、そのためにKの投入を減少させる必要がある。その生産量の減少分は$[\Delta Y = MP_K \times \Delta K]$となる。ここで両者を足し合わせると、生産の増加は相殺しあいゼロになるので、$[MP_L \cdot \Delta L + MP_K \cdot \Delta K = 0]$となり、これを整理すると

$$-\frac{\Delta K}{\Delta L} = \frac{MP_L}{MP_K}$$

という関係が成り立つ。

この式の左辺は、(生産量を一定水準に維持しながら)労働投入量を1単位増やした(減らした)ときに何単位の資本投入量を減らせる(増やせる)かを示す技術的な関係、つまり技術的限界代替率を示している。よって

$$MRTS = -\frac{\Delta K}{\Delta L} = \frac{MP_L}{MP_K}$$

と表す。

4．規模の経済性

規模の経済性(economies of scale)とは、すべての生産要素を同じ比率だけ変化させたときに、生産量がどれだけ変化するかをみたものである。

引き続き、労働(L)と資本(K)を生産要素とする生産関数$[Y = f(L, K)]$について考える。当初、労働投入量と資本投入量がそれぞれL_0とK_0のときの最大実現可能な生産量がY_0であり、したがって$[Y_0 = f(L_0, K_0)]$が成立しているものとする。いま、生産者が労働と資本の投入量をともに2倍

図表 2-18 (a) 　　　　　　　　**図表 2-18 (b)**

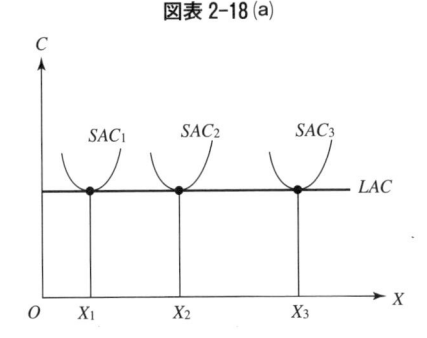

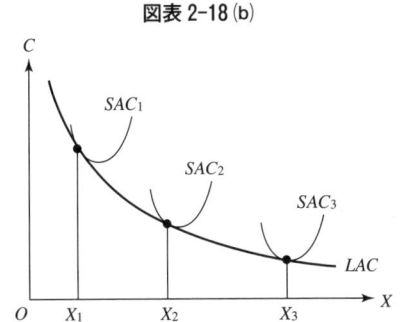

に増やしたとしよう。このときの生産量 Y_1 は〔$Y_1 = f(2L_0, 2K_0)$〕と表す。かりに Y_1 が当初の生産量 Y_0 の2倍、つまり $2Y_0$ よりも大きい場合、生産量の拡大は生産要素投入の増加よりも大きいことになる。このようなケースを「規模に関して収穫逓増（increasing returns to scale：IRS）が働く」という。

逆に、〔$Y_1 = f(2L_0, 2K_0)$〕が $2Y_0$ よりも小さい場合は、生産量の拡大の方が生産要素投入の増加よりも小さいので、「規模に関して収穫逓減（decreasing returns to scale：DRS）が働く」という。そして、〔$Y_1 = f(2L_0, 2K_0)$〕が $2Y_0$ に等しい場合、生産量の増加と生産要素投入の増加が同じであり、規模に関して収穫不変あるいは収穫一定（constant returns to scale：CRS）という。

規模に関する収穫不変（constant returns to scale：CRS）のときには、長期平均費用は生産量の水準にかかわらず一定となる（図表2-18(a)）。一方、規模に関する収穫逓増のケースは、規模の経済（economies of scale）といい、生産規模が大きくなるほど、より低い平均費用で生産することができる（図表2-18(b)）。

5．費用制約（等費用線の導出）

生産要素である資本（K）及び労働（L）の価格をそれぞれ r、w とすると、費用（C）は〔$C = rK + wL$〕となる。ここで、費用を一定に保つよう

図表 2-19

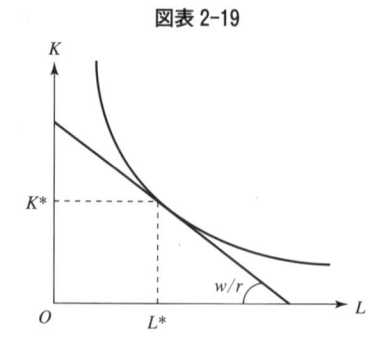

な生産要素の組み合わせの軌跡を等費用線という。等費用線の傾きは、生産要素価格の比に等しくなる。つまり、〔w/r ＝ 要素価格比〕と表される。

6．費用最小化行動の均衡条件

企業の合理的な行動は、生産関数という技術の制約の下で、総収入と総費用の差である利潤を最大化させることだが、これを言い換えると、生産量が一定（等量曲線が所与）のときに、費用を最小にすることに他ならない。したがって、利潤が最大となるための条件は、等量曲線と等費用線とが接することであり、接点では両曲線の傾きが等しいので、〔$MRTS = w/r =$ 要素価格比〕となる。

確認用語

企業　利潤最大化　短期　長期　総費用　平均費用　限界費用　固定費用　可変費用　総収入　限界収入　平均収入　損益分岐点　操業停止点　生産関数　等量曲線　技術的限界代替率　規模の経済　規模に関する収穫不変（収穫一定）　規模に関する収穫逓増　規模に関する収穫逓減　等費用曲線　費用最小化　要素価格比

● 第3章

不完全競争市場

I 不完全競争

1. 完全競争市場と不完全競争市場

　ここまで第1章および第2章では、市場に参加する経済主体は、価格を自らが決定できない所与のものとして行動する、すなわちプライス・テイカー（price taker）であるとの想定を前提としていた。このような、市場に参加する経済主体すべてがプライス・テイカーである市場のことを完全競争市場（perfectly competitive market）という。完全競争市場とは経済学的には、
　① 同一市場における企業の生産物が同質［財の同質性（homogeneity of goods）］。
　② 市場に売り手、買い手が多数存在している。
　③ 市場に参加する経済主体は、価格を所与として行動する［プライス・テイカー］
　④ 企業による市場への参入・退出が自由（Free entry and exit）。
　⑤ 個々の経済主体は財及び市場に対する情報を完全に持つ［情報の完全性（perfect information）］。
という条件をすべて満たす市場のことをいう。
　しかしながら、現実の経済においては1社もしくは少数の企業が、ある製品に関して100％近いシェアを確保し、その供給量をコントロールすることによりある程度は財の価格をコントロールしうるという状況を数多く見ることができる。このようなプライス・テイカーではない経済主体が存在してい

る市場のことを不完全競争市場（imperfectly competitive market）という。

不完全競争とは、完全競争とは異なり、経済主体が価格に対して影響力を持っている状態をいう。上述のように、ある財の売り手が1社あるいは1人のみ（もしくは極少数）であれば、その売り手が価格を吊り上げたり、コントロールしたりすることが可能である。

これに対して、企業がプライス・テイカーであれば、そのようなことはほぼ不可能であろう。たとえばカボチャを生産している農家で考えてみると、ある農家が生産を増やしたり、減らしたりしたとしても、その生産量の変化が市場全体に与える影響は微々たるものであろう[1]。このように、財の市場価格に対して影響力がある経済主体をプライス・メーカー（price maker）、影響力がない経済主体をプライス・テイカーという。

また、完全競争市場の条件の1つである財の同質性について考えてみると、自動車やアパレル産業であれば、厳密に同一の財が複数の企業から生産されることはないであろう。似たような種類の財であっても、微妙にデザインや性能が異なるからである。性能・機能的にほぼ同じような財でも、ある人にとってはブランドによってまったく異なる価値観を抱くであろう。このように企業が顧客を得る目的で製品に独自の特徴をもたせることを製品差別化（product differentiation）と呼ぶ。差別化がなされると完全競争市場とはいえなくなってくる。なぜなら、差別化されたことにより、独占に近い状況が起こるからである。このことについては本章の後半部で詳細に解説する。

2．不完全競争市場の種類

上述した不完全競争の状態にある市場を分類すると、市場に対する影響力の程度、同一市場における財の差別化の程度、市場への参入の容易度、市場へ参加する経済主体の数により、独占（monopoly）、寡占（oligopoly）、独

---

1) また、同じ農産物であっても、市場で高級ブランドとして評価が確立しているような場合、個々の農家の生産量が大きく増減すれば、市場価格に大きな影響を与えるかもしれない。この場合には、不完全競争市場の範疇として考えることができる。

占的競争（monopolistic competition）という3つの市場に分類される。

独占市場とは、売り手の企業数が1社であり、生産物の差別化がなく、参入障壁（barriers to entry）が高いため、他企業が市場へ参入することは困難な市場のことを指す。ここでいう参入障壁とは、たとえば政府の規制による参入制限や、1企業がある財の生産に必要な資源を独占しているために、他の企業がその財を生産できないことや、規模の経済が働きやすい産業のため、新規参入企業では採算がとりにくいといった事態を意味している。

寡占市場とは、売り手の企業数が少数で、参入障壁が存在するために、他の企業がこの市場に参入することが困難な市場である。また、製品差別化がある程度存在する市場である。そして、完全競争市場ではプライス・テイカーとして行動するのに対し、寡占市場においては競争相手の行動を考慮に入れて行動することとなる。なお、売り手の数が2社の場合を、特に複占市場（duopoly）という。

独占的競争市場とは、売り手の企業が多数存在しており、参入障壁もほとんど存在しない。この点において完全競争市場に近いものであるが、財の性質が、売り手によって差別化されているという点が完全競争市場と異なる市場である。

以上をまとめると市場の競争状況は、

競争状況	独占	寡占	独占的競争	完全競争
企業数	1企業	少数	多数	多数
価格支配力	強い	やや強い	強い	なし
参入障壁	高い	高い	ほぼなし	なし
製品差別化	なし	ある程度存在	存在	なし

と整理することができる。ここで、完全競争以外の市場の状況は不完全競争と分類される。以下の節では完全競争市場と不完全競争市場の相違を考察する。

II 完全競争市場と独占の相違

1．完全競争市場の仮定

(1)ワルラス的価格調整メカニズム

競争市場における需要曲線と供給曲線とを図表3-1に従って説明する。

たとえば、価格が P_1 のとき、社会全体の各個人の効用最大化の需要量は D_1、社会全体の各企業の利潤最大化の供給量は S_1 となる。これは、超過供給であるから、売れ残りが生じ、その結果、価格 P_1 は低下する。

また、価格が P_2 であれば、社会全体の需要量は D_2、社会全体の供給量は S_2 となり、超過需要が発生することから、品不足が生じ、その結果、価格 P_2 は上昇する。このときに売り手と買い手の需給が一致するのは、効用最大の需要量と、利潤最大の供給量が一致するような P^* となる。

このように、ワルラス的価格調整メカニズムが伸縮的に作用すれば、財市場で均衡価格が実現されるのである。

社会的需要曲線を導出するときにおいては、効用最大の均衡条件、限界代替率と価格比の均等が満たされた。同様に、供給曲線を導出するときには、利潤極大の均衡条件、限界費用と価格の均衡が満たされた。市場均衡価格においては、効用最大化と利潤最大化が同時に満たされているのである。

ここで、特定のひとつの市場に着目する部分均衡分析における余剰分析を用いて、最も望ましい厚生基準（最適資源配分）の実現について考察する。

(2)余剰分析
①消費者余剰

消費者余剰（consumer's surplus）とは、今現在、市場において価格と需給量が成立している場合に、消費者が本来その需給量ならば支払っても良いと考えた金額と、実際に支払った金額の差をいう。これは消費者が財を購入した場合に得られる利益と考えることが可能である。

今までの需要曲線の読み方は、価格が決定すると、それによって需要量が決定していた。しかし、余剰分析では、需要曲線を逆に読む。すなわち、需

図表 3-1

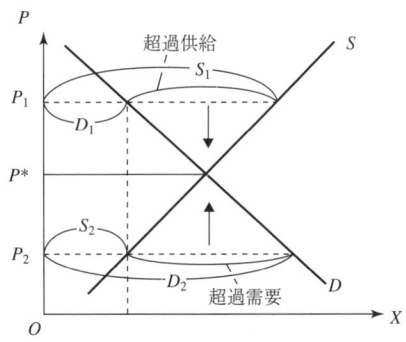

図表 3-2

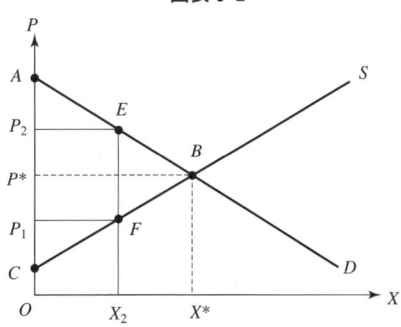

要量が決定すると、それによって価格が決定されると考えてみるとよい。

消費者余剰を図表3-2で説明すると、消費者がX_2のときに支払ってよいと考えている金額はP_2であり、このときの市場価格はP^*なので、(P_2-P^*)の差額がX_2のときの利益となる。このようにしてすべての消費者の利益を足し合わせていくと、消費者余剰は、図表3-2において三角形ABP^*となる。

②生産者余剰

生産者余剰（producer's surplus）とは、今現在、市場において価格と需給量が成立している場合に、その供給をするためにかかった限界費用と、実際の市場価格との差額のことをいう。消費者余剰と同様に、これも生産者が

財を販売した際に得られる利益と解釈することが可能といえよう。

消費者余剰と同様に、いままでは価格が決定されると生産量が決まったが、生産者余剰の場合は、生産量が決定されると、価格が決定されると考える。ここで生産者余剰を図表3-2で説明すると、生産量X_2のとき、生産者はP_1の費用がかかるが、市場ではP^*で売ることができるため、(P^*-P_1)の差額がX_2のときの利益となる。従って、このようにしてすべての生産者の利益を足し合わせていくと、生産者余剰は、図表3-2において三角形CBP^*となる。

③社会的余剰（総余剰）

社会的余剰（social surplus）とは、上記で定義した消費者余剰と生産者余剰を合計したものである。すなわち図表3-2において市場均衡が成立している場合、消費者余剰である三角形ABP^*と生産者余剰である三角形CBP^*を足した三角形ABCが社会的余剰となる。もし生産量がX^*ではなく規制の存在などによりX_2であった場合、社会的余剰は台形$AEFC$となり、市場均衡にある場合の社会的余剰三角形ABCよりも小さくなる。この減少部分の三角形EBFは厚生損失（dead-weight loss）という。このように市場均衡点Bでは余剰の和が最大化されることがわかる。このことは、完全競争市場では、余剰をそれ以上増大させることのできない最適な資源配分が達成される、ということを意味している。

2．完全競争市場と独占の相違

図表3-3は、完全競争市場を表している。この場合に企業が直面する需要曲線はDとなる。完全競争企業においては、財の価格が図表3-3右側の市場の均衡価格から所与となるために、水平な需要曲線に個別企業が面していると解釈できるからである。

また、完全競争市場では、Dと平均収入（AR）と限界収入（MR）とが同じになる。すなわち、1単位の生産量から得られる収入増は、生産量にかかわらず市場価格に等しく一定になる。また、企業は、限界収入と限界費用

図表 3-3

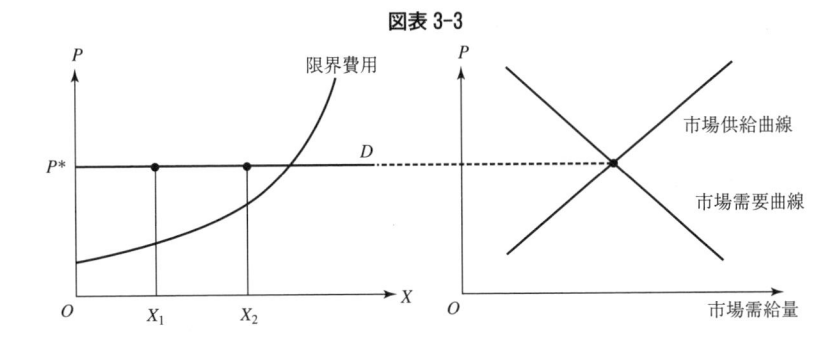

が一致するところで生産量を決定するため、市場の需給によって決定された財価格に従って行動すればよいこととなる。

一方、不完全競争下の企業は、市場に対して影響力を持つため、生産量を変動させることにより、市場価格を動かすことが可能となる。つまり独占企業の場合には、市場に供給を行っているのはその企業のみであるため、市場の供給量と独占企業の供給量が一致する。独占企業の供給量が決まれば、独占価格は、その供給量に見合う需要曲線上の点が決定されて、価格が決まることになる。

従って、独占企業は、供給量を自分で決めることで、市場需要曲線上の任意の需要と価格の組み合わせを実現することができる。一般に需要曲線は右下がりであるから、独占企業はその供給量を増加させて市場価格を下げたり、供給量を減らして価格を吊り上げたりすることができるのである。よって、独占企業の場合には、供給を増加させた場合に、市場価格は直面する需要曲線に沿って下落し、限界収入と完全競争における均衡価格は一致しなくなる[2]。

ここでは、追加的に1単位の供給量を増加させた場合に、どのくらい収入が増加又は減少するか検討してみる。

はじめに、企業の生産量が X_0 のとき、総収入は $P_0 \times X_0$ とする。生産量

---

2) 完全競争企業と独占企業では、①直面している需要曲線、②限界収入と価格の関係、が異なることを再度確認する。

図表 3-4(a)

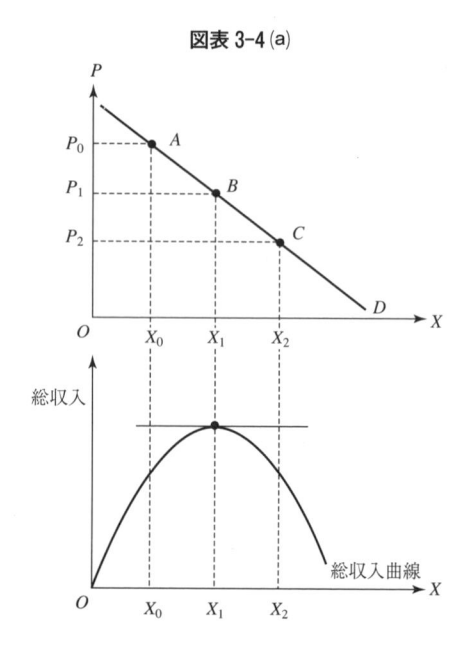

が X_1 のときは、$P_1 \times X_1$ となる。この供給量と総収入との関係は、総収入曲線として、図 3-4(a)のように表される。独占企業においては、生産量を増やすと、財の市場価格が低下するので、一定の生産量までは総収入が増大するが（図 3-4(a)では X_1 の生産量までは、総収入が増大し、それ以上では減少）、生産量がある程度大きくなると、財の市場価格の低下から総収入が減少していくのである。

3．独占企業の利潤最大化生産量の決定

　企業の利潤最大化を達成する点とは、〔限界利潤 ＝ 限界収入 － 限界費用〕がゼロとなる点である。よって、〔限界収入 MR ＝ 限界費用 MC〕となるところで生産量は決定され、その生産量により、需要曲線上において独占価格が決定される。

　図表 3-4(b)は独占企業の利潤最大化生産量の決定を表している。利潤最大化の生産量は〔$MR = MC$〕となる交点 A に対応する X^* で決定されるが、

図表 3-4 (b)

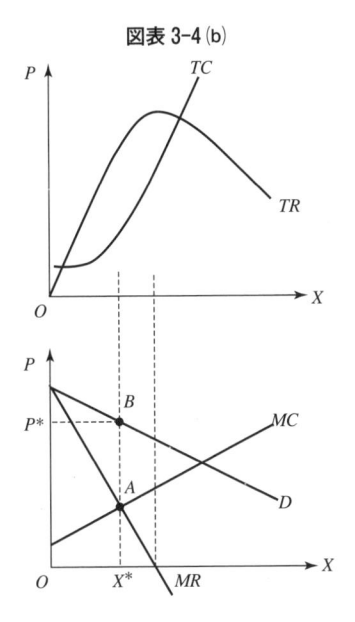

交点 A で財価格が決定されるわけではない。X^* の生産量では需要曲線において P^* の価格で販売することが可能であるから、独占企業は P^* での価格で販売する。また、限界収入と限界費用が等しい状態における需要曲線上の点 B をクールノーの点（Cournot's point）と呼ぶ。

III 寡占

1．マークアップ原理

　企業は利潤最大化のために限界収入と限界費用を一致させるように生産量をコントロールし、その結果価格が決定される。しかしながら、現実の寡占市場における価格決定においては、製品単位当たりの平均費用に一定のマークアップ率を乗じる価格決定法が採用されていることもあるということが実証上明らかにされている。このような価格決定法をマークアップ原理

図表 3-5 (a)　　　　　　　図表 3-5 (b)

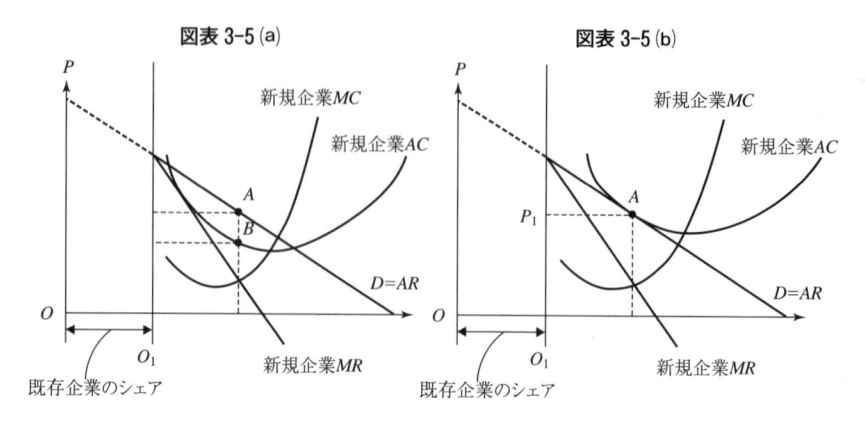

(mark-up principle) という。より厳密には平均費用に平均可変費用を用いて価格設定するものをマークアップ原理といい、固定費用をも含む平均総費用を用いて価格設定するものをフルコスト原理（full-cost principle）という。

2．参入阻止価格

　既存の寡占企業は、平均費用よりも高い水準に価格を決定するが、そこに超過利潤が獲得できるのであれば、新規企業が市場に参入することになる。この状況において、既存の寡占企業が新規企業の参入を防ぐために設定する価格を参入阻止価格（entry-preventing price）という。これを図表 3-5 で説明する。

　曲線 D は需要曲線である。既存の企業が O_1 だけ生産すると、潜在的な参入企業は O_1 を原点として曲線 D の残された需要に直面する。

　図表 3-5(a) では新規参入企業が点 A と点 B の差であらわされる正の利潤をあげている例である。このような状況において潜在的に参入を考えている企業は、当然市場に参入してくるため、寡占状態が破られる。新規企業の市場参入を防ぐためには、既存企業は生産量を増加して、図表 3-5(b) のように新規参入企業の平均費用曲線と新規参入企業に残された需要曲線が接するように価格を低下させる。このとき、新規参入企業は正の利潤をあげられなくなる（利潤がゼロとなる）ため、この市場に参入するメリットはなくなる。

図表 3-6

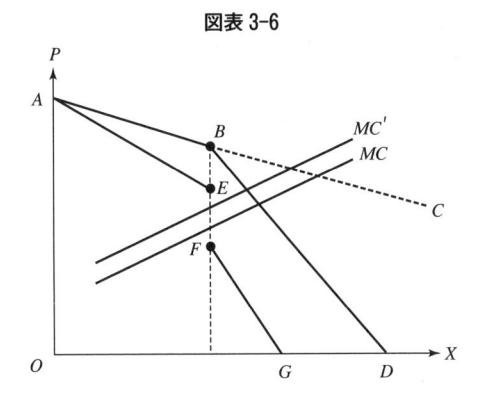

このときの価格 P_1 を参入阻止価格という。

3．屈折需要曲線

　寡占市場には、少数の企業が存在し、さまざまな面で企業間に相互依存関係が見られる。これは少数の企業のみが存在する市場においては各企業の行動が市場に与える影響力が大きいということも意味する。前述の通り、このような企業はプライス・メーカーと呼ばれる。各企業は同市場に参入している他の企業の市場での行動（生産量の増加や価格の上げ下げ）を常に見ながら生産計画をたてる。つまり、寡占市場での企業行動は、他企業の反応を考慮せずには行えないという状況にある。

　寡占市場では、一般的に価格の引き下げは他の企業に追随されやすく、かつ共倒れを招く可能性があることから、有効な戦略とはいえない。したがって寡占価格は硬直的であるといえる。このような寡占市場においての価格の硬直性を説明するのに使われる理論が屈折需要曲線（kinked demand curve）である。

　図表 3-6 を見てみよう。いま、ある企業の生産量と価格が点 B で決められていたとする。もし他の企業が価格を変えないとすれば、この企業は需要曲線 ABC に対応した生産が可能である。この企業がもし価格を上げるとするならば、他の企業はこれを静観する。なぜならば静観した方がこの企業の

製品の市場でのシェアを奪うチャンスだからである。ここで、この企業が逆に価格を下げたとする。すると他の企業はこれに追随して価格を下げる。そのため、この企業の需要曲線は BC から BD へ移る。その結果、この企業の需要曲線は ABD のように点 B で折れ曲がることになり、この企業の限界収入曲線は $AEFG$ のように EF で不連続になってしまう。

ここで限界費用曲線が EF を通過している状況で、この限界費用曲線 MC が生産要素価格の上昇などの経済変化によって MC' にシフトしたとしても、点 B によって与えられる生産量および価格は変わらない、ということがわかる。このように、費用が多少変化しようとも、ひとたび成立した価格が変わりにくいことを（寡占）価格の硬直性（price rigidity）という。

ここで、価格の硬直性は産業に属する企業にとっては利益を損なうことがある。価格の硬直性を打破するために寡占企業が結託して価格を吊り上げる行為が考えられるが、そのような行為はカルテルといい、法律で禁じられている。しかしながら、産業全体の利益を得るために暗黙の合意下で、ある有力企業1社の値上げに同業他社が追随するということが、わが国のビールや新聞といった業種ではよく見られる。このような暗黙下の協調行動はプライス・リーダーシップ（Price Leadership）と呼ばれ、価格の硬直性への対応策になっていると考えられる。

Ⅳ　独占的競争

1．独占的競争と製品差別化

独占的競争とはチェンバリンが考えた理論であり、同一産業内に存在する企業の数が十分に多く、新規企業の参入が自由であるという極めて完全競争に近い市場を想定している。しかしながら、同一産業内の各企業の生産する財に関しては、それらは極めて密接な代替財であるが、完全に同質な財ではなく、完全競争市場の前提条件である財の同質性を満たしていない。また、個々の企業の製品は独占市場における需要曲線と同様に、それぞれ右下がりの需要曲線を持つ。これらの特徴が完全競争市場とは異なる点である。

図表 3-7

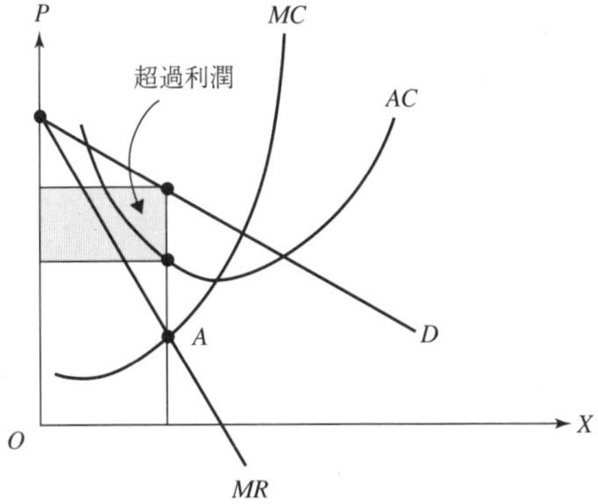

同一の機能を持つ財に異質性をもたらす製品差別化とは、自社製品に同業他社の製品とは異なる特徴を付与することにより、固定客を獲得する戦略のことをいう。

例を挙げると、外食産業、特に狭い地域に多くの店舗が存在しているラーメン屋に製品差別化の典型を見出すことができるであろう。同じラーメンでも店ごとに微妙に味が異なり、それぞれのラーメン屋にはそれぞれ独自の顧客が存在する。各ラーメン屋は、自分のラーメンに対して独占市場におけるような価格支配力を持っているのである。ただし、価格支配力を有しているとはいえ、企業の製品の価格が極度に上昇した場合は、顧客が同業他社の代替的な製品に需要をシフトさせる可能性がある。その意味においては、潜在的ではあるが競争的な市場であるといえる。

要約すると、独占的競争市場とは製品差別化により各企業が独占的な価格支配力をもつ一方、市場には類似の製品を生産する企業が多数存在するという競争的な側面を持つ市場である。

2．短期均衡

独占的競争市場において、企業は自己の右下がりの需要曲線 D を想定し、短期利潤を最大化するように限界収入と限界費用が等しくなる点で生産量を決定する。図表 3-7 は独占的競争市場における短期均衡を図示したものであ

図表3-8

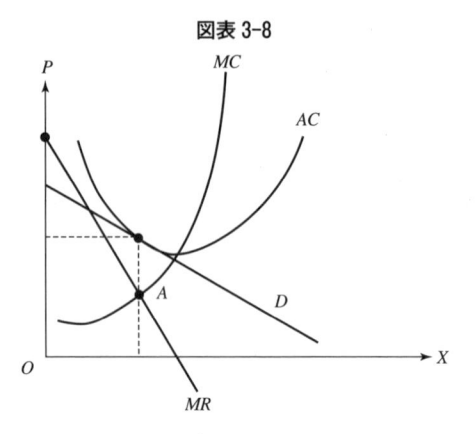

る。企業は、図中の需要曲線に対する限界収入曲線と限界費用曲線が一致する点Aで生産量を決定する。

この短期での分析では、独占の場合と同じように超過利潤を上げることが可能である。

3．長期均衡

次に、長期の考察であるが、長期では企業の参入と退出が自由になる。図表3-7の短期均衡の図では、網掛けの四角形の部分が短期的な超過利潤が発生していることを意味している。このような超過利潤が発生している場合には、長期的に新規企業が参入してくることになり、当該企業の需要曲線Dは左にシフトする。このシフトは超過利潤がゼロとなる図表3-8の状況になるまで続く。

V．複占

1．クールノー競争

2企業が同質な財の販売競争をしている状況を考察しよう。もし市場が完

図表 3-9

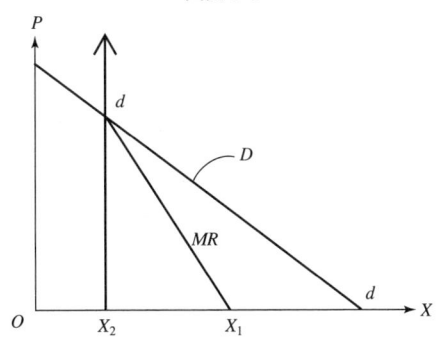

```
        P
        │
        │\
        │ \
        │  \d
        │  │\
        │  │ \    D
        │  │  \  /
        │  │   \/
        │  │   /\  MR
        │  │  /  \
        │  │ /    \
        │  │/      \
        │  │        \       d
        │  │         \     ↗
        │  │          \   /
        └──┴────┴──────\─/────→ X
        O  X₂   X₁
```

全競争状態ならば、それぞれの企業は市場価格のもとで自己の利潤を最大化するように生産量を決めるだけで、他の企業の行動を考慮しないが、このように市場が複占状態にあるならば、各企業はもはや相手企業の価格や生産量の決定を無視することはできず、また自己の価格や生産量の決定をするときにも、相手企業の反応を考慮しなければならない。このように、不完全競争とは完全競争に比べて複雑な競争状態である。しかし、これをできるだけ単純化して分析しなければ、理論化することが不可能になってしまう。

そこで、ここでとりあげるクールノー競争（Cournot competition）の理論では、企業行動を「各企業は、相手企業の生産量を与えられたものと考えつつ、自分の生産量を最適になるように決定する」と単純化してとらえる。そして、それぞれの企業がこのように生産量を決定し、実際にそれを実行する結果として、均衡生産量が決まり、それらが売り切れるように均衡価格が決まると考える。

以下では、このようなクールノー競争をさらに解説していく。

2．市場構造と企業行動

いま、企業1と企業2が存在し、さしあたって企業1が生産量を決めようとしている状況にあるとする。ただし簡略化のために、企業1、2ともにその限界費用はゼロであるとする。図表3-9では、縦軸に生産物の価格、横軸

図表 3-10

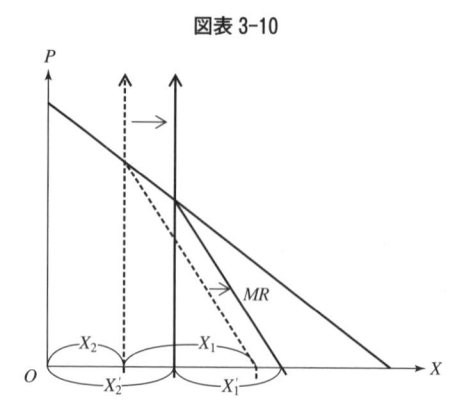

に生産量をとっている。また D は需要曲線を表している。いま、企業 1 が「企業 2 の生産量は X_2 である」と予想するなら、企業 1 は X_2 を原点とする曲線 dd を自己に残された需要曲線として認識する。そしてこの需要曲線に直面するときの企業 1 の限界収入曲線が MR だとすると、企業 1 の利潤を最大化する生産量は X_1 となる。限界費用がゼロと仮定したので、限界費用曲線は横軸（ただし X_2 を原点と考えた場合の横軸）となる。〔限界費用＝限界収入〕が不完全競争の利潤最大化条件であるから、結局、横軸と曲線 MR の交点、つまり X_1 で生産量が決まる〕。

3．反応関数とクールノー均衡

 もし、企業 1 が予測する企業 2 の生産量が上の例とは異なっていて、たとえば図表 3-10 の X_2' であれば、企業 1 の直面する需要曲線も X_2' からはかったものになり、したがって企業 1 の最適生産量も X_1' となる。このように、企業 1 の予測する企業 2 の生産量が最初と違ったものになれば、企業 1 の生産量もそれに応じて変化する。こうした「（企業 1 が予測する）企業 2 の生産量」と「企業 1 の生産量」との対応関係を、縦軸に企業 2 の生産量、横軸に企業 1 の生産量をとってあらわすと、図表 3-11 の直線 r_1 のようなグラフになる。これは、「企業 2 の生産量がもしこれこれであれば、企業 1 としてはこれこれの量を生産する」という企業 1 の反応を表したものであるから

図表 3-11

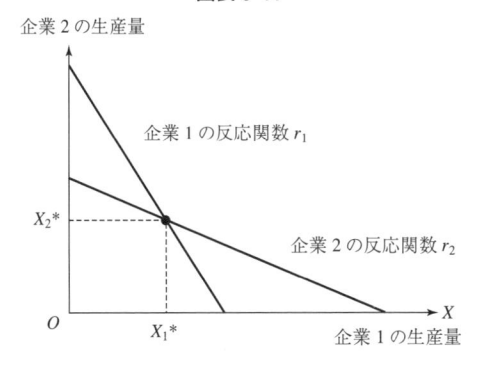

「企業 1 の（企業 2 に対する）反応関数」と呼ぶことができる。

次に、今度は企業 2 が生産量を決めようとしていると想定しよう。企業 2 も企業 1 のように行動するならば、企業 2 も企業 1 の生産量を予測し、その残りの需要曲線に直面する。そして、その需要曲線のもとで、限界収入が横軸と交わる点で最適な生産量を決定するはずである。したがって、企業 2 の生産量についても、「企業 1 の生産量がもしこれこれであれば、企業 2 としてはこれこれの量を生産する」という企業 2 の（企業 1 に対する）反応関数がかけることになる。これも図表 3-11 上で表すと、直線 r_2 になる。

この 2 本の反応関数の交点で、企業 1 と企業 2 の均衡生産量 X_1^* および X_2^* が決まる。この交点をクールノー均衡（Cournot equilibrium）とよぶ。なお、均衡価格は、企業 1 の均衡生産量 X_1^* を、図 3-9 の需要曲線 dd に代入すれば求めることができる。

確認用語

完全競争市場　不完全競争市場　独占　寡占　独占的競争　参入障壁　製品差別化　プライス・テイカー　プライス・メーカー　ワルラス的価格調整メカニズム　消費者余剰　生産者余剰　社会的余剰　クールノーの点　寡占　マークアップ原理　フルコスト原理　参入阻止価格　屈折需要曲線　寡占価格の硬直性　プライス・リーダーシップ　独占的競争　製品差別化複占　クールノー競争　クールノー均衡　反応関数

●第4章

市場の効率性

　前章までの議論において、ミクロ経済学では企業の利潤最大化行動により、財の供給曲線が導出され、また同時に、家計の効用最大化により、財の需要曲線が導出されることをみてきた。この供給曲線と需要曲線の相互関係により、初めて合理的かつ効率的な取引の可能性を手にすることになる。

　この供給曲線と需要曲線の相互関係こそ、我々が経済学の文脈において「市場」と称するものである。第4章ではこの市場がいかなる機能によって、財の合理的かつ効率的な取引をもたらすかについて、市場均衡分析と称される分析手法を吟味、検討することとする。

I　部分均衡分析

　我々の経済活動においては、日々数え切れないほどの財あるいはサービスの取引が実施されている。そしてその各々の取引は相互に関連し合いながら1つのメカニズムを形成し市場経済を作り上げている。

　しかしながら、ミクロ経済学においては、本来多様な財から複雑に構成される市場の分析を、第一に、1つの財の市場を取り上げることにより行うアプローチがしばしば試みられてきた。この分析アプローチを部分均衡分析（partial equilibrium analysis）と呼ぶ。

1．完全競争市場の条件

　部分均衡分析においては、一般的に企業は完全競争市場で活動すると仮定

される。つまり、「財の同質性」、「多数の売り手・買い手」、「プライス・テイカー」、「情報の完全性」、「参入と退出の自由」が企業活動の制約として規定されることとなる。

第3章と重複するが確認としてもう一度、上記の性質を説明する。財の同質性とは、市場を1つに限定する、つまりは単一市場内においてのみ各企業が競争をするための要件である。また同時に同一財において品質の格差が生じることがないという制約[1]も加味するための要件である。

プライス・テイカーとは、この単一市場の規模に比して圧倒的多数の売り手と買い手を仮定することにより、各々の売り手（買い手）の活動が財の価格に影響を全く与えられず、市場で決定される価格を享受せざるを得ないための要件である。

情報の完全性とは、この市場を通じてのみ売り手と買い手はその財についての情報を得ることができ、またその情報はすべての売り手と買い手に対して正しく、等しく提供されるという要件である。この要件により特定の売り手（買い手）がこの市場に対して前もって優位な立場で参加することが不可能になる。

参入と退出の自由とは、上記3つの要件を伴いこの市場で活動を行う売り手と買い手は超過利潤を得ることもなく、損失を被ることもないという要件である。つまり、常にこの市場においては財が、どのような品質であり、どのような価格で売られ、どのような段階を経て市場に至るかを参加者がすべて知っているため、参加を希望し、予算が伴うのであれば自由に参加が可能であるということを示す。

2．市場の需要曲線の弾力性

第1章において検討したとおり、一般に需要曲線は右下がりの形状となる（図表4-1を参照）。これは、今、価格が下落（上昇）するのであれば、需要

[1) 本章の議論においては、「同じ製品であっても品質が異なれば別の財である」と考えてよい。

図表 4-1

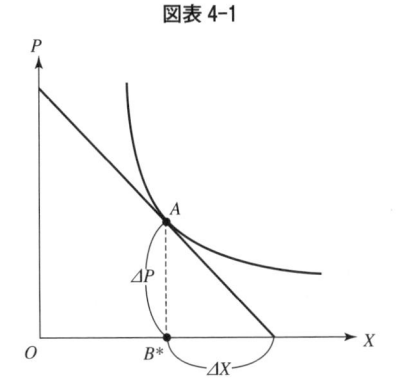

は増大（縮小）することを示している。言い換えれば、需要曲線に沿って、価格の変化分に対する需要の変化は負の値をとることを示しており、これを需要の法則と称する。

ミクロ経済学ではこの需要の法則に従う需要と価格の関係性を「弾力性（elasticity）」という概念を導入し把握することとなる。つまり価格が1%変化したときに需要が何%変化するかを示したものが、需要の価格弾力性（price elasticity of demand）である。この弾力性はしばしばεと表記され、需要の価格弾力性は以下の式により定義される。なお、右辺の負号は一般的に弾力性を正で定義することに伴うものである。

$$\varepsilon = -\frac{需要の変化率}{価格の変化率} = -\frac{\Delta X/X}{\Delta P/P} \quad \cdots\cdots (4\text{-}1)$$

3．市場の均衡価格の決定

第2章において検討したとおり、市場の供給曲線とは、ある財価格に対して、企業の利潤を最大化する供給量をすべての企業について集計したものであり、一般に右上がりの形状となる（図表4-2を参照）。

また完全競争市場により決定される市場価格は、図表4-2のように〔供給量$S = S(P)$〕と需要量〔$D = D(P)$〕が交わったところで決定される。この市場が価格を決定する現象を均衡（equilibrium）と称し、均衡は価格と取

図表 4-2

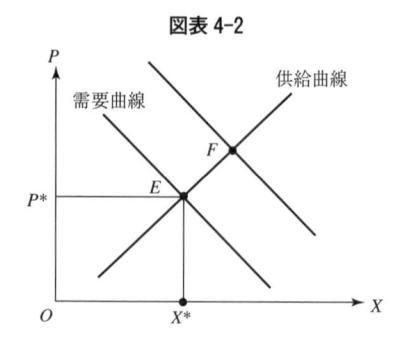

```
       P │
         │      供給曲線
需要     │         
曲線     │    F
         │   
    P*───┤ E
         │
         │
         └────────── X
         O    X*
```

引量の組で定義される。これにより決定される価格水準を均衡価格 (equilibrium price) と称する。図表 4-2 においては、均衡価格は $[P = P^*]$ であり、この均衡価格での取引数量は $[X^* = D^* = S^*]$ である。

つまり、完全競争市場では、家計も企業もプライス・テイカーであるため、まず所与である価格が決定され、その価格に従って企業が供給量を決定し、家計が需要量を決定することとなる。

なお、部分均衡分析は、他の財価格、生産量、消費者の好み、所得など明示的に示さず、これらを与件と称し直接的には取り扱わない。しかしながら、たとえば消費者の好みに変化があれば、これは効用曲線を通じて需要曲線を右にシフトさせ、均衡を F に移動させることとなる。この現象は需要の変化と称される。対して、均衡が F に移動したことによって需要量（＝供給量）が変化したが、これは価格の変更に従った需要量の変化である。これら需要（供給）の変化と需要量（供給量）の変化は部分均衡分析において明確に峻別されるものである。

4．市場の安定性

前述したとおり、完全競争市場では均衡により均衡価格 $(P = P^*)$ 及び需要量と供給量 $(X^* = D^* = S^*)$ が一意かつ安定的に決定される。

この均衡による市場の調整過程には2つの過程があり、価格によって調整するものと、数量によって調整するものがある。また、実現する均衡の種類

図表 4-3

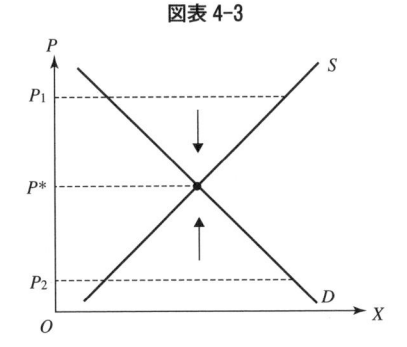

は2種類あり、均衡価格から実際の価格が乖離した際に調整過程により元の均衡価格を実現するものを安定的な均衡と称し、また、同様の場合に調整過程により元の均衡価格から実際の価格が乖離し続けるものを不安定な均衡と称する。

(1)ワルラス的均衡（Walrasian equilibrium）

ワルラス的調整過程とは図表4-3のように、価格の調整により市場が均衡する過程である。たとえば、価格が P_1 のとき市場では財の超過供給が発生しているため、生産者に売れ残りが生じ、価格が下落していくため最終的には均衡価格が再現されることとなる。一方、価格が P_2 のときには市場では超過需要が発生しているため品不足が発生し、価格が上昇して最終的には均衡価格が再現されることとなる。つまり、価格が調整変数となり、需要量と供給量が即時に決定されるということである。

このワルラス的調整均衡のもとでの均衡の安定性をワルラス安定性とよび、必ず以下の関係が成立することとなる。

$$\frac{1}{供給曲線の傾き} > \frac{1}{需要曲線の傾き} \quad \cdots\cdots (4\text{-}2)$$

(2)マーシャル的均衡（Marshallian Equilibrium）

マーシャル的調整過程とは、図表4-4のように、供給数量の調整により市場が均衡する過程である。今、生産量が X_1 の場合、供給者の価格は P_2 で

図表 4-4

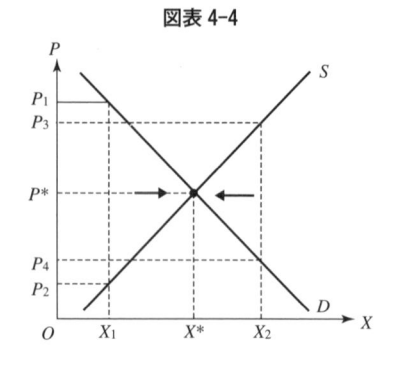

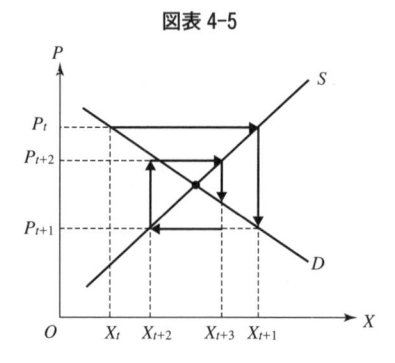

図表 4-5

あり、需要者の価格は P_1 である。この場合、供給者の希望価格が需要者の希望価格より低いため、供給者は供給量を増加させることとなり、最終的に均衡価格が実現することになる。

一方、生産量が X_2 だとすると、供給者の価格は P_3 であり、需要者の価格は P_4 となる。このとき、供給者の希望価格の方が需要者の希望価格より大きいため、産出量は減り最終的には均衡価格が実現されることとなる。

このように、価格が即座に決定されて、数量が調整変数となるマーシャル的調整過程による均衡の安定性を、マーシャル安定性と称する。この安定性が成立するための条件は下記のとおりである。

$$SS の傾き > DD の傾き \quad \cdots\cdots (4\text{-}3)$$

(3)クモの巣モデル

図表4-5はクモの巣モデル（cob-web model）と称される市場の調整過程である。クモの巣モデルでは、需要は価格に対して即座に決定され、供給は短期的には固定されると仮定される。

今期の生産量を X_t とすると、市場価格は X_t を完売可能な価格 P_t に決定される。次期においては、生産者は P_t を見て、この価格で完売可能な生産量である X_{t+1} を生産量と決定する。さらに次々期の市場価格は X_{t+1} を完売可能な価格 P_{t+1} に決定される。このような過程により最終的には均衡価格が実現することとなる。このように価格を需要曲線が、産出量を供給曲線が決定する過程をクモの巣過程と称し、その安定条件は下記のとおりである。

$$SS の傾きの絶対値 > DD の傾きの絶対値 \quad \cdots\cdots (4\text{-}4)$$

5．完全競争市場における効率性

(1)完全競争市場における総余剰

効率的な資源配分が達成されるための条件は、追加的に生産される1財に生じる費用として定義される限界費用と、消費者が追加的に消費する1財から得られる効用として定義される限界効用の大きさが一致することである。

上述したとおり、完全競争市場においては、生産者も消費者もプライス・テイカーであり、企業の利潤最大化行動から決定される財の生産量は、限界収入＝限界費用　となる生産量である。完全競争市場においては価格が限界収入に等しいため、〔価格＝限界費用〕となる生産量において企業の利潤最大化が実現することとなる。一方、消費者の効用を最大化する需要量は、限界効用＝市場価格　となるときに実現することとなる。

つまり、完全競争市場においては、生産量が限界費用と価格の一致する生産量に定まり、一方、消費量が限界効用と価格が一致する量、つまり限界代替率と価格比の一致する需要量において、均衡価格が実現する。そしてこの均衡価格は生産者（消費者）の利潤（効用）最大化を満たす条件、つまりは市場の資源配分が効率的であるための条件となる。

図表4-6は、完全競争市場の資源配分の効率性を図示したものである。こ

図表 4-6

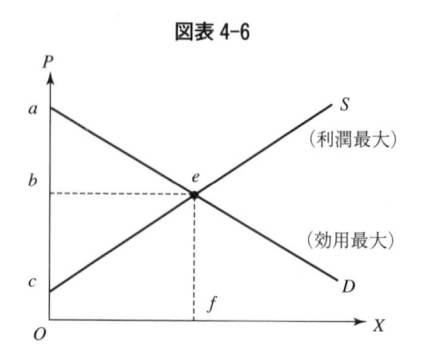

ここで三角形 abe は、均衡価格が実現することにより、消費者が獲得する便益を示すものであり、これを消費者余剰（consumer's surplus：CS）と称する。

需要曲線の下部の四角形 $befO$ は消費者の総支払意思（total willingness to pay：WTP）を示す。つまり、この市場の財の消費について消費者は線分 ae 上に示される需要量のすべてについて支払いを準備しているということである。ただし、この市場において消費者が実際に負担する支払いは四角形 $befO$ である。つまり三角形 abe は均衡価格の存在により消費者が負担を免れた支払額、言い換えれば市場均衡による消費者の便益を示すことになる。

同様に、三角形 bce は、均衡価格が実現することにより、生産者が獲得する便益を示すものであり、これを生産者余剰（producer's surplus：PS）と称する。供給曲線の下部の四角形 $cefO$ は生産者の受取要求額を示す。つまり、この市場の財の生産について生産者は線分 ce 上に示される生産量のすべてについて受け取りを予定しているということである。ただし、この市場において生産者が実際に得る受け取りは四角形 $befO$ である。つまり三角形 bce は均衡価格の存在により生産者が追加的に受け取った額であり、これは市場均衡による生産者の便益を示すことになる。

完全競争市場においては、均衡価格により消費者余剰、生産者余剰が決定され、その総和である三角形 ace は、市場参加者すべての便益としての総余剰（total surplus：TS）として決定されることとなる。なお、この総余剰はミクロ経済学における分析的規範として経済厚生（economic welfare）とも称されるものでもある。

図表 4-7

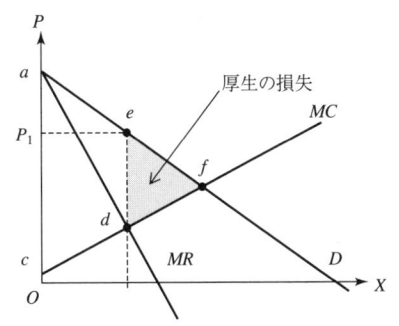

(2)独占市場における厚生の損失

　第3章で議論したとおり、独占市場の場合、生産者は1つであり、価格に対する支配力を有するプライス・メイカーである。独占企業においても、完全競争企業と同様に、〔限界収入＝限界費用〕である生産量が均衡生産量である。しかしながら、独占企業は価格支配力を有し、価格を低下させる生産量の増大を回避するため、限界収入と市場価格を等しくすることはない。

　図表4-7においては、独占企業は限界費用と限界収入の一致する点 d において生産量を決定するが、生産量に対する市場価格 P_1 は、完全競争市場企業より高い。このことは、消費者が限界費用以上の費用を負担する、つまり、効率的資源配分が達成されていないことを示している。

　ここでは、消費者余剰が三角形 aP_1e で示され、生産者余剰は四角形 P_1cde で示されており、完全競争市場と比較して、総余剰の大きさは三角形 edf の分だけ小さくなる。この三角形 edf を厚生の損失または死過重とよび（58ページも参照）、これは独占による資源配分上の非効率性を示すものである。

II　一般均衡分析

　前節では、1つの財の市場を取り上げ、市場の効率性を実現する過程を検討することを目的とする部分均衡分析を検討してきた。しかしながら、上述したとおりに、我々の経済活動においては、多数の財あるいはサービスの取

引が実施され、その各々の取引は相互に関連し合いながら1つのメカニズムを形成し市場経済を作り上げている。したがって、このように多数の財市場から構成される市場の分析もまたミクロ経済学の重要な課題であり、本節ではこの課題に資する分析的枠組みである一般均衡分析（general equilibrium analysis）を検討していく。

一般均衡分析において中核となる概念はパレート最適（Pareto efficiency）基準である。パレート最適は多数財の市場を同時に扱う一般均衡分析における経済厚生の基準である。この基準を満たし、すべての市場が完全競争下において同時に均衡する場合に、効率的資源配分が実現することとなる。

パレート最適とは、「他の誰かを不利にすることなく、誰をも有利にすること」が不可能な状態を指し示す概念であり、ミクロ経済学ではこの定義が満たされた時に、社会的（経済的）厚生が最大になることを前提としている。

1．純粋交換モデル

純粋交換モデルとは、生産者の存在しない経済において消費の効率性を検討するための分析枠組みである。

今、第1財と第2財を一定量保有する2人の消費者A、Bが市場で財を交換するとする。まず、財の保有量として第1財を$[X = X_A + X_B]$、第2財を$[Y = Y_A + Y_B]$とし、これを個々人がどのように再配分するかを検討する。

この2人はそれぞれ与えられた財と予算制約線により、最適な効用水準を選択している。ここで図表4-8と図表4-9を合成し、図表4-10のような箱型の図形を作成する。その際に、図表4-9は180°回転させている。これはエッジワースのボックス（Edgeworth box）と称されるものである。

そして図表4-11では、効用関数はU_1とU_2で、お互い交わってレンズ型の形状となるが、このような状態ではAとBの双方が財を再配分して効用を高めることが可能である。このようにして、無差別曲線が接するところまでは両者の効用が増加することとなる。つまり図表4-11において点線の無差別曲線が示しているような状態がパレート最適であるということになる。

第 4 章 市場の効率性　81

図表 4-8

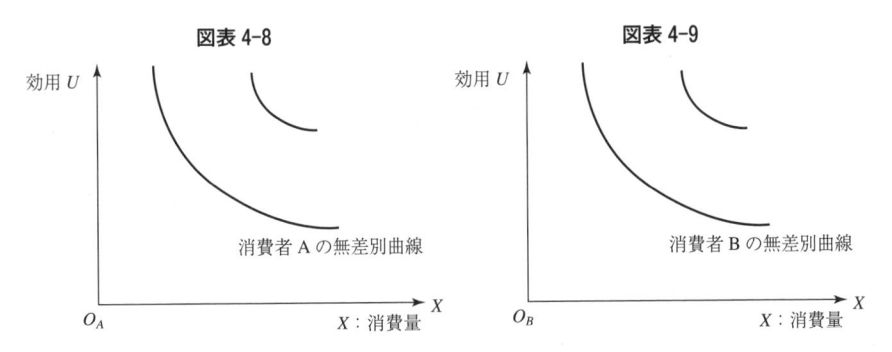

効用 U

消費者 A の無差別曲線

O_A　X：消費量　X

図表 4-9

効用 U

消費者 B の無差別曲線

O_B　X：消費量　X

図表 4-10　エッジワース・ボックス

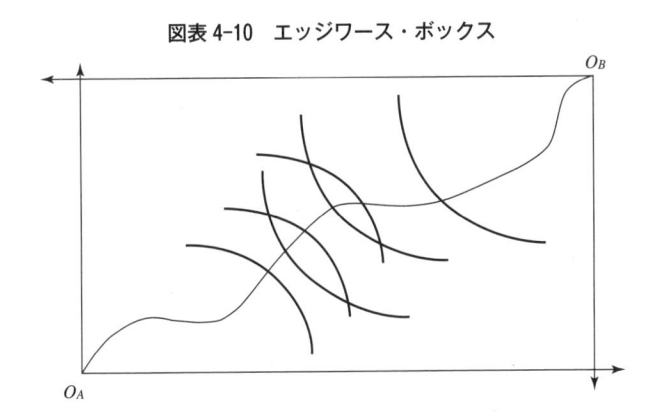

O_B

O_A

図表 4-11

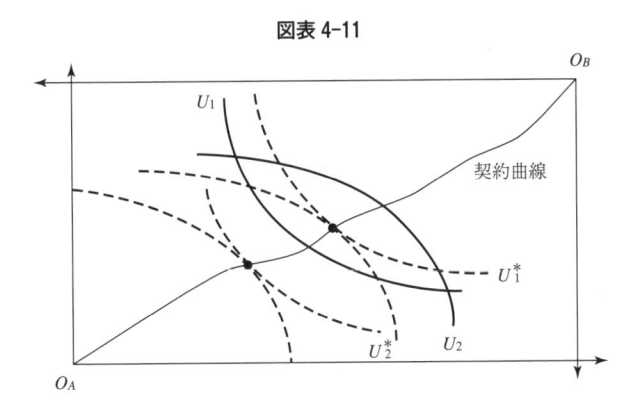

O_B

U_1

契約曲線

U_1^*

U_2^*　U_2

O_A

また、このように2人の無差別曲線がお互い接する点の軌跡を契約曲線と称する。この契約曲線上では、Aの効用を増大させようとすると、Bの効用が減少する。またその逆も同様である。つまり、契約曲線上では、他の消費者の効用を減少させずに、ある消費者の効用を増大させるように財を再配分することは不可能であるということになる。これはパレート最適性を満たした状況であり、すなわち消費の効率性を実現しているといえる。よって、純粋交換モデルにおける厚生最大化の条件はA、B両者の限界代替率が等しいというものであり、以下のとおりに示すことができる。

$$MRS(A) = MRS(B) \quad \cdots\cdots \quad (4\text{-}5)$$

III 消費・生産両面の効率性

1 生産フロンティア（生産可能性曲線）と生産の効率性

パレート効率性は、生産要素の配分においても消費者と同様に定義可能である。他の企業の生産量を増加させられない状況で行われる生産がパレート効率的な生産である。

今、市場において企業が2つの生産要素（L, K）を利用して（X, Y）の効率的な生産状態を実現しているとし限界生産性は逓減すると仮定する。

図表4-12において、（X, Y）の組み合わせの軌跡は生産可能性曲線（Production Possibilities Frontier）と称され、生産要素を完全利用し、かつ生産関数に従った効率的な生産状態を実現している。すなわち、利用可能な生産要素をすべて利用したときに生産可能な生産量を図示したものである。

また、生産フロンティアの（接線の）傾きを限界変形率（Marginal Rate of Transformation：MRT）と称する。

2．消費者行動の導入

今、市場において企業が2の生産要素（L, K）を利用して、2つの生産物（X, Y）の効率的な生産状態を実現していると仮定し、加えて、家計もこの

図表 4-12

図表 4-13

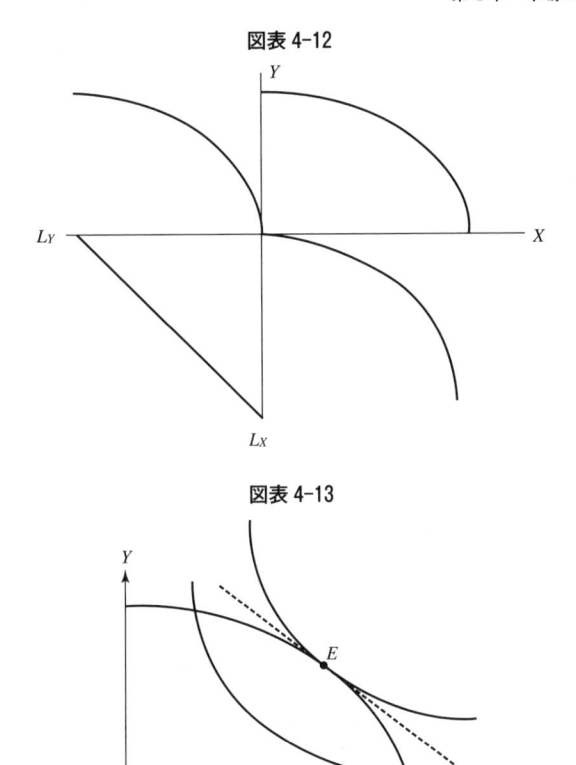

2つの生産物を消費していると仮定する。

　ここでパレート最適性が成立するためには、生産要素の完全利用が達成され、かつ生産物が効率的に2人の消費者に配分される必要がある。この生産者側と消費者側双方の効率性の達成のためには、上記の議論より以下の条件が満たされる必要がある。

　　限界代替率（MRS）＝限界変形率（MRT）＝均衡価格比（PX^*/PY^*）
　　　　　　　　　　　　　　　　　　　　　　　　　　……（4-6）

　このように、完全競争市場では、消費者、生産者の経済主体が私利を追求することによって、パレート最適が実現され、効率的な資源配分が達成され

る。

完全競争市場での財・サービスでは、価格の変化がないため E 点で均衡し、〔限界代替率＝限界変形率〕となりパレート最適が実現し、効率的資源配分が達成される（図表4-13）。

Ⅳ 経済厚生と政府の介入

前節まで、完全競争市場における部分均衡分析、一般均衡分析をそれぞれ検討し、経済厚生の最大化を実現する要件を吟味してきた。ただし、実際に完全競争市場おける資源配分が経済厚生を最大にするのかどうか、政府の介入による経済的施策が有効となるのではないかという疑問も生じる。本節では、上述した部分均衡分析の枠組みにより、政府の介入が経済厚生に与える影響を検討し、結果、完全競争メカニズムによる資源配分が経済厚生を最大化するということを明らかにする。

1．最高価格の設定

図表4-14においては、供給曲線 S と需要曲線 D の交点で、均衡価格、生産量が決定されている。今、政府はこの財の市場で消費者保護のため最高価格 P_h を設定し、それを上回る価格設定を禁止している。完全競争市場のメカニズムによれば経済厚生（総余剰）は $A+B+C$ となるが、政府の介入により価格が P_h に固定されるため、生産者余剰は C、消費者余剰は B となり、経済厚生は $B+C$ となるため、資源の最適配分は達成されない。このとき、A は厚生の損失（死過重）となり、(X_3-X_2) が市場における超過需要となる。

2．価格支持政策

価格支持政策とは生産者保護のために政府が任意の価格 P_L で財の買い取りを行うという政策である（図表4-15）。このときの生産者余剰は C、消費

図表 4-14

図表 4-15

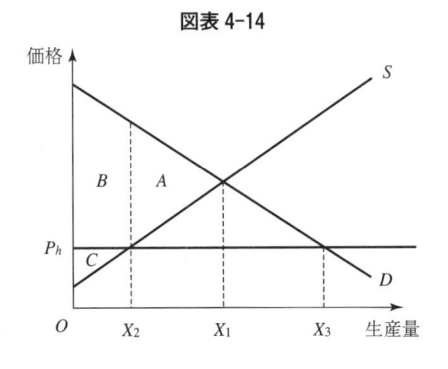

図表 4-16

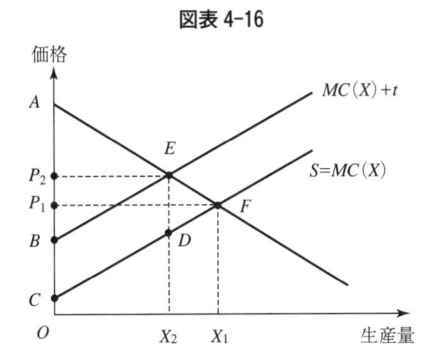

者余剰は B となり、経済厚生（総余剰）は $B+C$ となる。

対して、同市場が完全競争市場のメカニズムに従う場合、経済厚生は $A+B+C$ となるため、結果、政府の価格支持政策によって A の厚生のロスが発生することになる。市場における (X_3-X_2) が超過供給である。

3. 従量税

図表 4-16 は政府が生産者に対して、単位当たり t 円という課税を実行することを示している。初めに、供給曲線は $[S = MC(X)]$ であり、F が均衡点で、経済厚生は三角形 ACF である。ここで、政府が生産量1単位当たり t 円の従量税を賦課した場合、新たに消費者が直面する供給曲線は $[MC(X)+t]$ であり、市場の均衡点は $E(P_2, X_2)$ となるため、消費者余剰は三角形 AEP_2、生産者余剰は三角形 P_2EB、政府収入が四角形 $BCDE$ となる。よって、社会的総余剰は四角形 $AEDC$ となり、三角形 EDF の厚生の損失が発生することになる。

確認用語

均衡分析　部分均衡分析　完全競争市場　財の同質性　プライス・テイカー　情報の完全性　参入と退出の自由　需要の法則　弾力性　価格の需要弾力性　均衡価格　ワルラス的均衡　マーシャル的均衡　クモの巣モデル　消費者余剰　総支払用意　生産者余剰　総余剰　経済厚生　死過重　一般均衡分析　パレート最適　エッジワースのボックス　生産可能性曲線　限界変形率

● 第 5 章

市場の失敗

I 外部効果と市場の失敗

1．市場の失敗とは

　市場の失敗（market failure）とは、市場のメカニズムによって社会的厚生（余剰）が最大化されないことをいう。市場の失敗が生ずるのは、独占や寡占、情報の不完全性、または何らかの制度的要因や摩擦によって価格の硬直性が生じ、完全競争均衡の成立が妨げられる場合が挙げられるが、この点についてはすでに第3章と第4章で取り上げた。

　一方で、仮に完全競争均衡が成立したとしても、消費や生産に技術的外部効果が生じたり、公共財の供給や費用逓減産業が存在する場合には、市場メカニズムは必ずしも社会的厚生を最大化しない。本章では、このような完全競争が成立していながら市場の失敗が発生する場合や、情報が完全情報でなく非対称であったり、市場の失敗が起こりうる結果が不確実な状況下における行動を取り上げる。

2．金銭的外部効果と技術的外部効果

　ある経済主体の行動が何らの対価を授受することなく、他の経済主体に影響を与えることを外部効果（externalities）という。外部効果には2種類あり、その1つは金銭的外部効果（pecuniary externalities）という。これは、ある経済主体の行動が市場を経由して、本来の行動とは関係のない他の経済

主体の行動に影響を及ぼす効果をいう。たとえば、高速道路が建設された場合に輸送量が増強されたり、輸送時間の短縮によって交通の便がよくなるが、一方で高速道路周辺の土地に対する需要が増大して地代が上昇することで土地を借りている個人や企業は負担が増え、地主は利潤を増大させる。このように、金銭的外部効果は、ある主体の行動が市場を経由して、他の経済主体の所得や利潤に影響を及ぼすが、外部性そのものが市場の存在を歪める要因にはなっておらず、市場の失敗を引き起こさない。

　一方、技術的外部効果（technical externalities）とは、ある経済主体の行動が市場を経由せずに他の経済主体に影響を及ぼす効果をいう。先ほどの高速道路の例でいえば、道路の開通によって周辺では騒音、振動の増加や大気環境が悪化するなどの公害が発生し、地域の住民の不快感や健康被害が増大したり、騒音によるストレスで家畜の生産性に影響を与える場合が考えられる。この場合、道路がもたらす（負の）影響は、市場を経由しないで他の経済主体に影響を及ぼすので、市場を歪める要因となり、市場の失敗が生ずる。一般に、政府の経済活動への介入の根拠として、技術的外部性によって生ずる市場の失敗の補正が挙げられることが多いため、以下では技術的外部性を中心に話を進めていく。

3．技術的外部不経済の市場への影響と課税政策

　第4章で説明したように、社会の総余剰を最大にするという意味で、最も効率的に経済活動が行われるためには、完全競争市場が実現できることが条件であった。しかし、完全競争市場の実現が不可能な場合、または完全競争市場であっても、効率的資源配分が達成されない場合がある。これを市場の失敗といい、市場の失敗が発生する場合には、一般に政府が介入し、課税・補助金政策等を実施することによって効率的資源配分を達成させる。市場の失敗を生ずる外部効果は、経済的にプラスに作用するときは外部経済（external economy）といい、マイナスに作用するものを外部不経済（external diseconomy）という。ここでは、外部不経済について、市場へどのような影響を及ぼすかを見ていく。

図表 5-1

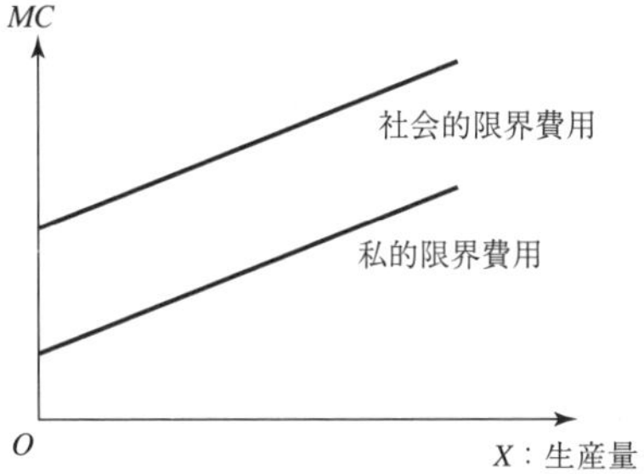

図表 5-2

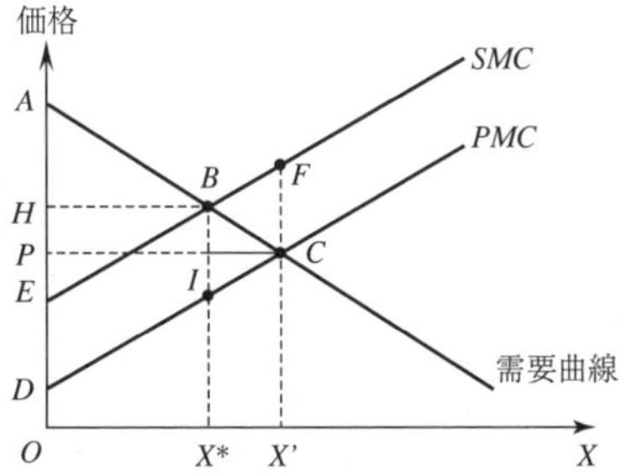

図表 5-1 において、私的限界費用（private marginal cost）とは、第2章以降出てきた供給曲線（MC）と同義である。一方、社会的限界費用（social marginal cost）とは外部効果を含めた限界費用をいう。社会的限界費用と私的限界費用に乖離が生ずるのは、騒音や排水という負の便益を生む財の市場が存在しないため、外部効果が解決されず社会的に取引費用が大きくなるからである。たとえば、1企業が利潤最大化行動で生産を行い公害が発生している場合、公害は社会にとっての負担であるので、生産のための費用に加えて外部不経済を解決するための費用を含む社会的費用を示す必要がある。いいかえれば、社会的限界費用と私的限界費用との差は、1単位当たり生産量についての外部不経済の費用とも考えられよう。

一般に、企業は外部効果や社会全体の費用を考えず私的費用のもとで利潤最大化行動を行う。その結果、価格 P の水準で生産量 X' を決定する（図表 5-2）。このとき、

消費者余剰 = APC
生産者余剰 = CDP

となり、生産量 X' に1単位当たりの外部不経済の費用である ED (あるいは FC) を掛け合わせた $EDCF$ が外部不経済となる。

よってこのときの総余剰は

総余剰 = 消費者余剰 + 生産者余剰 − 外部不経済
$$= APC + CDP - EDCF = ABE - BCF$$

となる。

このように、完全競争の場合と比較して厚生の損失 BCF が発生するために、外部不経済が生ずると効率的資源配分にならない。これは私的限界費用に基づく生産量 X' の決定は外部不経済を考慮していないため生産過剰となるからである。したがって、単位当たり生産量の外部不経済の費用である ED に等しい税額の従量税を賦課すると、企業の私的限界費用は ED の分だけ上方にシフトし、均衡点は C から B にかわり、生産量は X^* となる。このように、政府が介入し課税政策によって、私的費用と社会的費用を均等化させることによって効率的資源配分が達成されることになる。このような課税政策をピグー的課税政策という。

4. 外部経済と補助金政策

次に市場を経由しないで他の経済主体に好ましい影響を及ぼす外部経済の場合を考えよう。ここでは、果樹園業者が利潤最大化行動に基づいて独立した生産を行っていて、その付近の養蜂業者に無償で花粉を提供している場合を考えよう。この例では、果樹園が存在することにより、養蜂業者は、授粉のために負担するべき費用が軽減されるために、社会的費用は私的費用より少なくなる点が前節の例とは異なる。

さて、競争市場下の企業はこれまでと同様、私的限界費用に基づき価格水準 H のもと生産量 X' を決定する (図表5-3)。このとき、社会全体に及ぼす外部経済は1単位当たりの生産で節約できる費用 ED と生産量 X' との積である $EDIB$ で示される。よって、社会の総余剰は、消費者余剰 ABH と生

第5章 市場の失敗 91

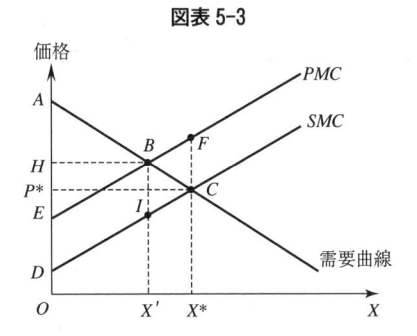

図表 5-3

産者余剰 HBE と $EDIB$ を足し合わせた $ABID$ で表される。

　しかし、この生産水準は社会にとって望ましいものであろうか。ここで、1単位当たりの生産で節約できる費用 ED に等しい補助金を与えると、企業の私的限界費用は ED だけ下方にシフトし、均衡点は B から C にかわり生産量は X^* となる。そのときの総余剰は、先ほどよりも生産が増えたことにより消費者余剰と生産者余剰の合計が BIC だけ増加することから、$ABDI$ と BIC を足し合わせた ADC となり社会の厚生を増大させ、効率的な資源配分が行える。このように政府が介入し、私的費用と社会的費用を均等化させることによって効率的資源配分が達成されることになり、このような補助金政策をピグー的補助金政策という。

5．コースの定理

　前節では、市場の失敗の補正の方法として、政府が市場に介入しピグー的課税や補助金を導入することにより、社会全体の厚生水準を最大化しうることを見てきた。しかし、政府が市場に介入しなくても、当事者間の交渉によって、社会の厚生水準の最大化が実現できる可能性がある。これを示したのがロナルド＝コース（Ronald Coase）であり、その考え方を示したコースの定理（Coase theorem）は、所有権が明確に定義され、交渉（取引）費用がゼロあるいは無視できるほど小さければ、外部性が生じていても当事者間の交渉による解決が社会全体の厚生水準を最大化することを示す。

図表 5-4

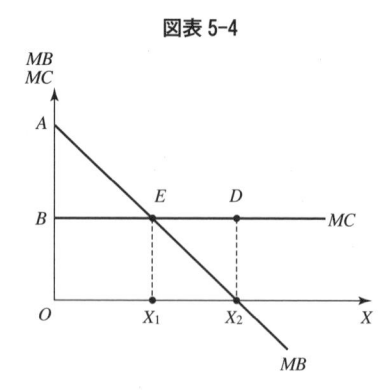

この点を、図表 5-4 を用いて説明しよう。まず、企業の限界利益は MB のように右下がりとする。MB がゼロになる生産量 X_2 において利益が最大化されている。この時、利益は AOX_2 となる。また、ここでは周辺住民の限界外部費用 MC は一定と仮定する（限界外部費用 MC が生産量の増加に対して増加するのであれば、右上がりとなる。限界外部費用 MC を水平としても、右上がりとしても、議論の結論に影響はない）。もし業者が利益を最大化したときの生産量 X_2 を生産した場合、周辺住民は $OBDX_2$ の外部費用を被ることになる。

すると社会的に、最も望ましい生産量は MC と MB の交点 E に対応する X_1 となる。なぜならば、X_2 から X_1 までの生産量であれば、生産量が1単位減少することによる周辺住民の限界的な外部経済の減少額が、企業の限界利益の減少額を上回るからである。逆に生産量が X_1 より下回ると、周辺住民にとっては補償のインセンティブがなくなる。よって、交点 E で社会的に最適な生産量が決定される。この時、企業の利益の減少分は EX_1X_2 となり、周辺住民の外部費用の減少分は EX_1X_2D となる。

ところで、企業に生産量の決定権限があるとすると、X_2 で生産しようとするであろう。そこで、周辺住民は生産量を削減させ、外部性を減少させるために、企業に補償金を支払うとする。その時企業は X_1 で生産しても、最低限、利益の減少分である EX_1X_2 を受け取れば、利益は AOX_2 と同じになり、生産量の削減に同意する。また、周辺住民は最大、外部費用の減少分で

ある EX_1X_2D を支払っても、周辺住民の受ける外部費用が等しくなる。よって、X_1 から X_2 の間であれば交渉が成立し、X_1 においてパレート最適が実現される。

次に、周辺住民に生産量の決定権限があるとすると、外部費用はゼロが最も望ましいため、生産量はゼロが周辺住民によって最も望ましい。このような状況で企業が生産活動をするために、周辺住民に補償金を支払うことになる。企業が X_1 生産すると、最大 AEX_1O 支払っても、交渉は成立する可能性があり、また最低限 $OBEX_1$ だけ支払えば、周辺住民の外部費用が補償され、これでも交渉が成立する。よって、X_1 から X_2 の間であれば、交渉が成立し、X_1 においてパレート最適が実現される。

以上の議論をまとめると、生産量の決定権限が周辺住民であろうと、企業であろうと最終的に生産量が X_1 で決定され、パレート最適が実現されることにかわりはない。

II 費用逓減産業

1．費用逓減産業と自然独占

これまで完全競争市場においては、限界費用が市場価格と等しくなるように生産量を決定して、利潤を最大化することを見てきた。しかし、企業が与えられた財価格のもとで、平均費用の逓減する部分でしか生産を行えない状況があるならば、最大利潤は常に負となる。これは、平均費用が限界費用を上回るからである。

2．費用逓減産業

図表5-5において、この産業が私企業に独占されるなら、価格は P_1 となり、供給の不足と厚生の損失が生じる。また完全競争で供給されるのならば、価格は P_3 となり負の利潤が発生するので、供給は行われない。そこで、価格の設定として、平均費用価格決定方式があげられる。平均費用価格決定方

図表 5-5

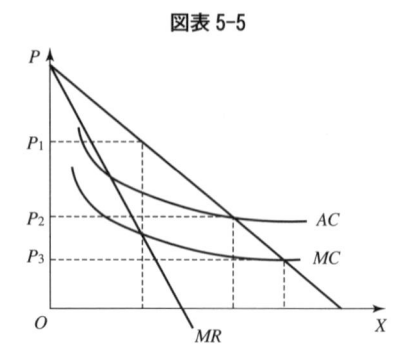

式（独立採算制）は、平均費用と価格を一致させるもので、この方式によれば、企業は独占価格である P_1 よりも低い水準に価格設定をしても採算をとることができる（$P_2 = AC$）。一方、限界費用価格決定方式は、限界費用と価格を一致させるもので、この方式によると、企業は独占価格 P_1 よりも低い水準に価格設定をすると採算があわず、赤字を出してしまうことになる（$P_2 < AC$ により）。そこで、政府による補助金、または差別価格を設定することによりこの赤字分を補い、平均費用価格決定方式より、大きな供給量を確保することができ、効率的な資源配分を実現することが可能となる。

費用逓減産業は、一般に技術的に大規模な生産を必要とする産業で、特に社会生活上、十分な供給量が必要とされるが、固定費用が総費用の大きな割合を占める産業である。これは第 2 章で見てきた規模の経済がはたらく産業である。費用逓減産業は、資源配分上、1 企業が大量に生産するほうが望ましいともいえ、固定費用の大きな公共事業や運輸・電力などが地域独占をしていることが多いのはこのような理由による。

III　公共財

1. 公共財とは

一般に市場で取引される財・サービス、すなわち私的財（private goods）の場合には、その財・サービスを購入して初めて消費できる。より正確にい

えば、その財・サービスを所有あるいは使用する権利なしには、消費することができない。この所有権は他者の利用を拒否できるという側面をもつからである。したがって、市場とは、その財、サービスの所有権を取引する場所であるともいえよう。

これに対して、公共財（public goods）とは、たとえば一般道路の通行や警察や消防サービスのように、その財・サービスの所有権なしに消費できる財であり、その所有権を取引する場所が存在しない。このように公共財が所有権なしに消費できるのは、公共財の性質の１つである消費の非排除性（non exclusiveness）のためである。この非排除性とは、その財の利用を、対価を支払ったものだけに限定することが不可能という性質である。つまり、財に正の価格をつけて供給しても、財の対価を支払わない人が利用することを排除できない、あるいは、仮に対価を払わない利用者を排除しようとしても排除費用が莫大になるような性質を持つ財である。その結果、企業が財の対価として代金を受け取ることができないのであるなら、企業はその財を生産しなくなるであろう。

公共財のもう１つの性質として、消費の非競合性（non rivalness）がある。消費の非競合性とは、その財を１人が消費したからといって他人が消費できなくなるわけではなく、一度に多数の人がその財・サービスを同時に享受できるという性質である。つまり、その財の供給による各個人にもたらす便益が、利用する個人が増加しても変化しないということである。このような財ははじめに利用しようとする人が対価を支払えば、追加的な利用に対しての費用がゼロになる。この場合も、企業は代金を払う消費者に販売するが、いずれ他の人が対価を払わなくなるとその財は売れなくなり、企業はその財の生産をやめるようになるだろう。

以上の性質をもつ公共財は、通常の市場メカニズムを通じては生産者に利潤をもたらさないから、供給はされないか供給されたとしても社会的に過少となる。そこで市場以外の方法による供給、一般的には政府による供給が、行われるのである。

図表 5-6

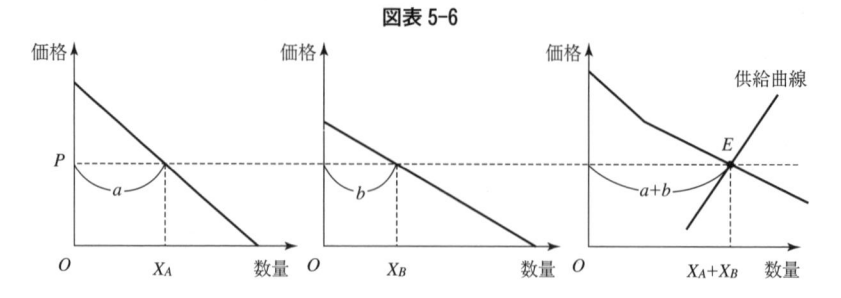

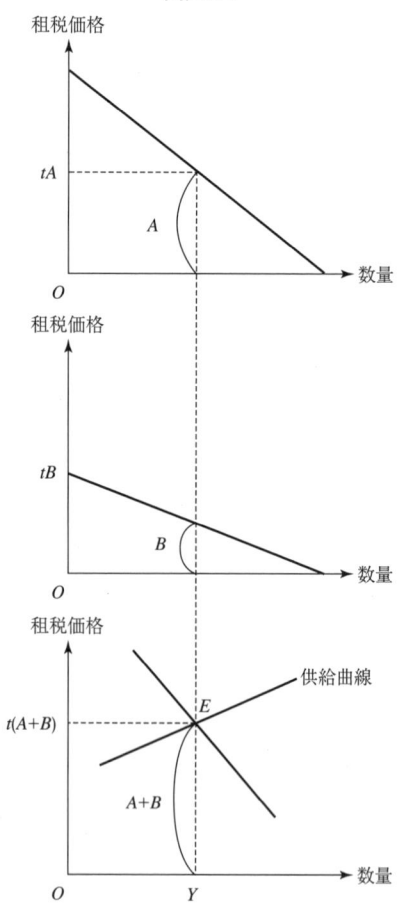

図表 5-7

2．公共財の最適供給メカニズム（部分均衡分析）

　私的財の市場需要曲線は、図5-6で示すように個別需要曲線を横に合計したものとなる。よって市場均衡は価格 P のもとで X_A+X_B が取引される E 点で決定される。

　一方、公共財は政府のみが供給するから、その利用に関する対価、つまり公共財の価格を租税と考えることができる。そこで図表5-7の縦軸は租税価格となっている。

　公共財の市場需要曲線は、個人の需要曲線を合計したものであるが、私的財のように個別需要曲線を横に合計するのではなく、垂直に合計したものとなる。これは、公共財が非競合的な財であるから、生産量を増やすことなく市場の需要量を満たせるからである。この個人が公共財を同じ量だけ消費することができるという性質を等量消費という。

3．公共財の最適供給メカニズム（一般均衡分析）

　以上のように公共財は私的財とは異なる性格を有するので、その最適供給条件も私的財の場合とは異なってくる。以下では私的財の最適供給条件と公共財の最適供給条件を比較してみよう。

　まず私的財から考えてみる。2人2財モデルを仮定すると、図表5-8は X_1 財と X_2 財のみが市場に存在し、かつ両財とも私的財である場合の、生産可能性曲線と2人のエッジワースのボックス・ダイアグラムを表している。E 点の傾きは限界変形率である。今、図表6-8の E 点で生産が行われていると、原点と A 点、E 点、C 点を結んだ四角形はボックス・ダイアグラムを、また、原点と E 点を結んだ曲線は契約曲線を示している。F 点では、個人1と個人2の無差別曲線が1点で接しており、かつその傾きは限界変形率と等しくなっている。前章で見たように、効率的な生産・消費が行われていれば、各個人の限界代替率と限界変形率が等しく、かつそれらが価格比とも等しくなっている。

　これは私的財の場合、消費者 $i(i=1, 2)$ が私的財 X_1、X_2 を消費するとき、

図表 5-8

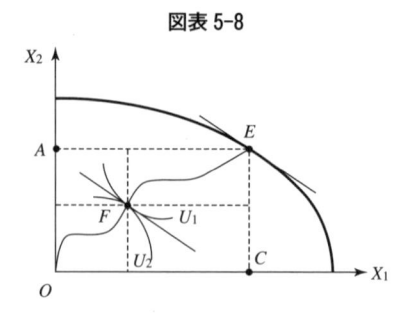

$$X_{11}+X_{12} = X_1$$
$$X_{21}+X_{22} = X_2$$

が成立しているからであった。ここで、X_i は各私的財の生産量である。よって、消費者 $i(i = 1, 2)$ の限界代替率を MRS_i とし、限界変形率を MRT とすると、

$$MRS_1 = MRS_2 = MRT$$

がパレート最適条件となる。

これに対して公共財の場合には、消費者 $i(i = 1, 2)$ が私的財 X_i、公共財 Y_i を消費しているとすると、前節で見た公共財の等量消費という性質によって

$$X_1+X_2 = X$$
$$Y_1 = Y_2 = Y$$

が成立する。

そして、消費者 $i(i = 1, 2)$ の私的財の公共財に対する限界代替率を MRS_i とし、限界変形率を MRT とすると、

$$MRS_1+MRS_2 = MRT$$

が成立する。つまり、各個人の限界代替率の和が限界変形率に等しくなっている。これは公共財供給の効率性に関するサミュエルソン条件とよばれる。この条件を以下で図示して説明しよう。

図表 5-9 の上部は、生産可能性曲線 Q と個人 1 の無差別曲線を示している。今、この個人 1 の効用水準が U_1 に固定されているとする。このとき、生産可能性曲線 Q と個人 1 の無差別曲線 U_1 との私的財 X に関する差が図

図表 5-9

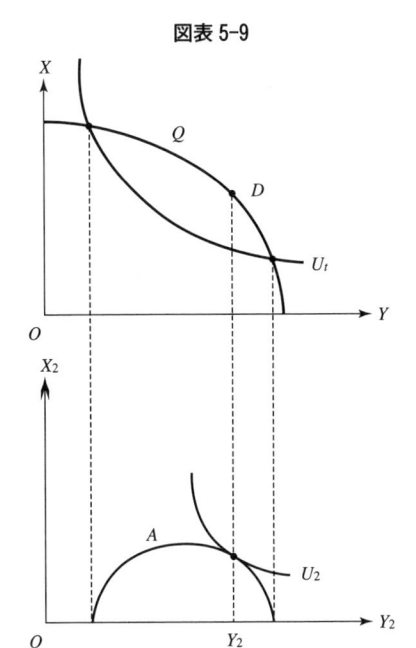

表5-9の下部の曲線 A で示される。この曲線 A を個人2に残された消費可能曲線とよぶ。曲線 A の傾きは生産可能性曲線の傾きから個人1の無差別曲線の傾きを引いたものだから、その絶対値は〔$MRT-MRS_1$〕となる。曲線 A と個人2の無差別曲線との接点では個人2の効用が最大化されており、〔$MRT-MRS_1 = MRS_2$〕が成り立っている。したがって、〔$MRS_1 + MRS_2 = MRT$〕となり、公共財の最適供給条件(各個人の限界代替率の和=限界変形率)が成り立つことが確認できよう。

IV　リンダール均衡

上の説明で公共財の効率的な供給条件は定義されたが、いかにしてその水準が選択されるか、そしてそのときの費用負担はどうなるのかについては不明である。また、公共財の供給に関しては、もう1つ問題点が存在する。それは、公共財の需要者は虚偽の申告をしてただで公共財を利用しようとする

動機が常に存在するという問題点である。公共財は非排除性、非競合性をもつ財であるから、ひとたび公共財が供給されるならば、誰もその利用を妨げられることはない。だから、各消費者は故意に自己の公共財に対する評価を低めに申告し、対価を払わずにただ乗りを図るのが得策となるからである。このような問題はフリーライダー（ただ乗り）問題（free rider problem）とよばれる。

以下では、この問題点について答えようとするモデルの1つであるリンダール・モデルをみていくことにしよう。このモデルの基本的な考え方は、政府が消費者の費用負担率を調整することによって、最適な公共財の供給量を決定すればよいというものである。

いま、2人からなる社会で、公共財を等量消費するケースを考える。図表5-10において、縦軸には2人の個人（AとB）が等量消費する公共財の量をとっている。また、横軸にはO_Aから見て右方向に個人Aの費用負担比率（h）、O_Bから見て左方向に個人Bの費用負担比率（$1-h$）をとっている。両者の比率の合計は1になる。さらにAとBのこの公共財に対する需要曲線が、それぞれD_A、D_Bで表されるとする（ただしこの需要曲線は、ある費用負担比率に対して公共財を需要する、というように、横軸上のなんらかの水準から出発してそれに対応する縦軸を読む点に留意されたい）。このとき2人の間の費用負担比率を逐次変えながら、両者の需要する公共財が等しくなる点を探ると、それは2人の需要曲線の交点Eとなる。この点がリンダール均衡とよばれる状態である。ここでは、G^*という量の公共財が需要され、Aがh^*、Bが$(1-h)^*$という比率でそれぞれ費用を負担することになる。

均衡が達成されるプロセスをもう少し詳しくみると、次のようになる。まず、政府がなんらかの費用負担比率をA、Bに伝達する。A、Bはこの費用負担比率に基づいて公共財の需要量を政府に申告する。この段階でA、Bの公共財需要量が一致していなければ、政府はこれを受けて、また新たに異なる費用負担比率をA、Bに伝達する。そしてA、Bはこの新たな費用負担比率に基づいて、公共財の需要量を政府に申告する、という手続きが繰り返される。そして、A、Bの公共財需要量が一致する点がリンダール均衡と

図表5-10

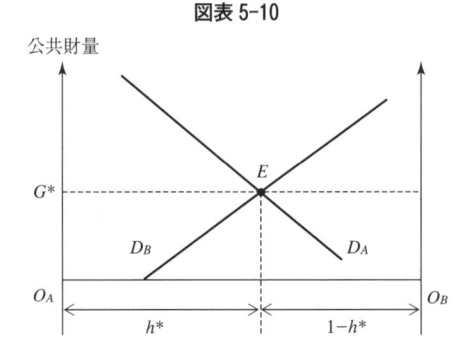

なる。

　リンダール均衡は次のような性質を備えている。第1に、均衡では、公共財の限界的総便益と限界費用が一致するという公共財に関するサミュエルソン条件（パレート最適条件）が満たされる。第2にこの費用負担方式は、各自の需要に応じて負担も上昇するという特徴をもち、高受益者は高い負担をするという受益者負担の原則にもかなうことになる。

　しかし他方、このモデルにおいては、公共財への需要が低いほどその負担も軽くなる。それは各人が自分の需要を偽って低く表明し、ただ乗りする（フリーライダーになる）誘因が働くことを意味しているからである（それは、一方の需要曲線の下方シフトによって表現される）。このことは、リンダール均衡によっても、依然フリーライダー問題が解決されないことを示している。

V　情報の非対称性

　情報の非対称性（asymmetric information）とは、市場において取引を行う当事者間で情報量が非対称的な状態にあることをいう。一般に、売り手が商品について完全な情報を持つのに対して、買い手が商品について正確な情報を持たない（持てない）状況は数多いだろう。

　この点を、金融取引を例に考えてみることにする。金融取引とは資金の余剰がある貸し手から、資金が不足している借り手への資金の流れとして解釈

できるが、ここでは単純化して、家計→銀行→企業へと資金が流れる状況を考える。つまり、家計は銀行に預金し、銀行はその預金を企業に貸し付け、企業は銀行から融資を受けて設備投資等に使用する。

家計は銀行に余剰資金を預金する預金者であるが、銀行は預金者に代わり、資金を運用している。その運用先が企業といってもいいだろう。この場合、預金者は銀行がどのような企業に貸し付けているかという借り手の状態を正確に審査しているか、その企業の設備投資行動をきちんと監視しているかといえば、そうとはいえないだろう。つまり、預金者は必ずしも銀行の貸出先についての正確な情報をもっていないと考えられる。それに対して、銀行は自己の融資活動に関しては当事者であるがゆえに、融資審査の過程で企業の投資計画、経営状態を調査するから、預金者よりはるかに多くの情報を保持していると考えられよう。

次に、銀行→企業の場合を考えてみる。企業は投資を行う際に、その一部、あるいは全部の資金について銀行からの融資で賄うことが多い。しかし、銀行は融資先企業の行う投資計画について、その内容全部は知りえない。なぜなら、企業の経営内容を融資する前に審査するから、その精度を高め、企業の状況を完全に把握するのは、費用がかかりすぎて困難だからである。一方で、当事者ゆえに借り手である企業の方が、貸し手である銀行よりもはるかに多くの情報を保持していると考えてもよい。以上の例では、貸し手と借り手という経済主体の間に情報量の格差が存在し、非対称となっている。このような状態のことを情報の非対称性が存在するという。

1．逆選択

情報の非対称性が存在する場合、正常な市場取引を妨げる状態が起こり得る。そのような事態は、逆選択（adverse selection）やモラル・ハザード（moral hazard）で代表される。

まず、銀行が貸出先である企業の状況を見ていく場合で考えてみよう。借り手の企業の投資行動にはさまざまなパターンがあると考えられるが、それは堅実かつ安全な投資行動から無謀とも思える危険な投資計画まで含まれる

だろう。もし、銀行が企業の経営内容や危険度を完全に把握しているならば、貸出金利に格差をつけて、安全な企業に対しては安全な融資であるため低い利子を課し、危険な企業に対しては高い利子を設定することが可能になる。しかし、情報の非対称性が存在すれば、平均的な金利で貸し出しを行う。その場合、安全な投資を行う企業は金利が高すぎるために借り入れを控えようとする。そして、危険な企業はハイリスク・ハイリターンな投資行動をとるため、やがては危険企業だけが借り入れを行おうとすることになる。そして、危険企業の借り入れ比率が上昇すると、銀行は貸出金利を引き上げようとする。貸出金利の上昇は、安全な企業を市場から閉め出し、危険企業の比率を上昇させるため、貸し倒れの危険性が拡大する。このような状況を逆選択と呼び、市場には問題のある危険な借り受けを行う企業ばかりが残る。

2．モラル・ハザード

今度は家計が企業を判断する場合を想定してみよう。情報の非対称性が存在する場合、預金者が銀行の企業融資状況について、それを十分正確に判断するだけの有効な情報量には限りがある。そのような状況が続けば、銀行の経営者のモラルハザードを引き起こすことにもなる。例えば、銀行が高収益を見込んだ危険企業に対する融資を行おうとしたり、あるいは自行が経営する会社に不正融資しようとしても、預金者は銀行の貸出行動の情報量が少なければ、そうした事態に気づかずに預金するからである。このようなことから生ずる銀行経営者のモラル・ハザードは、銀行経営の健全性を損ない、日本でも1990年代に起きた、住専問題や金融破綻のような、金融システム全体の信用を損なうような事態をもたらす可能性がある。

3．解決策

このような情報の非対称性が存在することによって、逆選択やモラル・ハザードの問題が生じた場合には、当事者間や政府などによって情報量の差をなくしていく施策が必要になる。金融取引の場合であれば、メインバンク制

や金融規制が挙げられる。

　メインバンク制とは、企業との間に資金、人材、株式保有を通じて、長期的に大きな関係を持つ銀行のことをさす。企業はメインバンクから多くの資金を借り入れ、役員クラスの人材を受け入れる。また、持ち株の上限規制は存在するが、メインバンクは企業にとっての安定株主となる。

　メインバンクが企業に貸し付けを行う場合、企業の投資計画、経営状態を調査し、借り手を審査、監視する。企業は、メインバンクに多くを依存しており、長期安定的な関係を維持するためにもメインバンクの監視を受けざるを得ない。これにより、メインバンクは企業の投資行動をより正確につかむことが可能となる。

　メインバンクが得た情報は、いわば、公共財的な意味を持ち、多くの銀行が同時にそれを用い、企業に対する融資を行う。そのため、危険企業は、金融取引から淘汰されることになり、情報の非対称性は解消され、逆選択は防止されることとなる。

　一方、銀行と預金者との情報の非対称性によって生じたモラル・ハザードへの対処は、政府の規制が有効であろう。日本においては、金融行政を行う金融庁、中央銀行である日本銀行、地方自治体等が金融機関の経営に対して監視を行い、行政指導の形で、その行動を規制している。逆にいえば、1990年代から2000年代前半にかけて、そうした監視や規制が機能しない場合に、経営者のモラル・ハザードが生じて金融不安が増大したといえよう。

VI　【補論】不確実性の経済学

　ここまで、様々な状況を想定して議論を進めてきたが、いずれの議論においても共通して、結果が確実に起こることを想定していた。しかし、ある選択を行ったときに、起こりうる結果が確実に予想できないことは、現実世界にはよく見られることである。このような結果が完全に予見できないときにも市場の失敗は生じうる。そこで、そのような状況を分析する「不確実性の経済学」「リスクの経済学」と呼ばれる分野は、近年、進展が著しい分野となっている。この分野は必ずしも市場の失敗と密接な概念とはいえないが、

不確実性の経済学の考え方自体を身につけることも、ミクロ経済学を学ぶ上で有用であるから、以下、補論として基本的な概念のみ説明する。

1. 期待利得

まず、「正確に作られた」サイコロを用意する。サイコロの目は当然1から6までであるが、ここで正確に作られたという意味は、それぞれの目の出る確率が1/6であることを意味する。

さて、ここであるゲームを考えてみよう。サイコロを振って、1が出たら1万円、2が出たら2万円というように、出た目の数だけ賞金がもらえるとする。サイコロの目と賞金との関係は下の表のようにまとめられる。

サイコロの目	1	2	3	4	5	6	計
確率 (A)	1/6	1/6	1/6	1/6	1/6	1/6	1
賞金（万円）(B)	1	2	3	4	5	6	
各目の利得 ($A\times B$)	1/6	2/6	3/6	4/6	5/6	6/6	21/6

期待利得（expected profit）とは、この表にあるように、確率的に得られる利得とその確率をかけたものをさす。よって、確率1/6で1が出たときには1万円の利得を得られるため、期待利得は $1\times 1/6 = 1/6$ となる。サイコロを1度振るということは1の機会が与えられたということになるので、平均的に考えると各目の利得の総和がこのゲームの期待利得になるわけである。よって、このゲーム全体の期待利得は、$1/6+2/6+3/6+4/6+5/6+6/6 = 21/6 = 3$万5000円となることを確認されたい（いいかえれば、試行回数を無限に増やしていけば、平均的な利得は3万5000円になる）。

ところで、このゲームの参加料がタダであれば、誰でもこのゲームに参加しようと思うだろう。一方で、参加料がタダであれば誰もゲームの主催者にはならないだろう。そこで、このゲームの参加料がいくらなら参加するか、という意思決定問題を考えてみる。

期待利得仮説のもとでは、ゲームに参加することで平均して3万5000円利得が得られるのであるから、参加料が3万5000円以下であれば、参加し

たほうがよいと考えるだろう。ただし、この期待利得仮説は、現実の数多くのギャンブルや宝くじを人々が買う行為を説明するには、実は説得力がない。たとえば、多くの公営ギャンブルの場合、宝くじで約40％、競輪・競馬で約75％が、参加料から払戻金を支払われていない。つまり、期待利得でみるとギャンブルに参加すると確実に損することを意味する。それにもかかわらず、ギャンブルに参加する人々が多いのは、客観的な「利得」と人々の主観的な満足の指標である「効用」とが一致しないことが背景にあるからである。

ここで、利得と効用が一致しない例として、セント・ペテルスブルクの逆説を紹介する。このセント・ペテルスブルクの逆説では、硬貨を投げて、連続して表が出た回数 n に応じて、2^n（万円）の賞金を出すというゲームを行った。n 回目に初めて表が出る確率は、$(1/2)^n$ となるため、このゲームの期待利得は無限大になる。

$$期待利得 = \frac{1}{2} \cdot 2 + \frac{1}{4} \cdot 4 + \frac{1}{8} \cdot 8 + \cdots$$
$$= 1 + 1 + 1 + 1 + \cdots$$
$$= \infty$$

そのため、このゲームの参加料が無限大であったとしても、期待利得仮説のもとでは参加する方がよいという結論になる。しかし、50万円の参加料を支払ったとすると、これを取り戻すには、少なくとも6回連続して表がでなければならない。その確率は1/64であり、それはほとんど起こりえないだろう。50万円を払っていったい誰がこのゲームに参加するであろうか。この例のように、期待利得の大小から意思決定を行うと考えることは、必ずしも妥当とはいえない。

2．期待効用

上記のように人々が不確実性下の意思決定において、期待利得仮説に基づいて行動するとは限らないことがわかった。そこで、人々の主観的満足の指標である効用に基づいて考えていこう。

期待効用とは先ほどの期待利得と同様に、確率に効用をかけたものである。たとえば、2つの値、x_1、x_2がそれぞれp、$1-p$の確率で発生するとすれば、期待利得は$p \cdot x_1+(1-p)x_2$となるが、このゲームから生じる期待効用（expected utility：EU）は

$$EU = p \cdot U(x_1)+(1-p)U(x_2)$$

となる。不確実性下において、この期待効用を最大化するように人々は行動するという考え方を期待効用仮説という。以下では、この期待効用仮説を用いて、経済主体のリスクに対する態度によって、不確実性に対する対処法が異なっていることを示していこう。

3．危険回避者

リスクを極力避けようとする経済主体を危険回避者（risk averter）と呼ぶ。この経済主体の効用関数は図表5-11のように逓減的になる。そして、もともとこの経済主体がY_0だけの所得を持っていたとする。ここで、確率pで勝ち、確率$1-p$で負けのゲームに参加するかどうかの意思決定を考えてみよう。勝ったときの利得をY_2、負けたときの利得をY_1とする。

図表5-11のA点は、ゲームに参加したときの期待効用を示している。つまり、A点の効用水準は

$$EU = pU(Y_1)+(1-p)U(Y_2)$$

である。一方、ゲームに参加しなければ、確実にY_0の所得が保証される。よって、B点はゲームに参加しなかったときの効用水準を示している。

危険回避的な経済主体の場合、期待利得が同じ水準であっても、リスクを伴うときの効用が確実なときの効用を下回り、確実に安全な方の投資を望む。危険回避者はより確実な収入を好む主体であり、同じ期待収益の場合は、ギャンブル性のある投資よりも安定的な投資を選択する主体のことである。よって、以下の式が成立する。

$$U(pY_1+(1-p)Y_2) > pU(Y_1)+(1-p)U(Y_2)$$

さらに、上式の左辺から適当な正の値γを引くことによって等式に変形すると、

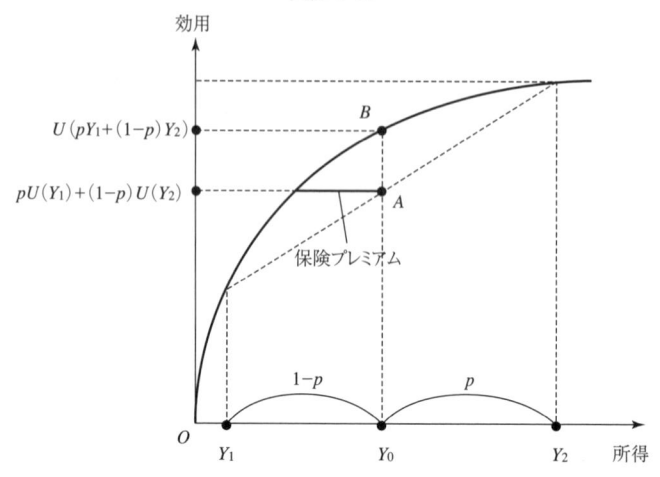

図表 5-11

効用

$U(pY_1+(1-p)Y_2)$ ---------- B

$pU(Y_1)+(1-p)U(Y_2)$ ---------- A

保険プレミアム

$1-p$　　　p

O　Y_1　　Y_0　　Y_2　所得

$$U(pY_1+(1-p)Y_2-\gamma) = pU(Y_1)+(1-p)U(Y_2)$$

となる。つまり、危険回避者は安定的な所得を得るために期待利得よりも低い所得でもよいと思っているのであり、このときに割り引いてもよい最大額がγである。このγのことを保険プレミアム（insurance premium）と呼ぶ。

4．危険愛好者

これに対して、つねにリスキーなギャンブルを好む人を危険愛好者（risk lover）と呼ぶ。よって、期待利得が同じであれば、よりリスキーな方を好むため、

$$U(pY_1+(1-p)Y_2-\gamma) < pU(Y_1)+(1-p)U(Y_2)$$

が成立する。このような危険愛好者の効用関数を図示すると図表5-12のようになる。

危険愛好者（risk lover）は同じ期待利得ならば、ハイリスク・ハイリターンな投資を好むため、安全な投資機会の利得がある程度増加したときに、その安全な投資機会がリスキーなギャンブルと無差別であると判断するといえる。

図表 5-12

《危険愛好者》

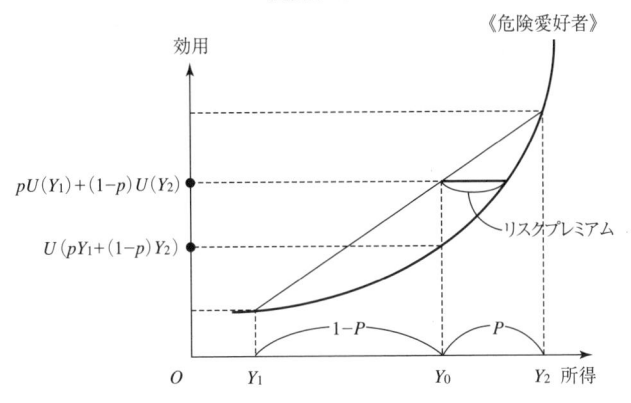

上の式の左辺に適当な正の値 δ を足すことによって等式に変形すると、
$$U(pY_1+(1-p)Y_2+\delta) = pU(Y_1)+(1-p)U(Y_2)$$
となる。つまり、危険愛好者は期待利得が低くても、安全な投資機会に比べてリスキーな方を好むことを意味する。このときに不確実な所得を受け入れ、リスクを取ることに対する割り増し金の最大額が δ である。この δ のことをリスクプレミアム（risk premium）と呼ぶ。

5. 危険中立者

危険中立者（risk neutral）とは、リスキーな方と確実安全な投資機会がどちらも無差別な主体のことをいう。つまり、危険中立者は期待利得のみを目的として、効用関数は直線となる。効用関数が直線であることから、リスク・プレミアムは存在せず、このときには期待利得と期待効用は一致することになる。

確認用語

市場の失敗　外部効果　金銭的外部効果　技術的外部効果　外部経済　外部不経済　公共財　非排除性　非競合性　サミュエルソン条件　リンダール均衡　フリーライダー　費用低減産業　ピグー的課税　ピグー的補助金　コースの定理　情報の非対称性　逆選択　モラルハザード　期待効用　期待利得　期待効用仮説　危険回避者　危険愛好者　危険中立者　保険プレミアム　リスクプレミアム

●第6章

国際貿易

I　リカード・モデル

1．比較優位の原理

　国際貿易を考える上で重要なコンセプトに比較優位（comparative advantage）がある。比較優位とは、特定の財を他国よりも低い機会費用で生産できることをいう。他国よりも低い機会費用で生産できる財とは、言い換えると、相対的に他国よりも生産するのが得意な財ということができる。各国は、自国が得意な財を生産し、外国へ輸出し、不得意な財を外国から輸入することで、お互いに利益が得られる。19世紀の初めに、幼稚産業保護論（infant industry argument）を唱える保護貿易主義（protectionism）者達に対して、リカード（D. Ricardo）が自由貿易（free trade）を推進する方が有益であることを主張するために比較優位を用いた。

　日本で販売されている衣料品のタグを見ると、「made in China」と書かれていることが多い。日本のアパレル・メーカーは、日本で販売する衣料品を日本で生産するのではなく、中国で生産し、日本に輸入している。中国から日本に輸送する費用を考慮に入れても、中国の人件費は、日本よりも相当に低いため、中国の方が、安く衣料品を生産できる。日本のアパレル・メーカーは、ライバル企業との価格競争で凌ぎを削っているので、できるだけ衣料品を生産する費用を安くする必要があり、そうなると生産の主力を中国に移さざるを得ない状況に置かれている。

　企業ではなく、国の視点で見ても、日本で高価な衣料品を生産するよりも、

衣料品を生産するのに必要な労働や資本などの生産要素を他の高付加価値のハイテク製品に向ける方が生産要素を有効的に活用しているといえる。生産要素に限りがあり、ある程度の分量の生産要素を使って、衣料品か高付加価値製品のうちどちらか片方しか生産できないなら、他国に比べて得意な製品を生産した方がいいだろう。

2つの財を生産する場合に、ある財の生産が他の財の生産を犠牲にするというトレードオフを考慮に入れて計算した、それぞれの財の生産に伴う費用が機会費用である。国は、他国に比べて低い機会費用で生産できる財に比較優位を持ち、比較優位がある財を生産した方が有益である。

上記の事例では、国の経済力や為替レートの影響を反映した日本と中国の人件費の格差が特定の財を生産するのに必要な費用の大きさを決めていた。リカードの議論によれば、特定の財を生産するのに必要な費用の大きさが、2つの国の間で異なるのは、2つの国の生産技術に違いがあるためであった。この点で違いがあるが、比較優位とは何かという議論の本質に変わりはない。

次に、実際に具体例を挙げて比較優位について確認してみよう。図表6-1は、Ⅰ国とⅡ国がX財とY財をそれぞれ1単位生産するときに必要な費用を示している。Ⅰ国では、X財とY財を生産するのに、それぞれ2の費用が必要である。それに対して、Ⅱ国では、X財を生産するのに4、Y財を生産するのに8の費用が必要である。X財とY財共にⅠ国の方が生産に必要な費用は低い。このとき、X財とY財に関して、Ⅰ国はⅡ国に対して絶対優位(absolute advantage)を持つという。絶対優位の考え方によると、Ⅰ国が、X財とY財の両方を生産した方がいいということになり、Ⅰ国とⅡ国の間で貿易が起きることはない。

図表6-2は、Ⅰ国とⅡ国がX財とY財をそれぞれ1単位生産するときの機会費用を示している。例えば、X財の機会費用は、X財を1単位生産するのに必要な費用を使って、X財を生産しないでY財を生産したら何単位のY財が生産できるのか、その値で示される。実際に計算してみると図表6-3のようになる。

基本的にどの国も機会費用の低い財に比較優位を持つことになる。この場合でいえば、Ⅰ国は、Y財に対して比較優位を持ち、Ⅱ国は、X財に対し

図表 6-1
財を1単位、生産するのに必要な費用

	X 財	Y 財
I 国	2	2
II 国	4	8

図表 6-2
財を1単位、生産するのに伴う機会費用

	X 財	Y 財
I 国	1	1
II 国	0.5	2

図表 6-3
機会費用の計算方法

I 国における X 財の機会費用	$\dfrac{2\ (\text{I国で}X\text{財を生産するのに必要な費用})}{2\ (\text{I国で}Y\text{財を生産するのに必要な費用})} = 1$
I 国における Y 財の機会費用	$\dfrac{2\ (\text{I国で}Y\text{財を生産するのに必要な費用})}{2\ (\text{I国で}X\text{財を生産するのに必要な費用})} = 1$
II 国における X 財の機会費用	$\dfrac{4\ (\text{II国で}X\text{財を生産するのに必要な費用})}{8\ (\text{II国で}Y\text{財を生産するのに必要な費用})} = 0.5$
II 国における Y 財の機会費用	$\dfrac{8\ (\text{II国で}Y\text{財を生産するのに必要な費用})}{4\ (\text{II国で}X\text{財を生産するのに必要な費用})} = 2$

て比較優位を持つ。この事例の場合、絶対優位の考え方では、X 財と Y 財の両方とも I 国が生産して、貿易が起きることはなかったが、比較優位の考え方に基づくと、それぞれの国が比較優位を持つ財の生産に特化して、自国で消費できなかった分を輸出して、貿易を行った方が、お互いの利益になるのである。

2．貿易の利益

リカード・モデルは、2財、1生産要素、2国のモデルである。リカード・モデルで扱う生産要素は労働である。リカード・モデルでは、特定の財を1単位生産するのに必要な労働量が国ごとに異なるのは、その財を生産する技術が国ごとに異なるためと考えている。

生産技術の違いが比較優位の源泉である。比較優位に基づいて財の生産を特化して、比較優位のある財を輸出し、比較劣位にある財を外国から輸入する方が、国にとって有益であるというリカード・モデルについて、経済学の分析道具を使って確認してみよう。

図表 6-4
生産可能性曲線・予算制約線・無差別曲線

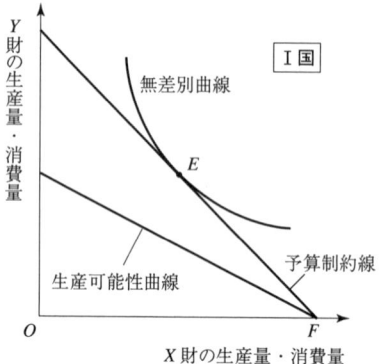

（Ⅰ国の図：縦軸「Y財の生産量・消費量」、横軸「X財の生産量・消費量」、無差別曲線、予算制約線、生産可能性曲線、交点E、横軸上の点F）

　図表 6-4 は、Ⅰ国での X 財と Y 財に関する生産可能性曲線、予算制約線、無差別曲線が描かれている。生産可能性曲線は、企業の生産が最も効率的となる X 財と Y 財の生産量を組み合わせた点を結んだものである。予算制約線は、消費者が購入することが可能な X 財と Y 財の消費量を組み合わせた点を結んだものである。図表 6-4 の予算制約線の傾きの絶対値の大きさは、外国（Ⅱ国）を含めた国際市場での X 財の Y 財に対する相対価格を反映している。無差別曲線は、消費者の効用水準が同じ点を結んだものである。無差別曲線が右上に位置するほど消費者の効用水準は高い。

　図表 6-4 では、消費者の選好する X 財と Y 財の消費量の最適な組み合わせは、予算制約線と無差別曲線が交わる E 点である。それに対して、企業が消費者の予算制約を最大限に満たす X 財と Y 財の生産量の最適な組み合わせは、F 点である。E 点と F 点とで乖離が見られる。X 財において、企業は、消費者が望む以上に生産が行われ、Y 財において、消費者が望む水準まで生産が行われていない。企業の生産量の最適な組み合わせと消費者が選好する消費量の最適な組み合わせが一致しない。この場合、一国経済において生産と消費の均衡が達成されていないので、Ⅰ国では最適な資源配分が実現していない。そこで、最適な資源配分を実現するためにⅠ国と外国（Ⅱ国）の間で貿易が必要になるのである。

図表 6-5
生産可能性曲線による比較優位

[Ⅰ国: 縦軸「Y財の生産量・消費量」、横軸「X財の生産量・消費量」、原点O、横軸上に点F、予算制約線と生産可能性曲線が点Fで交わる、角度 a]

[Ⅱ国: 縦軸「Y財の生産量・消費量」、横軸「X財の生産量・消費量」、原点O、縦軸上に点F^*、予算制約線と生産可能性曲線、角度 a^*]

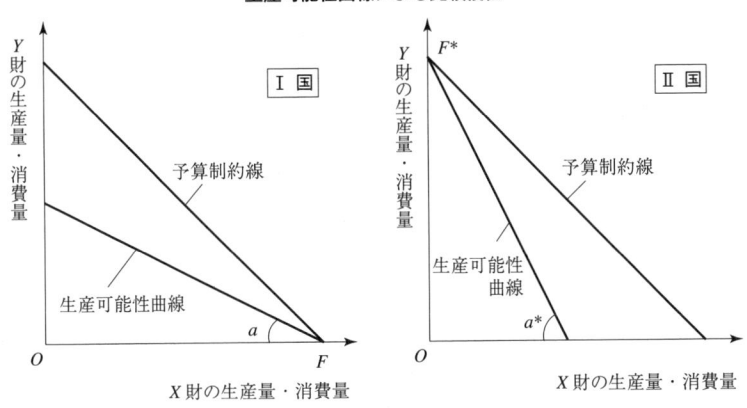

　図表 6-5 は、Ⅰ国とⅡ国での X 財と Y 財に関する生産可能性曲線と予算制約線を示している。生産可能性曲線の傾きの絶対値の大きさ（Y 財の生産量／X 財の生産量）は、X 財の機会費用、つまり X 財を 1 単位生産する場合に犠牲にする Y 財の生産量である（Ⅰ国が a、Ⅱ国が a^*）。Ⅰ国の a がⅡ国の a^* より小さいことから、X 財の生産に必要な機会費用は、Ⅰ国の方がⅡ国より低く、Ⅰ国は、Y 財よりも X 財の生産が得意であることを示している。

　反対に、上記の考え方を応用すると、Ⅱ国の方がⅠ国より Y 財の機会費用、つまり Y 財を 1 単位生産する場合に犠牲にする X 財の生産量（X 財の生産量／Y 財の生産量）が低くなることが理解できるだろう。したがって、Ⅱ国は、X 財よりも Y 財の生産が得意であることを示している。

　Ⅰ国とⅡ国とも生産可能性曲線と予算制約線が交わる点が均衡点であり、そこで X 財と Y 財の生産量の最適な組み合わせが実現される。従って、Ⅰ国では、OF まで X 財を生産し、Y 財を全く生産しない。Ⅱ国では、OF^* まで Y 財を生産し、X 財を全く生産しない。このように、国がそれぞれ得意な財だけ生産し、不得意な財を生産しないことを完全特化（complete specialization）という。

　図表 6-6 は、図表 6-5 に無差別曲線を加えたものである。Ⅰ国では、生産

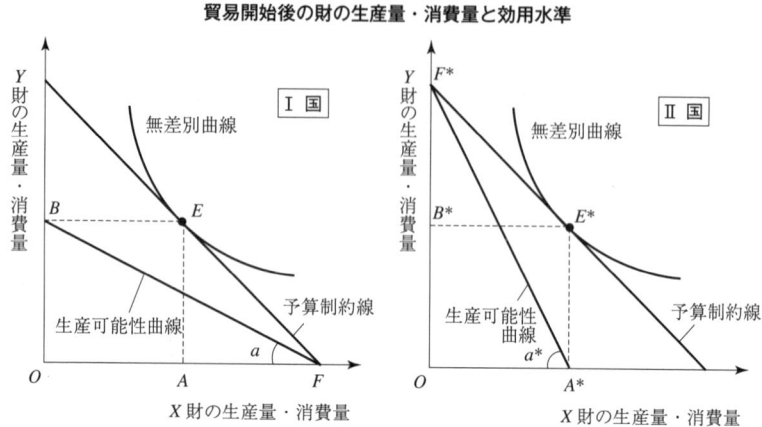

図表 6-6
貿易開始後の財の生産量・消費量と効用水準

可能性曲線と無差別曲線が一致する E 点が、消費者が選好する X 財と Y 財の消費量の組み合わせである。Ⅰ国の消費者は、X 財を OA まで消費し、Y 財を OB（BE と Y 軸は垂直関係）まで消費したいと考えている。完全特化により X 財を OF まで生産し、Y 財を全く生産しないⅠ国では、消費者の需要を超える AF を輸出し、OB を外国（Ⅱ国）から輸入する。他方、Ⅱ国では、生産可能性曲線と無差別曲線が一致する E^* 点が、消費者が選好する X 財と Y 財の消費量の組み合わせである。Ⅱ国の消費者は、X 財を OA^*（A^*E^* と X 軸は垂直関係）まで消費し、Y 財を OB^* まで消費したいと考えている。完全特化により Y 財を OF^* まで生産し、X 財を全く生産しないⅡ国では、消費者の需要を超える B^*F^* を輸出し、OA^* を外国（Ⅰ国）から輸入する。

貿易がない場合、Ⅰ国とⅡ国の消費者が消費する X 財と Y 財の量は、生産可能性曲線上のどこかの点で決まっていた。それが、Ⅰ国とⅡ国が比較優位に基づいた財の貿易を行うことで、Ⅰ国とⅡ国の消費者は、自国の生産可能性曲線上よりも、効用水準の高い X 財と Y 財の消費量の組み合わせを獲得することができたのである。

II ヘクシャー＝オリーン・モデル

1. 比較優位と生産要素賦存

　本章で紹介したリカード・モデルは、2財、1生産要素、2国のモデルであったが、ヘクシャー＝オリーン・モデル（Heckscher-Ohlin model）は、労働以外の生産要素を加えた、2財、2生産要素、2国のモデルである。リカード・モデルでは、比較優位を生み出すのは、生産技術の違いであるのに対して、ヘクシャー＝オリーン・モデルでは、生産技術の違いを考慮に入れていない。ヘクシャー＝オリーン・モデルにおいて比較優位の源泉になるのは、生産要素賦存量（factor endowments）の違いである。資本に比べて労働が豊富な国は、生産するのに労働を多く使う財、つまり労働集約的な財（labor-intensive goods）に比較優位があり、それに対して、資本が豊富な国は、生産するのに資本を多く使う財、つまり資本集約的な財（capital-intensive goods）に比較優位がある。国は、労働集約的な財か資本集約的な財のうち比較優位を持つ財の生産を行い、それをお互いに貿易することで、利益が得られる。

　2000年代初頭に中国産の安価なタオルが大量に日本に輸入されて、日本でタオルを生産する地場産業が大きな打撃を受けたというニュースが報道された。地場産業の衰退は、その地域経済や雇用に大きな影響を及ぼすので、日本経済にとって重要な問題である。タオルは、労働集約的な財の1つである。労働集約的な財の生産は、安価な労働力が豊富な中国が得意とすることである。日本のように人件費の高い国では、労働集約的な財の生産に適していない。日本が努力を重ねても労働集約的な財で中国に勝つことは難しいと思われる。地域経済や雇用の問題を別にすれば、日本のように資本が豊富な国は、高付加価値のハイテク製品のような資本集約的な財の生産に力を入れて、それを輸出し、労働集約的な財については、中国などそれを生産することを得意とする国から輸入するというのが、国の利益を考えた場合に合理的な選択になるだろう。

　ヘクシャー＝オリーン・モデルには、ヘクシャー＝オリーンの定理

（Heckscher-Ohlin theorem）、要素価格均等化の定理（factor price equalization theorem）、リプチンスキーの定理（Rybczynski theorem）、ストルパー＝サミュエルソンの定理（Stolper-Samuelson theorem）という4つの重要な定理がある。これら4つの定理を確認してみよう。

2．リプチンスキーの定理

　リプチンスキーの定理とは、特定の生産要素の量が増加するとき、その生産要素を多く使って生産する財の生産量が増加し、それ以外の生産要素を多く使って生産する財の生産量が減少することをいう。資本と労働という2つの生産要素があるとすると、資本が増加した場合、資本集約的な財の生産量が増加して、労働集約的な財の生産量が減少するし、反対に、労働が増加した場合、労働集約的な財の生産量が増加して、資本集約的な財の生産量が減少することになる。

　$2Q_X + Q_Y \leq K = 100$ ……（6-1）

　$Q_X + 2Q_Y \leq L = 100$ ……（6-2）

　(6-1) と (6-2) の2つの式は、I国で資本集約的な X 財と労働集約的な Y 財を生産するときに、資本と労働の2つの生産要素と X 財と Y 財の生産量の関係を示している。K は資本、L は労働、Q_X は X 財の生産量、Q_Y は Y 財の生産量である。

　図表6-7は、I国における資本と労働の量、X 財と Y 財を1単位生産するのに必要な資本と労働の量を示している。図表6-8は、(6-1) と (6-2) の2つの式の関係を生産可能性曲線で示している。生産可能性曲線 AD は、X 財と Y 財を生産するときの資本の制約、BC は、労働の制約を示している。AD と BC の交わる E が均衡点で X 財と Y 財の生産量が決まる（X 財は a、Y 財は b）。

　次に、I国において労働の量が増加したときに、X 財と Y 財の生産量がどのようになるかを見てみよう。労働の量の増加は、BC を右上にシフトした B^*C^* で示される。それゆえ均衡点は、E から E^* に変わる。このとき、X 財の生産量は、a から a^* に減少し、Y 財の生産量は、b から b^* に増加す

図表 6-7
Ⅰ国における生産要素の総量と投入量

資本の総量	X財を1単位生産するのに必要な資本投入量	Y財を1単位生産するのに必要な資本投入量
100	2	1
労働の総量	X財を1単位生産するのに必要な労働投入量	Y財を1単位生産するのに必要な労働投入量
100	1	2

図表 6-8
リプチンスキーの定理

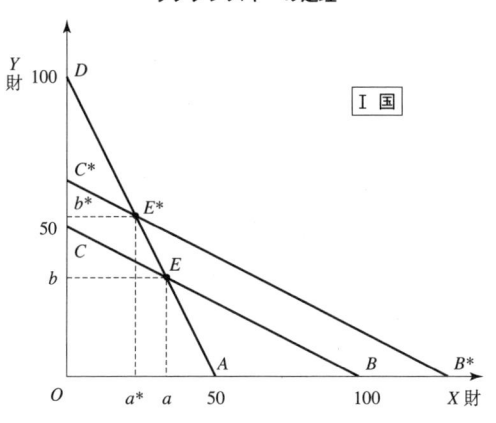

る。労働が増加したことによって、労働集約的な Y 財の生産が増加し、資本集約的な X 財の生産が減少したことが理解できるだろう。これとは反対に、資本が増加した場合、資本集約的な財の生産が増加し、労働集約的な財の生産が減少することについても、上と同様の手順で確認することができる。

3．ストルパー＝サミュエルソンの定理

　ストルパー＝サミュエルソンの定理とは、特定の生産要素を多く使って生産する財の価格が上昇すると、その生産要素の価格が上昇するが、それ以外の生産要素の価格は下落することをいう。資本と労働という2つの生産要素があるとすると、資本集約的な財の価格が上昇する場合、機械設備を利用す

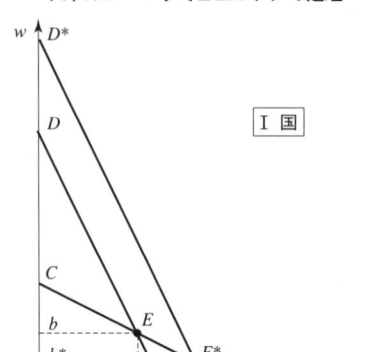

図表 6-9
ストルパー＝サミュエルソンの定理

る料金が値上がりし、賃金が下落する。反対に、労働集約的な財の価格が上昇すると、賃金が上昇し、機械設備を利用する料金が値下がりすることになる。

$P_X = w + 2r$ ……（6-3）

$P_Y = 2w + r$ ……（6-4）

（6-3）と（6-4）式は、Ⅰ国でX財とY財の価格と機械設備を利用する料金と賃金との関係を示している。P_XはX財の価格、P_YはY財の価格、rは機械設備を利用する料金、wは賃金を示している。図表6-9では、ADがX財の価格の制約を、BCがY財の価格の制約を示している。ADとBCが交わるE点が均衡点であり、機械設備を利用する料金と賃金が決まる（機械設備を利用する料金はa、賃金はb)。

次に、Ⅰ国で資本集約的なX財の価格が上昇した場合、賃金と機械設備を利用する料金がどのようになるかを見てみよう。X財の価格の上昇は、ADから右上方にシフトしたA^*D^*で示される。このとき、均衡点は、EからE^*にシフトする。したがって、機械設備を利用する料金は、aからa^*まで値上がりし、賃金は、bからb^*に下落する。これと反対に、労働集約的なY財の価格が上昇する場合についても、上と同様の手順で確認することができる。

4．要素価格均等化の定理

　要素価格均等化の定理とは、貿易を通じて財の価格が均等化するので、各国間にあった生産要素の価格の差がなくなり、均等化することをいう。サミュエルソンがこの定理を主張した中心人物の1人である。この定理について簡単な事例を挙げて説明してみるとこうなる。

　資本集約的な X 財を輸出するⅠ国と労働集約的な Y 財を輸出するⅡ国が貿易を行う場合、資本集約的な X 財を輸出するⅠ国は、Ⅱ国から労働集約的な Y 財を輸入している。Ⅰ国では、機械設備の利用料は値上がりするが、賃金は下落する。他方、Ⅰ国から資本集約的な X 財を輸入しているⅡ国では、機械設備の利用料は値下がりするが、賃金は上昇する。こうして各国間にあった生産要素の価格の差が縮小していき、資本と労働の生産要素の価格比率が、国際市場における X 財と Y 財の相対価格と等しくなるところで、Ⅰ国とⅡ国における資本と労働の生産要素価格は均等化する。

　要素価格均等化の定理は、他の3つの定理と同様に、ヘクシャー＝オリーン・モデルを構成する中核の定理である。外国から労働集約的な財を輸入するというのは、その財のみならず、労働という生産要素を輸入しているのだという考え方の背景にあるのが、この定理である。しかし、現実に、この定理が言う道筋に従って、生産要素価格の均等化が実現しているとはいえない。労働という生産要素を見ても、貿易を行う国と国の間で賃金格差が縮小していない。理論とは特定の仮定の下に成立するものであるが、要素価格均等化の定理にも定理を成立させるために必要な仮定がある。クルーグマン（P. R. Krugman）とオブズフェルド（M. Obstfeld）は、『国際経済：理論と政策』（第3版）において、この定理が成立するには、

　①Ⅰ国とⅡ国で X 財と Y 財が両方生産されなければならない
　②Ⅰ国とⅡ国の生産技術が同じである
　③貿易によって X 財と Y 財の価格が均等化する

という3つの仮定を同時に満たさなければならないと指摘した。現実が要素価格均等化の定理の示す通りにならないのは、定理が間違っているのではなく、現実がこれらの仮定を同時に満たすことができないからである。

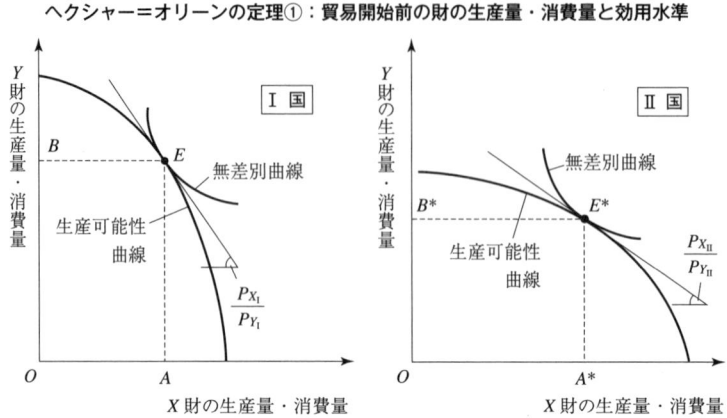

図表 6-10
ヘクシャー＝オリーンの定理①：貿易開始前の財の生産量・消費量と効用水準

[図：I国とII国それぞれの生産可能性曲線と無差別曲線。I国では均衡点E、相対価格P_{X_I}/P_{Y_I}。II国では均衡点E^*、相対価格$P_{X_{II}}/P_{Y_{II}}$]

5．ヘクシャー＝オリーンの定理

　ヘクシャー＝オリーンの定理とは、各国が自国に豊富に存在する資源をより集約的に投入する財に比較優位を持ち、各国が比較優位を持つ財を輸出する傾向があることをいう。

　図表 6-10 は、貿易を行っていない I 国と II 国における X 財と Y 財の生産可能性曲線と無差別曲線、X 財の Y 財に対する相対価格を示している。ここで、X 財は資本集約的な財、Y 財は労働集約的な財である。I 国と II 国では、生産可能性曲線の偏りが異なる。I 国では、生産可能性曲線が上側に偏っているが、これは、Y 財を生産するのに多く必要な労働が資本よりも豊富な国であることを示している。II 国では、生産可能性曲線が右側に偏っているが、これは、X 財を生産するのに多く必要な資本が労働よりも豊富な国であること示している。生産可能性曲線と無差別曲線が交わる点（I 国では E 点、II 国では E^* 点）が、X 財と Y 財の生産量の組み合わせと消費量の組み合わせの均衡点である。均衡点において、I 国では、X 財を OA まで生産・消費し、Y 財を OB まで生産・消費する。II 国では、X 財を OA^* まで生産・消費し、Y 財を OB^* まで生産・消費する。

　P_{X_I}/P_{Y_I} は、I 国における X 財の Y 財に対する相対価格を、$P_{X_{II}}/P_{Y_{II}}$ は、

図表 6-11
ヘクシャー＝オリーンの定理②：貿易開始後の財の生産量・消費量と効用水準

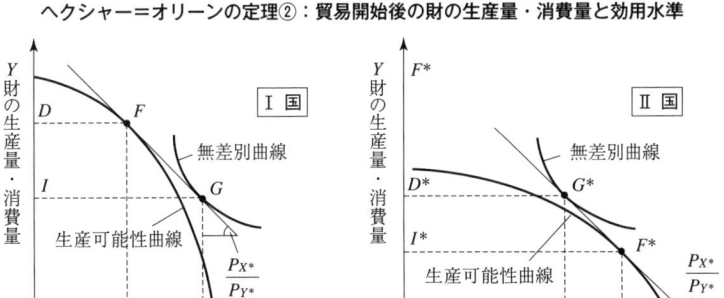

Ⅱ国における X 財の Y 財に対する相対価格を示している。相対価格の大きさは、生産可能性曲線と無差別曲線が交わる均衡点の傾きで示される。相対価格は、第1節のリカード・モデルのところで説明した機会費用と言い換えることができる。$P_{X_{Ⅰ}}/P_{Y_{Ⅰ}}$ と $P_{X_{Ⅱ}}/P_{Y_{Ⅱ}}$ では、$P_{X_{Ⅰ}}/P_{Y_{Ⅰ}}$ の方が傾きが大きいので、Ⅰ国の方が X 財の機会費用が大きいことになる。国は、機会費用の低い財に比較優位を持つので、Ⅰ国では、Y 財に比較優位がある。X 財の Y 財に対する相対価格（X 財の Y 財に対する機会費用）がⅠ国の方が大きいということは、反対に、Y 財の X 財に対する相対価格（Y 財の X 財に対する機会費用）が、Ⅱ国の方が大きいことを意味する。したがって、Ⅱ国では、X 財に比較優位がある。

図表 6-11 は、Ⅰ国とⅡ国で貿易が開始された場合に起きる X 財と Y 財の生産量と消費量の変化と X 財の Y 財に対する相対価格の変化を示している。Ⅰ国が Y 財を輸出し、X 財を輸入する、Ⅱ国が X 財を輸出し、Y 財を輸入するという貿易が開始されると、Ⅰ国において Y 財の価格が上昇し、X 財の価格が下落する。反対に、Ⅱ国では、X 財の価格が上昇し、Y 財の価格が下落する。したがって、世界的な相対価格 P_{X^*}/P_{Y^*} は、貿易を開始する前のⅠ国とⅡ国における相対価格 $P_{X_{Ⅰ}}/P_{Y_{Ⅰ}}$ と $P_{X_{Ⅱ}}/P_{Y_{Ⅱ}}$ の間に収まる（$P_{X_{Ⅰ}}/P_{Y_{Ⅰ}} > P_{X^*}/P_{Y^*} > P_{X_{Ⅱ}}/P_{Y_{Ⅱ}}$）。

P_x*/P_y* の下で、Ⅰ国とⅡ国は、X 財と Y 財の生産量の組み合わせと消費量の組み合わせが決まり（X 財と Y 財の生産量の均衡点は、Ⅰ国が F 点、Ⅱ国が F^* 点、X 財と Y 財の消費量の均衡点は、Ⅰ国が G 点、Ⅱ国が G^* 点）、Ⅰ国では、X 財を OC まで生産し、Y 財を OD まで生産する。ここでⅠ国における消費者の選好は、X 財を OH まで消費し、Y 財を OI まで消費することである。Ⅰ国では、X 財について、OC までしか生産されないので、CH の需要が満たされない。CH は、Ⅱ国からの輸入で満たす。Y 財については、OI の需要しかないので、DI は過剰生産になる。DI は、Ⅱ国への輸出に振り向ける。Ⅱ国における X 財と Y 財の生産と消費、輸出と輸入についても上と同様の手順で確認できる。

Ⅲ 産業間貿易と産業内貿易

農産物は、土地集約的な財である。アメリカやオーストラリアのように広大な国土がある国は、農産物に対して比較優位を持ち、対照的に、国土が小さく、土地の使用料も高い日本は、農産物に対して比較劣位である。日本とオーストラリアの農産物の貿易は、オーストラリアが純輸出国で、日本が純輸入国になるだろう。このように、国において、ある産業では輸出していて、他の産業では輸入されている貿易を産業間貿易という。国際貿易の根拠を比較優位に求めたリカード・モデルとヘクシャー＝オリーン・モデルは、産業間貿易を説明するのに適している。

他方で、リカード・モデルとヘクシャー＝オリーン・モデルでは説明できない種類の貿易として産業内貿易がある。産業内貿易とは、国と国の間で、同じ産業に属する財が取引されることをいう。日本は、トヨタ、ホンダなどの世界有数の自動車メーカーを持つ国で、自動車の輸出大国である。それでは、日本は自動車に関して輸出だけしているかというとそうではない。日本は、国産車を輸出すると同時に、欧州諸国からデザインの優れた高級外国車を数多く輸入している。これは、産業内貿易の典型的な例である。言い方を換えると、産業間貿易とは、技術や生産要素賦存の異なる先進国と発展途上国の間の貿易で、産業内貿易は、技術や生産要素賦存の似通った先進国間の

貿易といえるかもしれない。

　産業内貿易を説明するには、リカード・モデルとヘクシャー＝オリーン・モデルのように比較優位に基づくモデルでは難しい。なぜなら、産業内貿易とは、生産技術や生産要素賦存が異なるのではなく、それらが似通った国と国の貿易だからだ。産業内貿易を説明するには、比較優位に基づかなくても貿易が起こりうることを示し、比較優位とは異なるコンセプトを持つモデルでなければならない。今日、産業内貿易を説明できるモデルとして、クルーグマンやヘルプマン（E. Helpman）などの研究者によって主張された、規模の経済に基づく貿易モデルが挙げられる。

　規模の経済とは、個々の企業が生産を拡大するほど、単位当り生産費用を節約できることである。リカード・モデルとヘクシャー＝オリーン・モデルは、財の価格が所与として与えられる完全競争市場の世界を想定していたが、規模の経済が働く場合、産業は、少数の大企業による寡占状態になり、各企業が価格設定に影響を及ぼすことができる不完全競争市場の世界になる。規模の経済が働くとすれば、貿易は、市場拡大の機会として捉えることができる。

　さらに消費者は、多様な財の中から選択できることを望んでいる。多様な財が消費者に提供されるには、同一産業の他社とは差別化した財が生産されなければならない。その種の財は、一国だけの市場規模では無理でも、貿易によって市場が拡大できれば生産できるものもある。こうして貿易が開始されることで、両国において、企業は、利潤を高め、消費者は、満足できる消費をすることができるので、貿易は、両国にとって有益である。

　このように、規模の経済に基づく貿易モデルは、比較優位を想定しなくても貿易が起きることを示している。さらに、リカード・モデルとヘクシャー＝オリーン・モデルのように産業間貿易を説明できるモデルは、財を生産するのに伴う費用を強調していたのに対して、ここで取り上げた産業内貿易を説明できるモデルは、規模の経済による市場の拡大と消費者の需要に注目している点が大きな違いである。

Ⅳ 多国籍企業と企業内貿易

　経営支配権の獲得を目的として、外国企業の株式を取得したり、外国に子会社を新設するような外国への投資を海外直接投資という。それに対して、株式の配当や値上がり益を得ることを目的とした投資は、間接投資であり、直接投資と区別される。海外直接投資を行う企業は、その投資によって手に入れた海外子会社を使って現地で事業を展開する。このような海外子会社を数多く所有し、売上高や従業員数で見て規模の大きい企業を多国籍企業という。今日、多国籍企業は、国際貿易の重要な担い手である。多国籍企業は、全く資本関係のない他社と貿易をするが、より注目されるのは、多国籍企業が、世界中に散らばる多くの海外子会社を通じて、親会社と海外子会社の間、海外子会社と海外子会社の間で行う貿易の方である。このように多国籍企業の内部でおこなわれる貿易を企業内貿易という。

　多国籍企業は、企業内貿易を通じて何を行っているのだろうか。まず第一に、販売のための完成品の輸出である。液晶テレビやプラズマ・テレビなどの高付加価値の製品を別として、量販店において1台5万円以下で販売されている低価格のカラーテレビを日本で生産している家電メーカーはないといってもいいだろう。日本の家電メーカーは、低価格のカラーテレビのような普及品をタイやマレーシアなどの東南アジア諸国や中国など生産費用の安価な国で生産し、現地に販売すると同時に、他国に輸出しているのである。

　第二に、部品の輸出が挙げられる。多国籍企業は、現地生産の割合が大きいが、全てを現地生産しているわけではない。多国籍企業は、重要な部品を本国や重要な拠点で生産し、そこからさまざまな国へ輸出している。日本の自動車メーカーの場合も、エンジンやプラットフォームのような重要な部品を日本で生産し、それを輸出し、現地で生産した部品を加えて現地で販売している。多国籍企業の工程内分業が進んだ結果、こうした貿易が増加している。

　第三に、移転価格操作がある。移転価格とは、多国籍企業が内部で財を貿易するときに設定する価格のことで、移転価格操作とは、多国籍企業全体の利潤を最大化するために市場価格と離れた移転価格を設定することである。

これは、企業内貿易を利潤獲得の手段として利用する。たとえば、税金の高い国から財を輸出するとき、価格を低くすることで、その国で利益を出さないようにすることができる。最近は、投資受入国の政府当局の監視が厳しく、市場価格と相当に離れた移転価格を設定するような露骨なやり方は難しくなった。

　今日、国際貿易に占める企業内貿易の割合は、ますます増大している。世界でも有数の多国籍企業の企業内貿易になると、年間の金額ベースで発展途上国のGDPを上回る額になる場合がある。これは、多国籍企業の事業活動の規模が一国の経済活動のそれを超える場合があることを示している。企業内貿易は、多国籍企業の内部で処理される貿易であるために不透明な部分もあり、実態を正確に掴むことは難しい側面があるが、我々が国際貿易を理解する上で、企業内貿易についても洞察を深めていく必要があるだろう。

確認用語

比較優位　機会費用　貿易の利益　生産要素賦存　ヘクシャー＝オリーン・モデル　要素価格均等化の定理　リプチンスキーの定理　ストルパー＝サミュエルソンの定理　産業内貿易　企業内貿易

第7章

ゲームの理論

I　ゲーム理論

　社会には、多くの主体が存在し、それぞれの目的達成のためにさまざまな意思決定を行っている。そして、その意思決定は、自分自身だけでなく他の主体の意思決定にも、程度の差はあるものの、本質的に依存している。彼らの相互の意思決定において、利害関係が常に一致するとは限らず、多くの場合コンフリクトが存在する。ゲーム理論は、このような意思決定が相互に依存する状況（関係）を表現し、そして分析する体系・理論である。ゲーム理論は経済学のみならず、経営学、政治学、社会学、心理学、生物学、工学、オペレーションズリサーチなど幅広い分野で応用されている。

　ゲーム理論は、一般的に、コミュニケーションが可能で、かつ意思決定主体間の合意に拘束力があるという前提の有無で協力ゲームの理論（corporative game theory）と非協力ゲーム（non-corporative game theory）の理論に大別される[1]。本章では、非協力ゲームのみを扱うことにする。非協力ゲームといっても、ゲームをプレイするタイミングによって「同時手番ゲーム（simultaneous move game）」と「逐次手番ゲーム（sequential move game）」、また利得関数が共有知識（common knowledge）になっているか否かによって「完備情報ゲーム（complete information game）」と「不完備情報ゲーム（incomplete information game）」という風に、多くのクラスが存在する[2]。

---

1) 協力ゲームと非協力ゲームは対立する理論ではなく、多くの共通点を有しているので注意されたい。

本章では、特に完備情報ゲームを中心に、いくつかの基礎的なトピックのみ取り上げる。

完備情報ゲームとは、プレイヤーの行動の組み合わせに対して各自の利得を対応させる各プレイヤーの利得関数などのルールが、全てのプレイヤーの共有知識になっているゲームのことをいう[3]。一方で、完備情報ゲームではないゲームを不完備情報ゲームと呼ぶ。不完備情報ゲームは、ベイジアンゲーム（Bayesian game）と呼ばれることもある。

II 同時手番ゲーム

各意思決定主体が同時に自分の行動を選び、その選ばれた行動の組み合わせに応じて各自の利得を受け取るゲームを同時手番ゲームと呼ぶ。戦略形ゲーム（game in strategic form）は、同時手番ゲームを表現するために用いられる。また、戦略形ゲームは、標準形ゲーム（game in normal form）と呼ばれることもある。

1．戦略形ゲーム

戦略形ゲームは、(1)意思決定者であるゲームのプレイヤー（player）、(2)各プレイヤーの選択することができる行動計画である戦略（strategy）、そして、(3)全てのプレイヤーの選択する行動の組み合わせに応じて各プレイヤーが受け取る利得（payoff）、によって定義される。

---

2) 同時手番ゲームと逐次手番ゲームは、その性質からそれぞれ、静学ゲームと動学ゲームと呼ばれることもある。
3) 共有知識とは、全てのプレイヤーがゲームの各要素を完全に知っているばかりでなく、そのような事実自身もプレイヤーは完全に知っている（ルールを完全に熟知している）ことを意味し、ゲーム理論において重要な役割を果たしている。

図表 7-1

A \ B	黙秘	自白
黙秘	−1, −1	−9, 0*
自白	0*, −9	−6*, −6*

2．最適反応、支配戦略、ナッシュ均衡

　本節では、最も基本的な 2 人のプレイヤーが 2 つの戦略をもつ 2 × 2 ゲームの例を用いて、戦略形ゲームの説明を行っていく。

　戦略形ゲームの各要素を理解するために、非協力ゲームで最も古典的でかつ有名な例である「囚人のジレンマ（prisoner's dilemma）ゲーム」を見る。

例 7-1） ある重大な事件があって、共犯であることが確実な 2 人の容疑者 A と B が別件逮捕の形で捕らえられ、拘置所の別々の部屋で取り調べられている。ところが警察は証拠がまだ不十分なので、どちらか一方が自白しない限り刑を問うわけにはいかない。そこで、警察は各部屋で、容疑者に次のように説明をした。「もし 2 人がともに黙秘すれば、2 人とも軽犯罪で起訴されて、1 か月の刑務所暮らしをすることになる。また、もし 2 人がともに自白すれば、2 人はともに起訴されて、6 か月の刑務所暮らしをすることになる。しかしながら、もし 1 人が自白しもう 1 人が黙秘を続けるのであれば、自白したほうはすぐに釈放され、黙秘した方は 9 か月の刑務所暮らしをすることになる。」このとき、取り調べに対して 2 人の共犯者はどのような選択をし、それによってどのような結果がもたらされるであろうか。

　まず、このゲーム的状況を戦略形ゲームで表現する。上で定義した 3 つの要素を簡単に表現したものが、図表 7-1 である。プレイヤーは容疑者 A と容疑者 B である。表の行列において、行と列はそれぞれ容疑者 A と B の戦略、また行列の各成分の左と右の数字は利得（刑期）を表している。このような表を利得双行列（payoff bi-matrix）という。

　次に、この戦略形ゲームにおいて、プレイヤーである容疑者たちの戦略的

思考（どのように戦略を選択していくか）についてみていく。

各容疑者は、拘置所の別々の部屋に入れられているために、お互い相談できない。そのため、容疑者たちは相手の選択を知らない[4]。ゆえに、各容疑者は、まず（相手の立場に立ち）相手の選択について予想し、その予想の下で自らの利得を最大にする戦略を選択しようとする。このようなプレイヤーの戦略的思考を相手プレイヤーの戦略に対する最適反応（best response）と呼ぶ。

では最初に、容疑者 B の戦略に対する容疑者 A の最適反応を調べる。容疑者 A が「容疑者 B が黙秘する」と予想したとき、容疑者 A は黙秘して刑務所で 1 か月暮らすよりも自白して即釈放されるほうがよいと考える。また逆に、「容疑者 B が自白する」と予想したとき、容疑者 A は黙秘して刑務所で 9 か月暮らすよりも自白して刑務所で 6 か月暮らすほうがよいと考える。このことから、すぐに容疑者 A にとって容疑者 B がいずれの戦略を選択しても、自白するほうが黙秘するよりも高い利得を得ることがわかる。同様に、容疑者 B と容疑者 A の立場を入れ替えることで、容疑者 B の最適反応も、相手の選択を問わず、自白するほうが黙秘するよりも高い利得を得ることがわかる。図表 7-1 の * は各容疑者の最適反応であることを表している。

このように、相手がどんな戦略を選択したとしても、自分にとって戦略 D を選択したときの利得が戦略 C を選択した時の利得よりも大きくなるとき、「戦略 D は戦略 C を支配する」といい、逆に「戦略 C は戦略 D に支配される」という[5]。プレイヤーが合理的であれば、そのプレイヤーは利得の最大化を目的としているので、決して（強く）支配される戦略を選択しない。また、支配戦略が存在する場合、プレイヤーは必ずしも複雑な予想を行う必要がない。なぜならば、相手の戦略を特に考慮せずに自分の戦略を選択のみを考えればよいからである。

---

4) たとえ、捕まる前に何らかの約束を結んでいても、その約束が守られるとは限らない。
5) 2×2 ゲームでは、戦略 D は支配戦略（dominant strategy）と呼ばれる。一般的に、相手プレイヤーのどんな戦略に対しても、自分が他の戦略を選択したときに得られる利得よりも高い利得が得ることができる戦略を、支配戦略と呼ぶ。

したがって、このゲームにおいて予想される結果（ゲームの解）は、各容疑者が自白するという戦略の組（自白，自白）となる。

この囚人のジレンマゲームは、以下のような2つの特徴をもっている。まず、支配戦略が存在するため、ゲームの解（支配戦略均衡）は一意に決定される。解が一意に決定されることで、強い予測をすることが可能となっている。次に、このゲームの解はパレート非効率となっている。図表7-1を見てわかるように、（黙秘，黙秘）は（自白，自白）をパレートの意味で支配している[6]。このことから、ゲームの解は必ずしもパレート効率性を満たしていないことがわかる。言い換えると、これは、社会における自己の利得の追求（個人合理性）と社会全体の利得の追求（社会合理性）との本質的な対立を示している。

囚人のジレンマのようなゲーム的状況は、たとえばクールノーやベルトランの複占競争においても観察され、さまざまなモデルに応用されている。しかしながら、社会的状況からみて支配戦略が存在するような状況は、それほど多くはない。

次に、支配戦略が存在せず、ゲームの解が一意に決まらないゲームの一例をみていく。

例7-2） A国とB国が2つの政策（政策Fと政策M）のうちいずれかの実施を同時期に考えている。ここで、2国が同じ政策を実施するとその経済効果は各国がそれぞれ違う政策を実施して得られる経済効果よりも大きいとする。これらの状況を反映した利得は、図表7-2で与えられるとする（単位は億ドルである）。この時、各国はどのような政策決定を行うであろうか。

このゲームは、異なった戦略をそれぞれのプレイヤーが選択するよりも同じ戦略を選択することが望ましいので、調整ゲーム（coordination game）と呼ばれる。

6）（黙秘，黙秘）という戦略の組がゲームの解としてプレイされることは難しい。それは、いずれの容疑者も相手が黙秘しようとするなら、その容疑者は黙秘せずに自白しようとするからである。

図表 7-2

A \ B	政策 F	政策 M
政策 F	10*, 10*	6, 4
政策 M	4, 6	8*, 8*

　各国の最適反応は、相手国が政策 M を実施しようとしているのであれば、自国も政策 M を選択し、逆に相手国が政策 F を実施しようとしているのであれば、自国も政策 F を選択することである。

　図表 7-2 を見てわかるように、このゲームには支配戦略は存在していない。ゆえに、支配戦略均衡は存在しない。

　支配戦略均衡に続いて、ここで、非協力ゲームで最も重要な役割を果たすゲームの解概念を導入する。それがナッシュ均衡（Nash equilibrium）である。ナッシュ均衡とは、プレイヤーの選択する戦略が、互いに相手の最適反応戦略になっている戦略の組のことをいう。また、ナッシュ均衡は、互いの考えを読みあった最終的に行き着く結果であり、そこでは2人のプレイヤーの思考は均衡し、各プレイヤーは戦略を変更するインセンティブをもたない[7]。

　よって、戦略の組（政策 F, 政策 F）と（政策 M, 政策 M）がともにナッシュ均衡となる。つまり、相手国が政策 F を実施するなら自国も相手国と同じ政策 F を実施し、また相手国が政策 M を実施するなら自国も相手国と同じ政策 M を実施するということが予測される。

　この例をみてわかるように、ナッシュ均衡は起こりうる可能性を示すものでしかないということに注意されたい。つまり、どちらのナッシュ均衡がプレイされるかまでは何も教えてくれない[8]。たとえば、戦略の組（政策 F, 政策 F）は（政策 M, 政策 M）をパレートの意味で支配しているが、最終的

---

7) 例 7-1 でみた支配戦略均衡はナッシュ均衡の特別なケースである。このことから、ナッシュ均衡は、必ずしもパレート効率性を満たすことを保証していないことがわかる。

に前者がプレイされることまでを保証していない。それは、ナッシュ均衡の性質より、(政策 M, 政策 M) がプレイされるとき、いずれの国も政策 M から政策 F に変更するインセンティブをもたないからである。

3．混合拡張した戦略形ゲーム

今まで、一意にナッシュ均衡が存在するゲームと複数のナッシュ均衡が存在するゲームをみてきた。しかしながら、次の例はいずれのゲームとも性質を異にしている。

例7-3) サッカーの PK を考える。このゲームにおけるプレイヤーはキッカー（プレイヤー A）とキーパー（プレイヤー B）の2人である。簡単化のために、キッカーは左（L）か右（R）のいずれかににシュートし、またキーパーも左（L）か右（R）のいずれかにジャンプすると仮定する。これは、2人とも左（L）か右（R）の選択肢をもっていることを表している。キッカーはゴールを決めて得点を取りたいと思い、一方でキーパーはシュートを阻止しようとする。この関係を表したのが、図表7-3である[9]。

このゲームでは、キッカーの最適反応は、相手が L を選択するなら、自分は R を選択し、相手が R を選択するなら、自分は L を選択することである。また、キーパーの最適反応は、相手が L を選択するなら、自分も L を選択し、相手が R を選択するなら、自分も R を選択することである。このとき、両者の利害関係は完全に対立し、ナッシュ均衡が存在しないことがわかる。しかしながら、新しい戦略の概念を導入することで、分析を進めることができる。各プレイヤーは単に L か R のいずれかを選択するのではなく、適当に定めた確率分布に従って、L か R を選択するとしよう。このように

8）ナッシュ均衡の概念だけでは、政策協調の本質を解くことはできないことをこの例は示唆している。なお、同時に政策決定が行われない例については、例 7-4 を参照されたい。

9）図表7-3のように、プレイヤーの利得の和がゼロとなるようなゲームをゼロ和ゲーム（zero-sum game）という。一方で、そうでないゲームを非ゼロ和ゲームという。

図表 7-3

A \ B	L	R
L	0, 0*	1*, −1
R	1*, −1	0, 0*

ある確率分布に従って選択を行う戦略を混合戦略（mixed strategy）という。これに対して、これまでのように確定的にある行動を選択するという戦略を純粋戦略（pure strategy）という。

戦略形ゲームにおいてプレイヤーが混合戦略を用いるとき、プレイヤーの利得の確率分布が定まる。このような状況では、プレイヤーが利得の確率分布をどのように評価して意思決定を行うかが重要になり、またプレイヤーの利得は期待値（期待利得）で表現されることになる。よって、混合拡張した戦略形ゲームは、(1)プレイヤー、(2)各プレイヤーの純粋戦略に確率を付与した混合戦略、そして(3)全てのプレイヤーの選択する混合戦略で定まる確率分布の下で計算される期待利得（期待利得関数）、によって定義される。なお、これまでの最適反応、戦略の支配関係、（純粋戦略）ナッシュ均衡などの概念は、混合戦略の場合でも、純粋戦略の場合と全く同様に定義できる。

PKゲームの例を用いて、実際に混合拡張した戦略形ゲームを解いていく。ここで、キッカーとキーパーが L を選択する確率を p と q $(0 \leq p, q \leq 1)$ とする[10]。

まず、キッカーの期待利得を計算し、最適反応を調べる。キーパーが確率 q で L、確率 $(1-q)$ で R をそれぞれ選択するという予測の下では、キッカーが L を選択したときの期待利得 $U_A(L,(q, 1-q))$ は、

$$U_A(L,(q, 1-q)) = q \cdot 0 + (1-q) \cdot 1 = 1-q$$

となる。一方で、R を選択したときの期待利得 $U_A(R,(q, 1-q))$ は、

---

[10] $p=1$ はキッカーが（確率1で）戦略 L を選択すること、また $p=0$ は戦略 R を選択することをそれぞれ意味している。同様に、$q=1$ はキーパーが戦略 L を選択すること、また $q=0$ は戦略 R を選択することをそれぞれ意味している。

$$U_A(R,(q, 1-q)) = q \cdot 1 + (1-q) \cdot 0 = q$$

となる。このとき、キッカーのキーパーの混合戦略 $(q, 1-q)$ に対する最適反応は、以下のようになる。

- $U_A(L,(q, 1-q)) > U_A(R,(q, 1-q))$ ならば、R よりも L を選択する。つまり、$p=1$ となる。
- $U_A(L,(q, 1-q)) = U_A(R,(q, 1-q))$ ならば、R と L は無差別になる。つまり、$0 < p < 1$ となる。
- $U_A(L,(q, 1-q)) < U_A(R,(q, 1-q))$ ならば、L よりも R を選択する。つまり、$p=0$ となる。

同様に、キーパーの期待利得を計算し、最適反応を調べる。キッカーが確率 p で L、確率 $(1-p)$ で R をそれぞれ選択するという予測の下で、キーパーが L を選択したときの期待利得 $U_B(L,(p, 1-p))$ と R を選択したときの期待利得 $U_B(R,(p, 1-p))$ は、それぞれ

$$U_B(L,(p, 1-p)) = p \cdot 0 + (1-p) \cdot (-1) = p-1$$
$$U_B(R,(p, 1-p)) = p \cdot (-1) + (1-p) \cdot 0 = -p$$

となる。このとき、キーパーのキッカーの混合戦略 $(p, 1-p)$ に対する最適反応は、以下のようになる。

- $U_B(L,(p, 1-p)) > U_B(R,(p, 1-p))$ ならば、R よりも L を選択する。つまり、$q=1$ となる。
- $U_B(L,(p, 1-p)) = U_B(R,(p, 1-p))$ ならば、R と L は無差別になる。つまり、$0 < q < 1$ となる。
- $U_B(L,(p, 1-p)) < U_B(R,(p, 1-p))$ ならば、L よりも R を選択する。つまり、$q=0$ となる。

続いて、混合戦略ナッシュ均衡を見つけるために、各プレイヤーの最適反応を図示する。それが図表7-4である。両プレイヤーの最適反応の交点は1点であり、その交点は簡単に計算でき、$p = q = 1/2$ である。実は、この交点こそが混合戦略ナッシュ均衡なのである。このナッシュ均衡では、各プレイヤーが L と R をそれぞれ1/2の確率で選択していることになる。なお、混合戦略ナッシュ均衡を厳密に表現すると、

図表 7-4

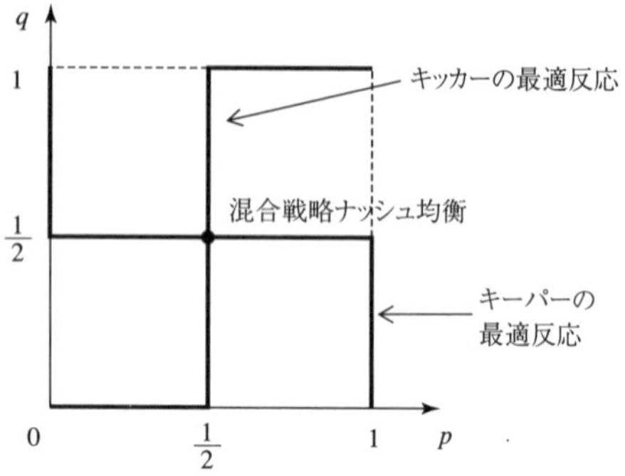
q
1
1/2
0
1/2
1
p
キッカーの最適反応
混合戦略ナッシュ均衡
キーパーの
最適反応

$$((p^*,\ 1-p^*),\ (q^*,\ 1-q^*)) = \left(\left(\frac{1}{2},\ \frac{1}{2}\right), \left(\frac{1}{2},\ \frac{1}{2}\right)\right)$$

という戦略の組で表現される。

この例では、純粋戦略ナッシュ均衡が存在しないとしても、純粋戦略にある確率分布を付与した戦略（混合戦略）を用いることで、少なくとも1つの（混合戦略）ナッシュ均衡が存在することがわかる。つまり、完全に利害関係が対立する状況を描写したゲームにおいて、戦略に確率を付与することで、何らかのゲームの帰結を予測できることが示された。

なお、任意の 2×2 ゲームは、この手順で全てのナッシュ均衡を計算することができる。ちなみに図表 7-5 と図表 7-6 は、それぞれ例 7-1 と例 7-2 のゲームにおける混合戦略まで考えたときのナッシュ均衡を図示したものとなっている。

図表 7-5 のゲームでは、ナッシュ均衡（支配戦略均衡）は1つしか存在していない。一方、図表 7-6 のゲームでは、純粋戦略ナッシュ均衡のほかに、混合戦略ナッシュ均衡が1つ存在していることが確認できる。

本節の最後に、ナッシュ均衡について整理すると、以下のようになる。

(1) ナッシュ均衡からは誰も逸脱しようとするインセンティブをもたない。

(2) ナッシュ均衡は起こりうる結果であり、完全な予測を必ずしも提供しない。

(3) ナッシュ均衡は必ずしもパレート効率な戦略の組とは限らない。言い

図表 7-5

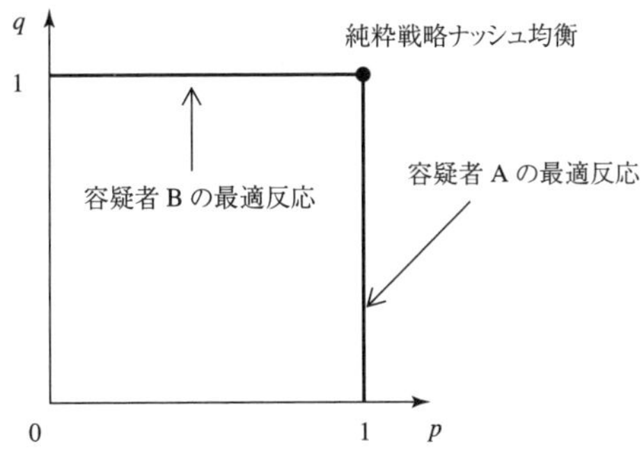
q
1
純粋戦略ナッシュ均衡
容疑者 B の最適反応
容疑者 A の最適反応
0
1
p

図表 7-6

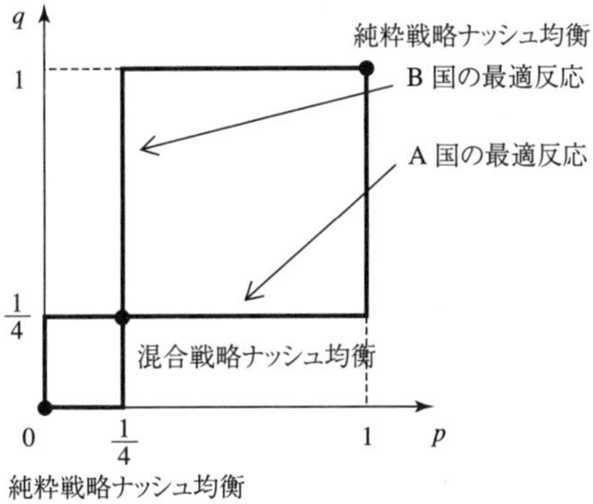
q
1
純粋戦略ナッシュ均衡
B 国の最適反応
A 国の最適反応
1/4
混合戦略ナッシュ均衡
0
1/4
1
p
純粋戦略ナッシュ均衡

換えると、個人合理性は保証するが、必ずしも社会合理性は保証しない。

(4)　混合戦略まで考慮すると、どんなゲームにおいても少なくとも1つのナッシュ均衡が存在する[11)]。

Ⅲ　逐次手番ゲーム(1)

これまでは、意思決定が同時もしくは、何のコミュニケーションもなしにゲームがプレイされる同時手番ゲームを戦略形ゲームによって表現して、説明をおこなってきた。しかしながら、より一般的なゲーム的状況は、プレイ

11）ナッシュ均衡が存在することは、角谷の不動点定理によって保証されている。

図表 7-7

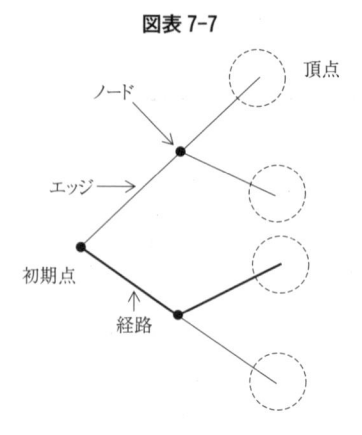

ヤーのいくつかの手番の系列からなり、各手番でプレイヤーは何らかの行動を選択するということが多い。このように、プレイヤーの手番が系列からなり、各手番でプレイヤーが行動を選択していくようなゲームを逐次手番ゲームという。逐次手番ゲームを最も簡単に記述することができる表現として、展開形ゲーム（game in extensive form）がある。

1．展開形ゲーム

展開形ゲームは、(1)ゲームの木（game tree）、(2)プレイヤーの手番を指示するプレイヤー分割、(3)プレイヤーの情報構造を表す情報分割、そして(4)プレイヤーの選択する手番の組み合わせごとに各プレイヤーが受け取る利得（利得関数）、によって定義される[12]。以下、簡単にこれらの要素について説明をおこなう。

ゲームの木は、図表 7-7 のように、1 つの初期点と複数の頂点からなるノード（node）と、これらのノードをつなぐエッジ（edge）で構成される。

---

[12] このほかに、プレイヤーの意思とは独立な要素によって選択される偶然手番と偶然手番における確率分布が展開形ゲームを構成する要素としてあるが、本章では簡単化のために、これらについては省略する。

ゲームの木において、頂点を除くノードは各プレイヤーの手番、各ノードから出ているエッジはその手番におけるプレイヤーの選択肢を表している。初期点とある頂点までを結ぶノードとエッジの系列を経路（path）と呼ぶ。木の性質により、経路は一意に定まる。そして、この経路に対応して、各プレイヤーは利得を受け取ることになる。

プレイヤー分割とは、ゲームの木における頂点を除く全てのノードで、どのプレイヤーが意思決定を行うかを指定するものである。

各プレイヤーがある手番で意思決定するとき、それ以前のゲームの経路の結果についてどのような情報を得ることができるかは、その意思決定に本質的な影響を及ぼす。このようなゲームの情報構造は、情報分割の概念を用いて表現される。情報分割は、プレイヤーがそれぞれの手番においてゲームの歴史に関して何を知り、また何を知らないかを、情報集合を用いて表現したものである。それゆえに、情報集合は、1) 各プレイヤーは、情報集合内にある手番が到達されたことを知るが、情報集合内のどの手番が実際に到達されたかは知らない、2) 情報集合に含まれる手番は同数のエッジをもつ、3) 情報集合は同じ経路と2回以上交わってはならない、ということを必要とする。

なお、過去の選択の結果について全て知っていることを仮定している完全情報ゲーム（game with perfect information）と、そうでない不完全情報ゲーム（game with imperfect information）に分類できる。以下、完全情報ゲームと不完全情報ゲームについて例を見ながら説明していく。

2．完全情報ゲーム

完全情報ゲームでは、全てのプレイヤーが行動を選択するとき、その手番以前のゲームの結果を完全に知ることができる。このようなとき、全ての情報集合はそれぞれ1つの手番からなる。完全情報ゲームでは、純粋戦略ナッシュ均衡が必ず存在することが知られている。

例 7-4) 例 7-2 では、A 国と B 国が同時に 2 つの政策を実施するゲームを考

図表 7-8

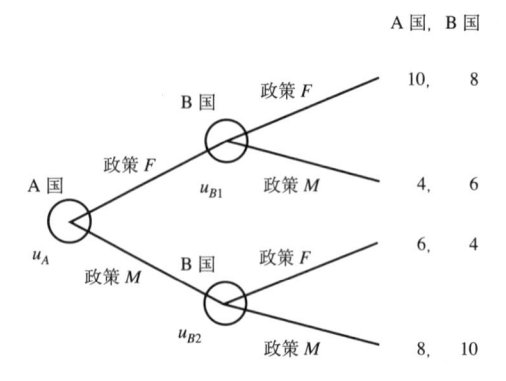

```
                                    A国, B国
                          政策 F
                  B国  ─────────── 10,  8
           政策 F  ○
         ╱      u_{B1}  政策 M
   A国  ○              ─────────── 4,  6
      u_A ╲
         政策 M         政策 F
                  B国  ─────────── 6,  4
                  ○
                  u_{B2}  政策 M
                        ─────────── 8, 10
```

えたが、ここではまず A 国が最初に政策を実施し、その結果を見てから B 国が政策を実施する状況を考える。また、2 国が同じ政策を実施したときの経済効果は、各国がそれぞれ違う政策を実施したときに得られる経済効果よりも大きいとする。さらに、この例では、政策協調が実施されるのであれば、A 国は政策 M よりも政策 F で政策協調を行うことを好み、また B 国は政策 F よりも政策 M で政策協調を行うことを好むとする。この状況において、どのような結果が予想されるであろうか。また、このゲームにおける均衡はどのように表現されるであろうか。

この状況を展開形ゲームで表現すると、図 7-8 のようになる。B 国は A 国の実施した政策について知っているので、2 つの情報集合（u_{B_1} と u_{B_2}）をもつことになる。このゲームは、各ノードに対して 1 つの情報集合が対応しているので、完全情報ゲームである。

このような完全情報ゲームを解く際、有用なツールとして逆向き推論法（backward induction）がある。

逆向き推論法とは、ゲームの木の頂点から初期点に向かって（ゲームの歴史をさかのぼって）、各プレイヤーの手番において、その時点でわかる全ての情報をもとに最適反応を調べていく方法である。理解を深めるため、具体的に、逆向き推論法を用いて、このゲームを解いていく。

まず、B 国の最適反応について調べる。A 国が政策 F を実施したとき、B 国は政策 M を実施して 6 億ドルを得るよりも政策 F を実施して 8 億ドルを

得ることで利得を最大化できる。また、A国が政策Mを実施したとき、B国は政策Fを実施して4億ドル得るよりも政策Mを実施して10億ドルを得ることで利得を最大化できる。つまり、B国の最適反応は、「A国が政策Fを実施しているときにB国は政策Fを実施し、またA国が政策Mを実施しているときにB国は政策Mを実施する」ことである。

次に、A国の最適反応について調べる。A国はB国の最適反応を予測することができるので、これを考慮して政策を実施しようとする[13]。つまり、A国は政策Fを実施すると、(B国も政策Fを実施するので) 10億ドル、またA国が政策Mを実施したとき、(B国も政策Mを実施するので) 8億ドルの利得を得ることができる。そして、最終的にA国は政策Fを実施することになる。

したがって、逆向き推論法によって、このゲームでは、「まず、A国が政策Fを実施し、次にB国も政策Fを実施する」という経路（結果）が得られる。

しかしながら、これはあくまでゲームの経路であり、ゲームの解と呼ぶにはまだ不十分である。ゲームの解を得るためには、実際に起こらない行動についても、もしそれが起こったときにどのような選択をおこなうかについても明記しなければならないのである。つまり、各プレイヤーのもつ情報集合で、何を選択するかを完全に明記する必要がある。

このことを理解するために、展開形ゲームを戦略形ゲームに変換する手順について説明する。展開形ゲームを戦略形ゲームで表現するためには、戦略を定めなければならない。各プレイヤーの戦略は、自らの情報集合ごとに定められる行動計画（自分の手番になったとき、そこで何を選択するか）である。また、利得に関しては、ゲームの木における経路と戦略に基づいて与えられる。

このゲームにおいて、A国は1つの情報集合u_Aしかもたず、選択肢と戦略は一致し、戦略は政策Fと政策Mである。一方で、B国は2つの情報集合（u_{B1}とu_{B2}）をもつので、各情報集合における行動計画を定めて、戦略

---

[13] このことは、共有知識が仮定されていることからいえる。

図表 7-9

A \ B	FF	FM	MF	MM
F	10*, 8*	10*, 8*	4, 6	4, 6
M	6, 4	8, 10*	6*, 4	8*, 10*

は（政策 F, 政策 F）、（政策 F, 政策 M）、（政策 M, 政策 F）および（政策 M, 政策 M）となる。ここで、B 国の戦略は（u_{B1} での政策, u_{B2} での政策）を表している。これらの戦略とそれに対応した利得（ゲームの木における経路によって達成される利得）を与えることで、図表7-9を得る。これまでと同様に、図表7-9における各プレイヤーの最適反応戦略には * をつけている。この戦略形ゲームにおいて（純粋戦略）ナッシュ均衡を求めると、（政策 F,（政策 F, 政策 F））、（政策 F,（政策 F, 政策 M））、（政策 M,（政策 M, 政策 M））が得られる。なお、先ほど求めた逆向き推論法の結果は、（政策 F,（政策 F, 政策 M））に対応している。

　ここで注目すべきことがある。それは、（政策 F,（政策 F, 政策 F））と（政策 M,（政策 M, 政策 M））もそれぞれナッシュ均衡であるが、なぜ逆向き推論法によって得られなかったのであろうか。（政策 F,（政策 F, 政策 F））における B 国の戦略は「A 国がいずれの政策を実施したとしても、自国は政策 F しか実施しない」ことを意味している。ここで、B 国の戦略は信憑性を欠く脅しとなっている。なぜならば、A 国が政策 M を実施したとき、B 国は政策 F を実施して 8 億ドルを得るよりも政策 M を実施して 10 億ドルを得ることで利得を最大化できる。それゆえ、合理的なプレイヤーであれば、決して（政策 F, 政策 F）のような戦略を選択しない。また、（政策 M,（政策 M, 政策 M））における B 国の政策の実施に関しても同様のことがいえる。

　逆向き推論法は、このような信憑性を欠く脅しを排除するという特徴をもっている。この意味において、逆向き推論法による結果は、ナッシュ均衡よりも強い予測を与えられることがわかる。

　ここでは結果だけを示すことにするが、もし A 国と B 国の手番（意思決

定のタイミング）を変えると結果は変わるのであろうか。その答えはイエスである。この場合、逆向き推論法によって「まずB国が政策Mを実施し、次にA国も政策Mを実施する」という経路（結果）が得られる。このことから、最初に政策決定を行った国にとって、より望ましい結果がもたらされていることがわかり、また意思決定のタイミングが重要な役目を果たしていることを理解できる。

この例は、シュタッケルベルグの複占競争をはじめとするさまざまなモデルに応用することができる。また、完全情報ゲームの例として、チェスや将棋などがある。

3．不完全情報ゲーム

不完全情報ゲームは、あるプレイヤーが行動を選択するとき、その手番以前のゲームの結果を完全に知っていないような状況を表現したものである。このとき、過去の歴史について完全に知らないプレイヤーの情報集合はそのプレイヤーがもつ複数の手番からなる。

例7-5） 例7-4ではB国はA国の政策決定を観察してから政策の実施を行ったが、B国がA国の結果を知らずに政策決定を行うとする。これ以外のゲームの設定は、例7-4と同じである。このとき、どのような結果がもたらされるであろうか。また、例7-4の結果と異なるであろうか。

この状況を展開形ゲームで表現すると、図表7-10のようになる。このとき、B国は1つの情報集合（u_2）をもち、そこでB国は政策Fもしくは政策Mを選択することになる。ここで、B国はA国の実施した政策についての情報をもたないので、このゲームは完備不完全情報ゲームである。

図表7-10にある展開形ゲームを戦略形ゲームに変換したものが図表7-11である。利得の大きさは異なるものの、ゲームの構造は、まさに例7-2でみた調整ゲームと同じものである。このゲームでは（政策F, 政策F）と（政策M, 政策M）のナッシュ均衡をもつ。つまり、予測できる結果は、「2国はともに政策Fを実施する」もしくは「2国はともに政策Mを実施する」

図表 7-10

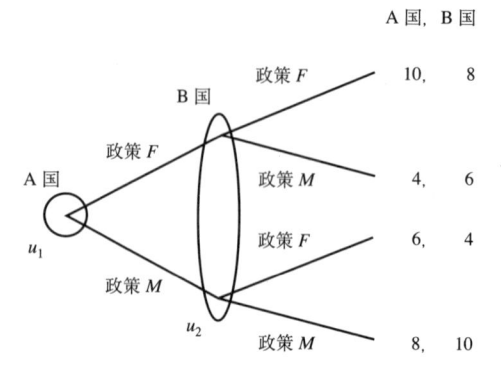

```
                              A国, B国
                  政策 F      10,  8
          B国
   政策 F
A国         政策 M      4,  6
  u₁
           政策 F      6,  4
   政策 M
         u₂
                  政策 M      8, 10
```

図表 7-11

A \ B	F	M
F	10*, 8*	4, 6
M	6, 4	8*, 10*

ということになる。

　次に、例 7-4 と例 7-5 の結果を比較してみる。2 つの例の違いは、B 国（追随者）が A 国（先導者）の政策決定を知っているか否かにある。もし A 国の政策決定の結果を知らなければ、2 国がともに政策 M を実施するという結果が達成されたかもしれないが、この情報をもつがゆえに、2 国がともに政策 F を実施するという結果のみが達成されることになる。これは、B 国のほうが A 国よりも多くの情報（実際に A 国が選択した結果の情報）をもつことによって起こったのである。一般的に、情報が多いほうが有利であると考えられるが、ゲーム理論においては必ずしもそれが正しいとは限らないことをこれらの例は示している。

VI　逐次手番ゲーム(2)

　ゲームは 1 回限りプレイされることを前提に議論を行ってきた。しかし、

図表 7-12

1 \ 2	C	D
C	4, 4	0, 5*
D	5*, 0	1*, 1*

現実社会におけるゲーム的状況は継続的であることが多い。本節では、同一のゲームが繰り返しプレイされる状況を考えていく。このようなゲームを逐次手番ゲームでも、特に繰り返しゲーム（repeated game）と呼ぶ。繰り返しゲームでプレイヤーが過去のプレイの結果に依存して行動を選択できる場合、協調、裏切りや仕返しなどのさまざまな行動パターンをとることが可能となる。これらの行動パターンについて簡単な例を用いながら説明していく。

繰り返しゲームは、その回数が有限であれば有限繰り返しゲーム、無限であれば無限繰り返しゲームに区別することができる。以下、順にみていく。

1．有限繰り返しゲーム

有限繰り返しゲームの中でも 2 回繰り返すゲームをみていく。この結果から得られる含意は、たとえ 3 回、4 回と有限回繰り返しても同じであることをことわっておく。

例 7-6) 2 人のプレイヤーが図表 7-12 の利得双行列で与えられているゲームを 2 回繰り返して行う状況を考える。ただし、2 回目にこのゲームをプレイする前に、1 回目のゲームの結果を観察することができると仮定する。また、全体のゲームから得られる利得は、単に 1 回目と 2 回目のゲームの結果からの得られる利得の和であるとする。

図表 7-12 は、囚人のジレンマ・タイプのゲームであり、ナッシュ均衡は (D, D) で、各プレイヤーが D を選択するといったものである。例 7-1 と同じように、パレート効率な戦略の組 (C, C) はナッシュ均衡ではない。ここで、このゲームを繰り返し行うことで、(D, D) ではない戦略の組、たと

図表 7-13

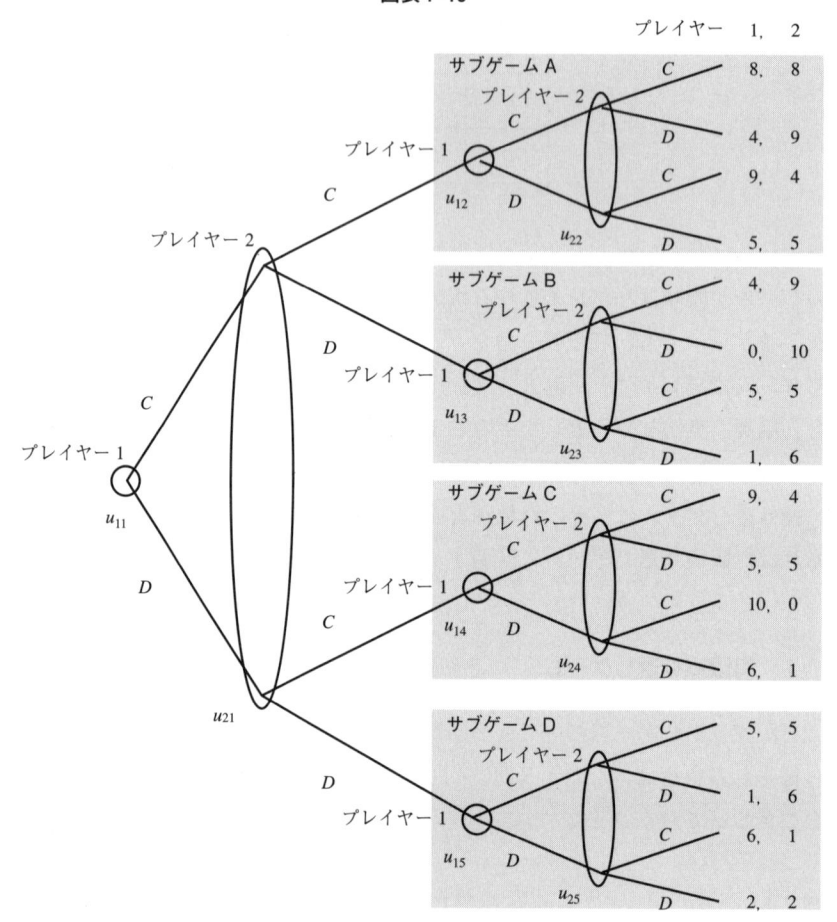

	プレイヤー	1,	2

サブゲーム A: C,C → 8, 8 / C,D → 4, 9 / D,C → 9, 4 / D,D → 5, 5

サブゲーム B: C,C → 4, 9 / C,D → 0, 10 / D,C → 5, 5 / D,D → 1, 6

サブゲーム C: C,C → 9, 4 / C,D → 5, 5 / D,C → 10, 0 / D,D → 6, 1

サブゲーム D: C,C → 5, 5 / C,D → 1, 6 / D,C → 6, 1 / D,D → 2, 2

えば (C, C) がプレイされる（協調的な行動がとられる）ことがありうるかについて考えていく。

　このゲームを展開形ゲームで表現したものが、図表 7-13 である。

　図表 7-13 を見てわかるように、プレイヤー 1 とプレイヤー 2 はそれぞれ 5 つの情報集合（$u_{i_1}, u_{i_2}, u_{i_3}, u_{i_4}$ と u_{i_5} ; $i = 1, 2$）をもっている。このゲームは規模が大きいため、展開形ゲームを戦略形ゲームに変換してナッシュ均衡を見つけていくには、時間と手間がかかる[14]。そこで、このような規模が

図表 7-14

1 \ 2	C	D
C	8, 8	4, 9*
D	9*, 4	5*, 5*

図表 7-15

1 \ 2	C	D
C	4, 9	0, 10*
D	5*, 5	1*, 6*

図表 7-16

1 \ 2	C	D
C	9, 4	5, 5*
D	10*, 0	6*, 1*

図表 7-17

1 \ 2	C	D
C	5, 5	1, 6*
D	6*, 1	2*, 2*

　大きいゲームは、まずある手順に従って、ゲームを分解および合成することによって簡単に解くことができる。

　その手順とは、まずどの情報集合も切断することなく、ゲームの木を細分化していく。その際、細分化された部分木で表現される展開形ゲームをサブゲーム（subgame）と呼ぶ。なお、このゲームは、元々のゲームを含んで5つのサブゲームに分解することができる。いずれのサブゲームも、展開形ゲームの4つの要素でもって構成されているのを確認することができる。なお、わかりやすくするために、図表7-13にはサブゲームAからサブゲームDと名前をつけている。

　たとえば、サブゲームAを見てみる[15]。このサブゲームは、1回目のゲームでプレイヤー1とプレイヤー2がともにCを選択した結果を観察した後にプレイされる段階ゲームである。このサブゲームを標準形ゲームに変換すると、図表7-14のような利得双行列を得ることができる。なお、図表7-14において各プレイヤーの最適反応戦略に * をつけている。その結果と

---

14) もともとの展開形ゲームを戦略形ゲームに変換すると、そのときの利得行列は $2^5 \times 2^5$ と膨大なものになってしまう。
15) 繰り返しゲームにおけるサブゲームを段階ゲームと呼ぶ。

図表 7-18

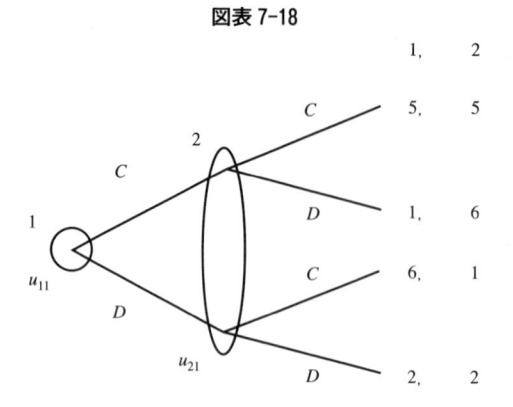

```
                      C      1, 2
              C    ──────
           ──── 2    D      5, 5
        ╱    ╲  ────
      ╱       ╲     C      1, 6
   1○          
      ╲       ╱     D      6, 1
        ╲    ╱ ────
           ──── 2    C      
       D       ╲────
                      D      2, 2
   u₁₁       u₂₁
```

図表 7-19

1＼2	C	D
C	5, 5	1, 6*
D	6*, 1	2*, 2*

して、簡単に (D, D) がこの段階ゲームにおけるナッシュ均衡になっていることを確認できる。

同様に、サブゲームBからサブゲームDにおける利得双行列を図表7-15から図表7-17に示している。これらを見てわかるように、いずれのサブゲームにおいても (D, D) がナッシュ均衡になっている。このことは、1回目のゲームの結果は2回目のゲームに影響を与えていないことを意味している。

次に、図表7-14から図表7-17で得られる2回目のゲームの結果を考慮することで、図表7-13は図表7-18のように書き換えることができる。

これは、2回目のゲームの結果を合成したゲームである[16]。また、図表7-18に基づいて戦略形で表現しなおした利得双行列は、図表7-19のようになる。なお、図表7-19においても各プレイヤーの最適反応戦略に * をつけている。このゲームにおいても、他のサブゲームと同様に、(D, D) がナッシュ均衡になっている。

これらをまとめると、1回目のゲームでプレイヤーは2人とも D を選択し、2回目のゲームでもまた2人とも D を選択するという結果が得られる。

この結果を正確に表現するために、新たな解概念を導入する。それがサブゲーム完全なナッシュ均衡（subgame perfect Nash equilibrium）である。サブゲーム完全なナッシュ均衡とは、どのサブゲームにおいてもナッシュ均

---

16) このようなゲームを縮約ゲームと呼ぶ。

衡を導くような戦略の組で構成されているものである[17]）。

　この例におけるサブゲーム完全なナッシュ均衡は、$((D, D, D, D, D), (D, D, D, D, D))$ である。ここで、プレイヤー i $(i = 1, 2)$ の戦略は（順に u_{i_1} から u_{i_5} までの選択）を表している。

　このように、繰り返しゲームは、元々のゲームをサブゲームに分解することができるのであれば、後ろから順に（小さな）サブゲームを解いていくことで、最終的に全体のゲームを解いていくことができるのである。

　このゲームからのメッセージは、1回目のゲームの結果によらず、2回目に各プレイヤーは D を選択している。これは、たとえ3回、4回、……と有限回繰り返しても、各段階ゲームでプレイヤーは D を選択する。つまり、有限回の繰り返しゲームにおいて、協調的な（それぞれのプレイヤーが C を選択する）行動は選択されることはない。それは、最後の段階ゲームで相手が D を選択することがわかっていれば、各プレイヤーはその前のゲームで C を選択するよりも D を選択したほうがよいことになり、これらを逐次たどっていくと、最初から D を選択するほうがよいということになるからである。

　ナッシュ均衡が複数存在するような段階ゲームを有限回繰り返すような場合、協調的な行動がとられうることがある。具体的に、次の例をみることにする。

例7-7） 2人のプレイヤーが図表7-20の利得双行列で与えられているゲームを2回繰り返して行う状況を考える。この段階ゲームは、各プレイヤーが3つの選択肢をそれぞれもっている3×3ゲームである。ここでもまた、2回目にこのゲームをプレイする前に、1回目のゲームの結果を観察することができると仮定する。このとき、段階ゲームにおいて協調的な行動 (M, M) がとられるようなサブゲーム完全なナッシュ均衡は存在するであろうか。

　この段階ゲームにおけるナッシュ均衡は、(T, L) と (B, R) の2つ存在

---

[17] 前章でみたように、このゲームには複数のナッシュ均衡が存在している。その意味において、ナッシュ均衡は均衡としての魅力を失うことになる。

図表 7-20

1\2	L	M	R
T	1*, 1*	5*, 0	0, 0
M	0, 5*	4, 4	0, 0
B	0, 0	0, 0	3*, 3*

図表 7-21

1\2	L	M	R
T	2*, 2*	6, 1	1, 1
M	1, 6	7*, 7*	1, 1
B	1, 1	1, 1	4*, 4*

する。この段階ゲームのナッシュ均衡は1つではないので、両プレイヤーが1回目の結果が異なると2回目の段階ゲームのナッシュ均衡も異なってくると予想することも可能である。そこで、各プレイヤーが次のような予想をしたとしよう[18]。

> 両プレイヤーが、もし1回目の結果が (M, M) であれば、2回目の段階ゲームの結果が (B, R) となり、もし1回目でそれ以外の結果が起こったなら、2回目の結果が (T, L) になる。

このとき、第1段階における利得双行列は図表7-21のようになる。図表7-21は戦略に従い、(M, M) には(2回目の段階ゲームで (B, R) がプレイされるので)利得にそれぞれ3を足したものが与えられ、またそれ以外の戦略の組には(2回目の段階ゲームでで (T, L) がプレイされるので)利得

---

18) ゲームの規模が膨大であるために、全ての戦略を列挙するのは難しい。そのため、ここでは限定した戦略に注目して議論を進めている。

にそれぞれ1を足したものが与えられている。

この段階ゲーム（図表7-21）におけるナッシュ均衡は、(T, L)、(B, R)および(M, M)である。このように、複数均衡が存在するゲームにおいては、例7-6で見たゲームとは異なり、たとえ有限回繰り返しゲームであっても協調的な行動がとられうる。したがって、上で考えた戦略の組（(M, B)，(M, R)）はサブゲーム完全なナッシュ均衡の1つとなっている。

この例から、有限繰り返しゲームにおいて、元々の段階ゲームではナッシュ均衡にならないようなものを含むサブゲーム完全なナッシュ均衡が存在しうることがわかる。また、このことは将来の行動に関する信憑性のある脅しや約束が現在の行動に影響を及ぼしうることがあることを示唆している。もちろん、このゲームにおいてこの他にもサブゲーム完全なナッシュ均衡が存在する。

2．無限繰り返しゲーム

無限繰り返しゲームは、無限にゲームが繰り返されるために最終回がなく、有限ゲームにおける逆向き推論法のように考えることは難しい。また、有限繰り返しゲームのように段階ゲームの列から単に利得を足し合わせても、それは無限繰り返しゲームにおけるプレイヤーの有意義な利得の尺度となりえない（無限の比較は意味をなさないため）。そこで、利得は、割引因子（discount factor）を用いて評価される。

例7-8） 2人のプレイヤーが図表7-11の利得双行列で与えられているゲームを無限に繰り返して行う状況を考える。ただし、t回目にこのゲームをプレイする前に、$(t-1)$回目までのゲームの結果を全て観察することができると仮定する。また、全体のゲームから得られる利得は、t回目の結果から得られる利得を割引因子δで割り引いた現在価値の総和であるとする。このとき、各プレイヤーは各回において協調的行動をとりうるであろうか。

ここでは、いろいろある戦略の中でも切り替え戦略（trigger strategy）に絞って議論を行う。そして、例7-6では、協調的行動を各プレイヤーが選

図表 7-22

	1	2	3	...	$t-1$	t	$t+1$	$t+2$	...
1	C	C	C	...	C	D	D	D	...
2	C	C	C	...	C	C	D	D	...
利得	4	C	4	...	4	5	1	1	...

択することが困難であったが、割引因子 δ が十分に大きければ、無限繰り返しゲームにおいては、それを達成することが可能であることを示す。なお、割引因子 δ が大きいということは、現在に対する将来の利得の価値が高いものであると考えていることを意味している。逆に、δ が極端に小さいとき各プレイヤーは将来を考えずに、現在の利得だけを見るという近視眼的な行動をとることを意味している。

切り替え戦略とは、以下のような戦略である。

> まず第1回目では C を選択する。以後、相手が C を選択する限り C を選択する。しかし、1度でも相手が D を選択すれば、その後 D を選択し続ける。

このように呼ばれる理由は、各プレイヤーが他の誰かが協力しなくなるまで協力を続けるが、その前提が崩れたときは非協力に切り替え、以後ずっと非協力的な行動をとり続けるからである。

以下、この戦略によって、各プレイヤーが協調的行動をとることが可能であることを確認していく。

$(t-1)$ 期（$t=1, 2, \ldots\ldots$）まで (C, C) がプレイされていたが、t 期にプレイヤー1が D に変更したとする。その結果、$(t+1)$ 期以降、両プレイヤーは D を選択し続けることになる。図表 7-22 は、ゲームの歴史とプレイヤー1が得る利得を表している。

このとき、t 期以降におけるプレイヤーの割引利得の総和は、

$$\underbrace{5}_{t\text{期の利得}} + \underbrace{1\cdot\delta + 1\cdot\delta^2 + \cdots}_{t+1\text{期以降の利得}} = 5 + \frac{\delta}{1-\delta}$$

となる。

図表 7-23

	1	2	3	...	$t-1$	t	$t+1$	$t+2$	...
1	C	C	C	...	C	C	C	C	...
2	C	C	C	...	C	C	C	C	...
利得	4	4	4	...	4	4	4	4	...

一方で、t期以降もCをプレイヤー1が選択し続ける、つまり協調関係を維持し続けようとした場合、図表7-23の通りのゲームの歴史とプレイヤー1の利得が得られる。

このとき、t期以降におけるプレイヤー1の割引利得の総和は、

$$\underbrace{4}_{t\text{期の利得}} + \underbrace{4\cdot\delta + 4\cdot\delta^2 + \cdots}_{t+1\text{期以降の利得}} = \frac{4}{1-\delta}$$

となる。

t期にプレイヤー1がCからDに変更するよりも、Cを選択し続けたときの割引利得の総和が大きければ、プレイヤー1はCを選択し続ける、つまり協調関係が維持される。言い換えると、相手が切り替え戦略をプレイしているとき、プレイヤー1にとってCを選択することが相手の戦略に対する最適反応となるための必要十分条件は、

$$\frac{4}{1-\delta} \geq 5 + \frac{\delta}{1-\delta}$$

つまり、$\delta \geq 1/4$である。なお、プレイヤー2についても同様の議論が成り立つ。

割引因子δが十分大きいとき、切り替え戦略の下で各プレイヤーはCを選択することが最適反応であり、かつそれはナッシュ均衡になることが必然的にわかる。また、いくつかの性質をチェックすることで、この戦略の組がサブゲーム完全なナッシュ均衡であると示すこともできる。

この例から、たとえ段階ゲームのナッシュ均衡が非協力的行動の組（D, D）だけであるとしても、割引因子が十分大きければ、無限繰り返しゲームにおいて協力的行動の組（C, C）がナッシュ均衡およびサブゲーム完全なナッシュ均衡となりうることがわかった。言い換えると、無限繰り返しゲームでは、拘束力のある合意や約束によらなくても、2人のプレイヤーが切り

図表 7-24

1 \ 2	All-C	All-D	切り替え	しっぺ返し
All-C	4, 4	0, 5	4, 4	4, 4
All-D	5, 0	1, 1	5-4δ, δ	5-4δ, δ
切り替え	4, 4	δ, 5-4δ	4, 4	4, 4
しっぺ返し	4, 4	δ, 5-4δ	4, 4	4, 4

図表 7-25

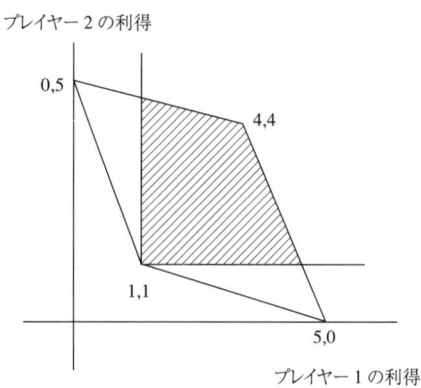

プレイヤー2の利得

0,5

4,4

1,1

5,0

プレイヤー1の利得

替え戦略を用いることにより、毎回、協調行動の結果 (C, C) を達成できる[19]。これは、例7-6や例7-7の有限繰り返しゲームの結果とは異なる。

切り替え戦略のほかにも、図表7-12の段階ゲームにおいて協調を達成することができる戦略として、しっぺ返し戦略 (tit for tat strategy) などがある[20]。

---

[19] 切り替え戦略の特徴は、一度でも相手が C から D に変更すれば、次期以降、自らも D をとり続けるというプレイヤー自身がつくりだした容赦ない処罰 (punishment) にあるといえる。

[20] しっぺ返し戦略とは「最初は C を選択する。以後、相手が選択した前回と同じ行動を選択する」という戦略である。切り替え戦略のときと同様に、しっぺ返し戦略が繰り返しゲームのナッシュ均衡となるための条件 ($\delta \geq 1/4$) を得ることができる。

最後に、代表的な4つのタイプの戦略についてまとめる。図表7-24には、図表7-12の段階ゲームにおいて、全ての段階ゲームでCのみ選択するという$All\text{-}C$戦略、全ての段階ゲームでDのみ選択するという$All\text{-}D$戦略、上で考えた切り替え戦略、そしてしっぺ返し戦略を用いたときの各プレイヤーの割引利得の総和をまとめている。ただし、利得はわかりやすいように、$(1-\delta)$倍している。

まず、$(All\text{-}D, All\text{-}D)$は割引因子$\delta$がいかなる値であろうと、ナッシュ均衡となっていることがわかる。

次に、$\delta \geqq 1/4$のとき（切り替え、切り替え）および（しっぺ返し、しっぺ返し）の2つの戦略の組もナッシュ均衡であることが確認できる。

図表7-24からも、上で議論したように、δが十分大きければ、2人のプレイヤーの協調行動が実現されることがわかる。

図表7-25はプレイヤー1とプレイヤー2の段階ゲームにおける利得を図示したものである。無限繰り返しの囚人のジレンマにおいて、図表7-24における斜線部分に入るどの点もが、割引因子が十分1に近いという条件の下では、繰り返しゲームのサブゲーム完全なナッシュ均衡の平均利得として達成できる。この事実は、フォークの定理（Fork theorem）として知られている。なお、切り替え戦略としっぺ返し戦略がこの斜線部分に入っていることを容易に確認できる。

VI 不完備情報ゲーム

これまで完備情報ゲームにおけるいくつかの基礎的なトピックを取り上げてきた。しかし、現実の社会での多くのゲーム的状況は必ずしも完備情報ゲームのフレームワークだけで表現することはできない。たとえば、企業はライバル企業の技術や消費者の嗜好について不完全な知識しかもち得ないことが多い。このように、プレイヤーがゲームのルールについて必ずしも完全な知識を持たないゲームが不完備情報ゲームである。近年注目されている「オークション」や契約理論の中心的トピックである「モラルハザード（moral hazard）」、「シグナリング（signaling）」、「逆選択（adverse selection）」、

「スクリーニング (screening)」などはこの不完備情報ゲームに属する。

不完備情報ゲームでは、他のプレイヤーに関する利得関数の不確実性をタイプ (type) もしくは信念 (belief) という新たな概念を導入して表現することで不完備情報ゲームを（完備）不完全情報ゲームとして記述しようとするのである。なおこのタイプの概念は、ベイジアン仮説 (Bayesian Hypothesis) に基づいたものである。ベイジアン仮説とは、タイプがベイズの公式で計算できると仮定したものである。なお、不完備情報ゲームの詳細については、上級書や専門書を参照されたい。

確認用語

完備情報ゲーム　不完備情報ゲーム　完全情報ゲーム　ナッシュ均衡　最適反応　支配戦略　サブゲーム完全なナッシュ均衡　逆向き推論法　切り替え戦略　しっぺ返し戦略　囚人のジレンマ　調整ゲーム　純粋戦略　混合戦略　繰り返しゲーム　標準形ゲーム　展開形ゲーム　同時手番ゲーム　逐次手番ゲーム　個人合理性　社会合理性　パレート効率性　サブゲーム　戦略　ゲームの木　情報集合　共有知識　非協力ゲーム　協力ゲーム

第2部
マクロ経済学編

第8章

マクロ経済の基本用語

I．国内総生産と国民総生産

1．国内総生産と国民総生産の定義

　一国の経済規模を表す主な指標として、国内総生産（Gross Domestic Product：GDP）と国民総生産（Gross National Product：GNP）がある。国民総生産は、近年、統計表示方法の変更のため、後で説明する三面等価の原則によって等しくなる国民総所得（Gross National Income：GNI）として表示されるようになっている。

　国内総生産は、ある国の中で、一定期間（通常、1年や1四半期［＝3カ月］）内に、生産活動によって生産された財・サービスの付加価値の合計値をいう。このことを、具体例を使って説明しよう。製粉会社から小麦粉を購入してパンを製造するパン工場を考えよう。この場合、製粉会社の小麦粉生産額とパン工場のパン生産額を単純に加えると、双方に含まれる小麦粉の金額が二重に計算されてしまう。この二重計算を回避するには、パン工場の段階で、パンの生産額から原材料である小麦粉の投入額を引く必要がある。国内総生産を計算するには、パン工場が原材料の小麦粉に新たに付け加えた価値（付加価値）のみを計算する必要があるのである。よって、国内総生産とは、生産過程で投入された中間生産物の投入額は除いて付加価値を計算し、それを一国全体で足しあわせたものなのである。

　それに対し、国民総生産は、国内で生産された付加価値ではなく、国内外を問わずにその国の居住者（その国に拠点を置いている経済主体）によって

生産された付加価値を範囲とする。よって、海外で経済活動を行う日本人・日本企業や、日本で経済活動を行う外国人・外国企業が存在するため、国内総生産と国民総生産は乖離する。この定義から、国民総生産と国内総生産の間には以下の関係が成り立つ。

国民総生産＝国内総生産＋海外からの要素所得の純受け取り
　　　　　＝国内総生産＋海外からの要素所得の受け取り－海外への要素所得の支払い

　ここでいう要素所得とは、雇用者所得や配当・利子などの財産所得を指す。海外からの要素所得受け取りとは、ある国の居住者が海外で得た要素所得の受け取り額を指し、国内総生産に含まれないが、国民総生産には含まれる。逆に、海外への要素所得支払いとは、外国の居住者がある国で得た要素所得の支払いを指し、国内総生産に含まれるが、国民総生産には含まれない。ここから、要素所得の純受け取り額が国民総生産と国内総生産の差になることが分かる。最近は、国民総生産よりも国内総生産の方が経済指標として重視される傾向にある。

2．国内（国民）総生産の計算に含まれるもの、含まれないもの

　原則として国内総生産に含まれるのは、新たに生産された付加価値であり、かつ市場で取引されているものに限られる。たとえば日曜大工で作った机、主婦の家事労働は、市場で取引されないので、算入されない。株や土地を購入する場合、証券会社や不動産会社に支払う手数料は、売買仲介という新たに生産されたサービスの対価であるため、国内総生産に算入されるが、土地や株そのものは、新たに生産されたものではないため、算入されない。

　逆に、例外的に含まれるものもある。農家が自家消費する生産物や持ち家などがそれにあたる。持ち家の場合、現実には家賃は支払わないが、借家と同様、家賃を毎期払っているとみなして家賃を計算し（＝帰属家賃）、それを国内総生産などに算入する。このような計算方法を帰属計算という。

3. フローとストック

　経済指標は、大きくフローとストックの2つに分けられる。両者は、ストックがある時点における過去からのフローの蓄積量であり、フローは一定期間内に変化したストックの量という関係にある。たとえば投資とは、一定期間内に企業などが新たに購入した機械・建物など固定資本の額であるが、現在稼働している機械や建物は、過去に行われた投資（厳密には、建物・機械は古くなり価値が減少するため、投資から減価償却分を引いた純投資）の累積額になる。この場合、実際に稼働している資本を示す資本ストックは、文字通り、ストックであり、資本ストックの増加分がフローの（純）投資に当たる。同様に、貯蓄は一定期間に蓄えた額なのでフローであるが、預金残高は過去の預金の累積額であるため、ストックである。これまで説明してきた国内総生産や国民総生産は、一定期間に生産された付加価値であるため、フローである。

Ⅱ. 三面等価の原則

1. 三面等価の原則とは？

　これまで、国民総生産は、一定期間内に新たに生産された付加価値と定義された。これは、生産面からみた定義である。それに対し、同じ国民総生産を支出面・分配面からもみることができる。生産面・支出面・分配面、3つの側面からみたものが必ず等しくなるという原則を、三面等価の原則と呼んでいる。

2. 支出面からみた国民総生産（国民総支出）

　まず、支出面からみてみよう。生産された付加価値は、誰かによって購入されなければ実現しないと考えると、生産面と支出面が等しくなることが直感的に分かりやすい。ある国の国民が生産した付加価値を購入する支出額を

詳しくみると、家計が消費する民間最終消費支出、企業・政府などが機械や建物などの固定資本を購入する国内総固定資本形成（さらに担い手により企業、政府、主に家計が購入する住宅投資に分けることもある）、政府が固定資本以外に消費する政府最終消費支出、海外の人々がある国の製品を購入する輸出などから構成される。ただしある国の人々が輸入品を購入する場合、その国で生産された付加価値の購入には当てはまらないため、輸入は輸出から差し引く必要がある。さらに、売れ残りは一時的に企業が購入したとみなし、それに当たる在庫品増加を支出額に算入する。そうすることによって、統計上、生産された付加価値は必ず誰かに購入されることになり、生産面と支出面は常に一致する。以上をまとめると、国民総生産は常に国民総支出に等しく、その国民総支出は、民間最終消費支出（消費）、国内総固定資本形成（投資）、政府最終消費支出、在庫品増加、純輸出（すなわち、輸出－輸入）の和として表される。

3．分配面からみた国民総生産（国民総所得）

次に、分配面からみてみよう。付加価値は誰かに分配されていく。その分配される過程を説明しよう。

まず、ここでいう付加価値には、原材料や燃料などの中間財の投入額は含まれていないが、機械や建物の減価償却（固定資本減耗）は含まれている。固定資本減耗を除いていない付加価値を粗（gross）付加価値、固定資本減耗を除いた付加価値を純（net）付加価値と呼ぶ。また、国民総生産から固定資本減耗を差し引いたものを、国民純生産（Net National Product：NNP）、もしくは国民純所得（Net National Income：NNI）という。

さらに、この純付加価値には、消費税に代表される間接税が含まれている。これは政府に分配されるため、差し引くことがある。また、農業などでは、補助金が支給され価格が安くなっているため、付加価値が実際よりも小さくなっている。そのため、補助金は加える必要がある。国民純生産から間接税を差し引き補助金を加えた（または［間接税－補助金］を差し引いた）ものを国民所得（National Income：NI）と呼ぶ。ちなみに、国民純生産を市場

価格表示の国民所得、ここでいう国民所得を要素費用表示の国民所得と呼んで区別することもあるので、注意が必要である。なお、マクロ経済学では国民所得のことを GNP と同じ意味に使う場合がある。

国民所得はさらに、労働者に支払われる雇用者所得と、内部留保・配当・法人税に当てられる営業余剰に分配されていく。以上まとめると、以下の関係が成り立つ。

国民総生産＝国民総所得（GNI）
　　　　　＝雇用者所得＋営業余剰＋（間接税－補助金）＋固定資本減耗
　　　　　＝　　　国民所得（NI）　＋（間接税－補助金）＋固定資本減耗
　　　　　＝　　　　　　国民純生産（NNP）　　　　　　＋固定資本減耗

4．貯蓄と投資の恒等関係

以上の議論を、記号を使って表そう。国民総生産を Y、民間消費を C、民間貯蓄を S、(在庫投資を含んだ) 民間投資を I、政府支出を G、租税を T、輸出を X、輸入を M とする。三面等価の原則から、次の関係が成り立つ。

$$Y = C+S+T \quad \cdots (8\text{-}1)$$
$$ = C+I+G+(X-M)$$

上式の右辺は、国民総生産が最終的に消費・貯蓄・租税に分配されることを意味し、下式の右辺は各種支出額を加えたものである。この (8-1) 式から Y と C を消去すると、

$$X-M = (S-I)+(T-G) \quad \cdots (8\text{-}2)$$

となる。(8-2) 式の左辺は貿易収支の黒字を表し、右辺は投資に対する貯蓄の超過分と政府の財政黒字の和になっている。このように、民間の貯蓄・投資バランスと財政収支から貿易（経常）収支を説明する理論を、貯蓄・投資バランス論という。

この議論に似ているが、(8-1) 式の $C+I+G$ は国内の需要（アブソープション）とみなし、まとめて A に置き換える。そして、(8-1) 式を変形すると、

$$X-M = Y-A \quad \cdots (8\text{-}3)$$

となる。(8-3) 式で $X-M<0$ ならば、必ず $Y<A$ になる。すなわち、貿易収支の赤字は、国内の需要に比べ供給が不足しており、この不足分を輸入で補っている結果であると考えられる。このような分析法をアブソープション・アプローチと呼ぶ。

さて、さらに (8-1) 式を以下のように変形しよう。

$$S+T+M = I+G+X \quad \cdots (8\text{-}4)$$

まず、S と I はそれぞれ民間部門の貯蓄と投資を表す。また、政府の消費と貯蓄は T に、政府の消費と投資は G に等しくなる。(8-2) 式によると、輸出と輸入の差はある国全体の貯蓄と投資の差に等しかった。これを外国から見れば、ある国の輸出は外国にとって輸入であり、ある国の輸入は外国にとって輸出である。よって、ある国の輸出と輸入の差は、外国にとって輸入と輸出の差に等しく、外国における投資と貯蓄の差に等しい。ここで、輸出を外国における投資、輸入を外国における貯蓄とそれぞれみなしても、その差を考える以上、問題はない。よって、(8-4) 式の左辺は民間・政府・海外の貯蓄、右辺は民間・政府・海外の投資とみなせるため、(8-4) 式は最終的に貯蓄と投資が常に等しくなることを示しているといえる。

III. 名目と実質

1. 経済成長率

一国の経済規模を表す重要な指標が国内（国民）総生産であった。その指標が増加していくことが経済成長であり、経済成長の速さを示す指標が経済成長率である。経済成長率は以下の式で求められる。

$$経済成長率（\%）= \frac{今期のGDP(GNP)-前期のGDP(GNP)}{前期のGDP(GNP)} \times 100$$

2. 名目と実質

ここでは、まず具体例を使って名目と実質の関係を把握しよう。A 国のGDP が昨年は 100 兆円であったが、今年は 110 兆円であったとする。この

とき、A 国の経済成長率は 10％になる。しかし、これだけで A 国の経済成長率が高いとはいえない。仮に A 国で、今年、財やサービスの値段が平均 8％上昇したとしよう。値段の上昇から去年の 100 兆円は今年の 108 兆円に相当するため、今年の GDP は、値段の上昇分だけ過大評価されているのである。

このような全般的な価格の傾向を物価と呼び、ミクロ経済学で使用する価格とは区別する。そして、物価が上昇する現象をインフレーション（インフレ）、物価が下落する現象をデフレーション（デフレ）と呼ぶ。物価は、基準年の物価水準を 100 とし、それを基に指数化するのが普通である。先の例では、昨年を基準年とすると、今年の物価指数は 108 になる。そして、物価指数の変化率が物価上昇率（インフレ率）であり、先の例では物価上昇率は 8％になる。

先の例では、去年の 100 円は今年の 108 円に相当するため、今年の GDP を昨年の物価水準に直すには、1.08 で割ればよい。すなわち、今年の GDP を昨年の物価水準に直すと、約 101.9 兆円になる。物価の変化を考慮せずにそのまま金額を加算する GDP を名目（nominal）GDP、物価の変化を除いた GDP を実質（real）GDP という。基準年の物価水準を 100 としたときの物価指数を用いると、名目 GDP と実質 GDP の関係は以下の式で表される。

$$実質国内総生産 = \frac{名目国内総生産}{物価指数} \times 100$$

この式によれば、実質 GDP と名目 GDP が求められれば、その 2 つの比からも物価指数を導くことができる。こうして得られた物価指数を **GDP デフレーター**と呼ぶ。ほかに実際の価格から求める**消費者物価指数・国内企業物価指数**などがある。ここで、先の例を使って実質 GDP から経済成長率を計算すると、100 兆円から 101.9 兆円に増加したため、1.9％にしかならない。このように実質 GDP から求めた経済成長率を実質経済成長率と呼び、名目 GDP から求めたものを名目経済成長率という。この間にはどのような関係があるのであろうか。実は、名目経済成長率 10％と実質経済成長率 1.9％の差が、物価上昇率 8％にほぼ等しくなっている。

このことを数式で一般化してみよう。名目 GDP を Y_N、実質 GDP を Y、

物価水準を P とする。この3者の関係は以下の式で表される。

$$Y_N = Y \cdot P$$

ここから、一定期間内の増分を、Δ を用いて表し、名目経済成長率を式で表すと、

$$\frac{\Delta Y_N}{Y_N} = \frac{(Y+\Delta Y)(P+\Delta P)-Y \cdot P}{Y \cdot P}$$

となり、この式を整理して、$\Delta P \cdot \Delta Y$ はきわめて小さいので無視すると、

$$\frac{\Delta Y_N}{Y_N} = \frac{Y \cdot \Delta P + P \cdot \Delta Y + \Delta P \cdot \Delta Y}{Y \cdot P} \fallingdotseq \frac{\Delta P}{P} + \frac{\Delta Y}{Y}$$

となる。この式は、左辺の名目経済成長率が、物価上昇率と実質経済成長率の和によって近似できることを意味する。または、

　　実質経済成長率 ≒ 名目経済成長率 － 物価上昇率

と表すこともできる。よって、先の数値例は一般的にもほぼ成り立つのである。

　経済成長率のところを利子率に置き換えても、同様の議論が成り立つ。先の例を桁だけ変え、昨年100万円の預金を銀行に預けると、今年利子が付いて110万円になったとする。このとき、利子率は10％である。しかし、これだけ見て利子率が高いか判断することはできない。今年の物価上昇率が8％とすると、今年の110万円は、昨年の物価水準で101.9万円にしかならない。物価の変化を除くと、実質1.9％の利子率になってしまう。金額だけから計算した利子率を名目利子率、物価の変化を除いた利子率を実質利子率と言い、その間には以下の式が成り立つ。

　　実質利子率 ≒ 名目利子率 － 物価上昇率

　お金を借りる人にとっても、貸す人にとっても、重要なのは名目利子率ではなく、実質利子率の方である。通常、インフレが激しい国では、実質利子率は低くても、名目利子率はきわめて高くなるし、逆にデフレの状況では、名目利子率が0％近辺であっても、実質利子率は高止まりしていることが起こるのである。

確認用語

国内総生産（GDP）　国民総生産（GNP）　国民総所得（GNI）　フロー　ストック　三面等価の原則　国民純生産（NNP）　国民所得（NI）　貯蓄・投資バランス　アブソープション・アプローチ　経済成長率　物価　名目　実質

●第9章

財市場分析

　マクロ経済学では、市場を財市場、資産市場（貨幣市場と債券市場）、労働市場の3つに分けて分析を行う。財市場では財・サービスの取引が行われる。この財市場を分析するうえで中心となる経済変数は国民所得である。資産市場では貨幣や債券などの取引が行われ、利子率が中心的な経済変数となる。労働市場では労働サービスが取引され、賃金が中心的な経済変数となる。

　本章では財市場における国民所得の決定メカニズムについて考察を行う。現実の市場は多数の財とサービスで構成されているが、議論の単純化のために、これらをあたかも一種類の財とみなす。そして、それが取引される市場を財市場とよぶ。マクロ経済学では、この財市場において需要（総需要）と供給（総供給）が一致することによって、国民所得が決まると考えるのである。

I　国民所得の決定メカニズム

1．有効需要の原理

　マクロ経済学においては、古典派とケインズ派の2つの理論が存在しており、それぞれが異なった視点に立って分析を行っている。

　古典派は、供給（生産）されたものはすべて需要（消費）されると考える。この考え方はセイの法則（Say's law）とよばれ、「総供給は、それ自らの総需要を創る（Supply creates its own Demand.）」と要約されている。たとえ需要と供給が一致しなかったとしても、価格が伸縮的に変化し、結果として

需要と供給が一致すると考える。つまり古典派は市場メカニズムの万能性を考え方の基本においているのである。したがって労働市場を含めたすべての市場で常に需要と供給が一致し、失業（非自発的失業）も売れ残りも存在しない。このような状況において、一国全体の生産量である国民所得が変化するのは、労働人口が変化したり、技術条件が変化して生産性が変化したときに限られる。古典派の考えによれば、国民所得は主として供給側（サプライサイド）の状況によって決定することになる。

これに対してケインズ派は、現実の経済においては価格が固定的であり、市場は古典派の主張のようには機能せず、需要不足によって失業や売れ残りが発生すると考える。このような状況では総需要が大きければ国民所得は増大し、総需要が小さければ国民所得は減少することになるであろう。国民所得の大きさが主として総需要の大きさ（ディマンドサイド）によって決定されるという考え方を「有効需要の原理」とよぶ。有効需要（effective demand）とは総需要と同義であり、購買力の裏づけのある（＝「有効」）需要という意味である。

ではこの有効需要は何によって決まるのであろうか？

2．ケインズ型消費関数

ここでは単純化のために、政府支出や租税の徴収を行う政府部門と、輸出入を行う海外部門が存在しないと仮定して考察をすすめる。財市場において生産された財は、政府および海外との取引を無視すれば、家計によって消費（Consumption：C）されるか、企業によって買い取られ投資（Investment：I）に用いられるかのいずれかの形で需要される。

つまり、総需要 ＝ 消費 ＋ 投資

$$Y^D = C + I$$

と定義できる。

総需要を2つに分けて考えるのは両者が異なった仕組みで決定されるからである。ここでは投資は一定の水準に決まっていると仮定して、消費水準の決定メカニズムについて分析をすすめる。

図表 9-1

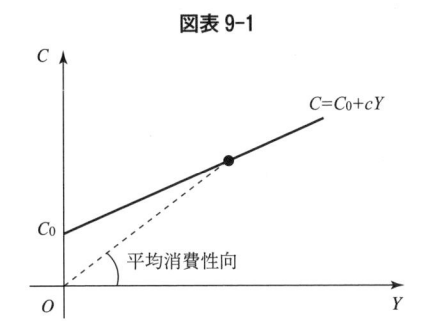

ケインズ型消費関数では、一国の消費水準は国民所得の水準によって決定されると考える。この関係を式に表すと次のような形になる。

$C = C_0 + cY$（ただし、$0 < c < 1$）

ここで C は消費、C_0 は基礎消費、c は限界消費性向、Y は国民所得（生産量：Yield）を意味する。基礎消費 C_0 とは所得がゼロであっても生存を維持するために最低限必要となる消費のことを示している。また、限界消費性向（Marginal Propensity to Consume：MPC）とは国民所得が1単位増加したときの消費の増加分を示す。

ケインズ型消費関数を図示すると図表9-1のようになる。グラフの縦軸切片にあたるのが基礎消費 C_0、右上がりの直線の傾きにあたるのが限界消費性向 c である。

また、消費が国民所得に占める割合を平均消費性向（Average Propensity to Consume：APC）とよぶ。これを式で表すと次のようになる。

$$APC = \frac{C}{Y} = \frac{C_0 + cY}{Y} = \frac{C_0}{Y} + c$$

平均消費性向は図表9-1においては、原点から引いた直線の傾きの大きさとなる。

以上のことがケインズの消費関数の特質であり、その主な性質は3つある。
①現在の消費は現在の所得に依存する。
②限界消費性向は0より大きく、1より小さい値となる。
③平均消費性向は国民所得が増加するにつれて低下する。

図表 9-2

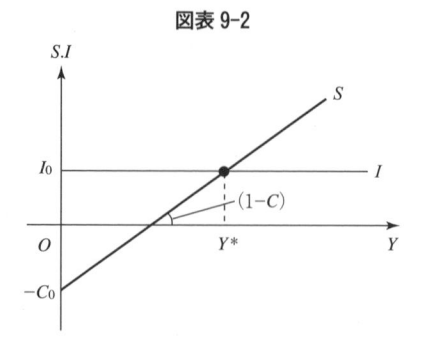

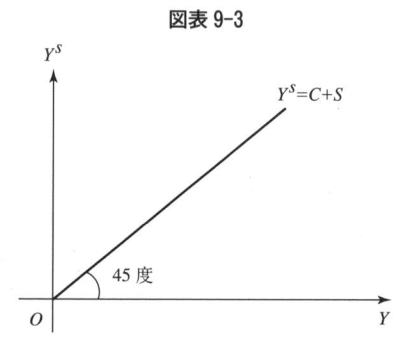

図表 9-3

　以上のメカニズムを別の角度から、すなわち貯蓄と投資に注目して考えてみよう。貯蓄 S は国民所得から消費を引いたものと定義することができるため、

$$S = Y-C = Y-(C_0+cY) = Y-C_0-cY$$
$$= (1-c)Y-C_0$$

となる。

　$(1-c)$ は、限界貯蓄性向（Marginal Propensity to Save：MPS）と呼ばれ、国民所得が1単位増加したときの貯蓄の増加分を示す。この貯蓄の増加分とは消費に回されなかった分のことである。そのため、限界貯蓄性向と限界消費性向は合計すると1の値をとることになる。

　ここで、政府支出や海外との取引が存在しないと仮定すれば、三面等価の原則によって総供給は分配面からみた国民所得と等しくなる。つまり総供給は $Y^S = C+S$ となる。総需要は $Y^D = C+I$ である。もし需要と供給が一

致（均衡）している場合には、$I=S$ となり、投資と貯蓄が等しくなる。このことを表したのが図表9-2である。

　まず貯蓄からみていこう。所得の増加にしたがって貯蓄も増加するわけであるから、貯蓄関数の形状は右上がりの直線となる。この直線の傾きが限界貯蓄性向である。貯蓄関数が横軸と交わる点は、貯蓄がゼロになるような所得水準であり、横軸より下の部分は貯蓄が負、つまり借金をせざるをえないほど低い所得水準を示している。なお、投資については現段階では一定と仮定されている。よって、投資関数は横軸に平行な直線となる。これらのグラフの交点において投資と貯蓄は等しくなり、需給が等しい均衡国民所得（Y^*）が決定されることがわかる。

3．均衡国民所得の決定メカニズム（45度線分析）

　均衡国民所得は、生産物市場における総供給と、消費と投資から構成される総需要が等しいところで決定される。

　まず総供給からみていこう。総供給は三面等価の原則より総分配と等しくなるので、消費と貯蓄から構成される。次の図表9-3のように横軸に Y、縦軸に総供給 Y^S を取ると、総供給を表す直線 Y^S は原点からの45度の直線になる。

　これは
$$Y^S = C+S = (C_0+cY)+\{(1-c)Y-C_0\}$$
$$= Y$$
となることからも明らかである。

　次に総需要をみる。総需要は消費と投資から構成される。横軸に Y、縦軸に総需要 Y^D をとると図表9-4のようになる。総需要を示す直線 Y^D は消費関数を表す直線 C を投資 I の分だけ上に平行移動させたものになる。

　横軸に Y、縦軸に Y^S と Y^D をとり、両グラフを合わせたものが図表9-5である。Y^S と Y^D の交点で総需要と総供給が等しくなり、均衡国民所得が決定されることになるのである。

　この総需要と総供給が等しいときに決定された均衡国民所得（Y^*）が完

図表 9-4

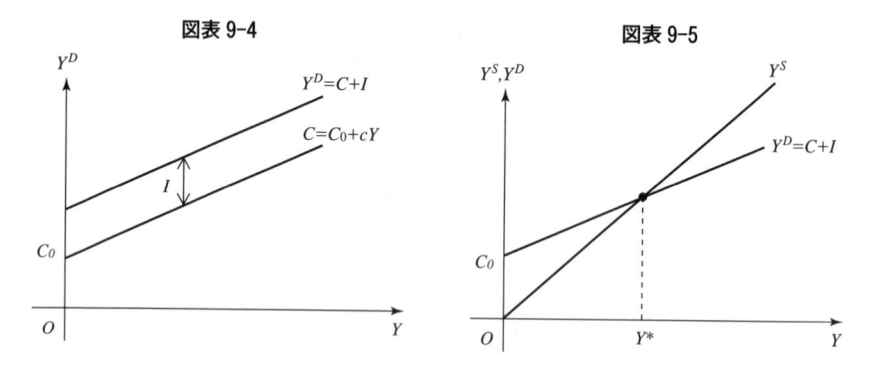

図表 9-5

　全雇用水準の国民所得（Y_f）であれば、経済は適切な状態にあるといえよう。

　しかし、均衡国民所得（Y^*）が完全雇用水準の国民所得（Y_f）より小さければ、失業が発生していることになる。このような場合、投資を拡大して総需要を大きくすれば、完全雇用水準の国民所得（Y_f）を実現することが可能になる（図表9-6）。

　Y_1^Dの総需要の水準における均衡国民所得は（Y_1）であり、完全雇用水準の国民所得（Y_f）よりも小さいため、失業が発生してしまう。このような場合は政府が経済に介入して有効需要を拡大させ、総需要（Y^D）を上にシフトさせることによって、完全雇用水準の均衡国民所得を達成することが可能になる。このように政府が有効需要の水準を政策的に操作し、完全雇用の実現や景気の回復をはかることを有効需要管理政策とよぶ。

　このような政策を行う場合には、完全雇用水準の均衡国民所得を達成するために、投資をどれだけ増減させればよいかを考える必要がでてくる。

　均衡国民所得が完全雇用水準よりも小さい場合、総需要と総供給の差のことをデフレ・ギャップ（deflationary gap）とよび、均衡国民所得が完全雇用水準よりも大きい場合の差のことをインフレ・ギャップ（inflatioanry gap）とよぶ（図表9-7）。

　デフレ・ギャップが発生している場合、総需要（Y_1）は完全雇用水準の国民所得（Y_f）を下回っている。この時はデフレ・ギャップに対応する分だけ投資を増加させれば、望ましい水準の国民所得を達成することが可能に

figure 9-6

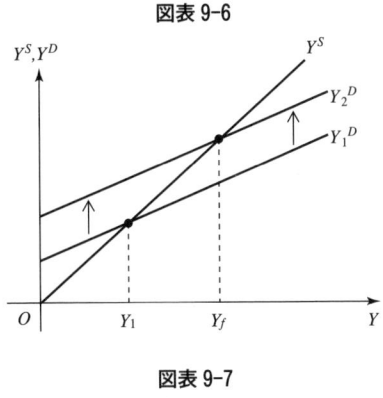

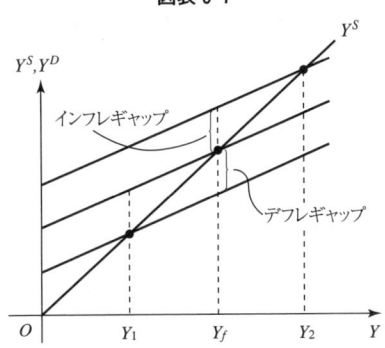

図表 9-6

図表 9-7

なる。インフレ・ギャップが発生している場合は、総需要（Y_2）は完全雇用水準の国民所得（Y_f）を上回っている。この時はインフレ・ギャップに対応する分だけ投資を減少させればよい。

なお、デフレ・ギャップが発生している状態では非自発的失業が発生することが問題となる。ここでいう非自発的失業とは、現在の賃金率のもとで働く意思があるのにもかかわらず雇用されない状態をいう。これに対し、現在の賃金率のもとで働くことを拒否している場合は自発的失業とよび、本当の意味での失業者とはみなさない。このような非自発的失業が発生したままでは市場は均衡しないため、政府は対策として財政・金融政策をおこなって完全雇用国民所得を達成する必要がある。失業の問題はマクロ経済学の重要なテーマであり、第12章で詳しく分析する。

II　乗数効果

　前節ではケインズの有効需要の原理をもとにして、投資水準や消費関数が与えられた場合、国民所得がどのような水準に決まるかを分析した。本節では総需要を構成する投資や消費が変化したときに、国民所得水準がどのように変化するかをみるために乗数効果（multiplier effect）の分析を行う。乗数効果とは投資や基礎消費が増加したことによって、次々と新たな需要を誘発して、最終的には当初の需要の増加分の何倍もの有効需要を生み出すことである。

　ここまでは政府と海外を無視して議論を進めてきたが、これより政府を考慮に入れて総需要、総供給、均衡国民所得をみていくことにする。

　政府を考慮に入れると

　　総需要 $Y^D = C + I + G$　（G は政府支出）

　　総供給 $Y^S = C + S + T$　（T は税収）

となる。よって財市場の均衡条件は、

　　$S + T = I + G$

となる。

　前述のように、総需要を構成する投資 I や政府支出 G が増加すると、総需要 Y^D は上方に平行シフトし、均衡国民所得は増大する。ここでは、投資や政府支出を増やしたことによって、どれだけ国民所得 Y が大きくなるのか、その効果をみていこう。

　投資や政府支出が増加すれば、有効需要は増大する。すると、その分だけ企業の売り上げが増加する。この売り上げの増加は、他の誰かの所得の増加につながる。この所得は限界消費性向の分だけ、支出に回される。そしてこの支出は、他の企業の製品に費やされ、企業の売り上げをさらに増加させる。このような連鎖が続いていくことにより、最初の投資や政府支出の増加分以上に国民所得が増大することになるのである。たとえば、1兆円の政府支出の増加は、1兆円以上に国民所得を増大させることになる。

　以下では、さまざまなケースに分けて、このような効果をみていこう。

1．乗数の導出(1) 租税が国民所得の水準に依存しないケース

ここでは以下のようなマクロ経済モデルを仮定する。なお可処分所得とは所得から税金やローンの支払いなどを除いた分、つまり家計が自由に使うことのできる所得のことを意味する。

① $Y^D = C + I + G$ （有効需要）
② $Y = Y^D$ （有効需要の原理）
③ $C = C_0 + cY_d$ （ケインズ型消費関数）ただし、Y_d は可処分所得
④ $Y_d = Y - T$ （可処分所得）ただし、T は租税
⑤ $T = T_0$ （租税：定数）

これらの式を利用して、投資や政府支出が増加することで国民所得がどれだけ増大するかをみていこう。

まず、⑤式を④式に、そしてそれを③式に代入する。すると、

⑥ $C = C_0 + c(Y - T_0)$
　　$= C_0 + cY - cT_0$

となる。この⑥式を①式に代入すると、

$$Y = (C_0 + cY - cT_0) + I + G$$

となり、

$$Y - cY = C_0 - cT_0 + I + G$$
$$(1-c)Y = C_0 - cT_0 + I + G$$

よって、

$$Y = \frac{1}{1-c}(C_0 - cT_0 + I + G) \quad \cdots\cdots \text{(9-1)}$$

となる。

この式からは次のことがいえる。基礎消費や投資が何らかの理由で1単位増加すると、国民所得はその何倍も増加するのである。マクロ経済学ではこの倍率のことを**乗数**とよんでいる。つまり政府支出が1単位増加するならば、$1/(1-c)$ 倍だけ国民所得が増大することを意味している。

この関係を式で表すと次のようになる。

$$\Delta Y = \frac{1}{1-c}\Delta G \quad (政府支出乗数)$$

たとえば、限界消費性向 c を 0.8、ΔG を 1 兆円とすれば、ΔY は 5 × 1 兆円 = 5 兆円増大すると考えられる。

同様にして投資や租税の乗数効果を表すと次のようになる。

$$\Delta Y = \frac{1}{1-c}\Delta I \quad (投資乗数)$$

$$\Delta Y = \frac{-c}{1-c}\Delta T_0 \quad (租税乗数)$$

ところで、不況期の財政政策としては、政府支出の拡大や減税が代表的な政策としてあげられる。では、政府支出と減税のどちらが国民所得をより大きく増加させることができるのであろうか。この問いに答えるためには、両者の乗数の大きさを比較するとよい。政府支出乗数は、$1/(1-c)$ であり、これは政府支出を 1 単位増加したとき、国民所得は $1/(1-c)$ だけ増加することを表している。これに対して租税乗数は $-c/(1-c)$ である。租税を 1 単位減少（減税）させた場合、国民所得は $-c/(1-c)$ だけ減少、つまり $c/(1-c)$ だけ増加することになる。ここで両者を比較すると、

$$\frac{1}{1-c} > \frac{c}{1-c}$$

となる。たとえば、限界消費性向 c を 0.8 とすれば左辺は 5、右辺は 4 になる。よって、政府支出の増大と減税が同額で行われた場合、政府支出の方が減税よりも国民所得を増加させる効果は大きいことになる。政府支出は減税よりも不況対策としてより有効であるといえる。

2．均衡予算乗数の定理

ところで、政府支出を行うためには財源が必要となる。この財源のために課されるのが租税である。では、政府支出と課税が同時に行われた場合、国民所得の大きさはどのように変化するのであろうか。ここでは政府の財政収支を均衡させるために、政府支出と課税を同じ額だけ行うこととする。政府支出の増加分 ΔG と租税の増加分 ΔT によって国民所得が ΔY だけ増加した

とする。この関係は (9-1) 式より、

$$\Delta Y = \frac{1}{1-c}\Delta G - \frac{c}{1-c}\Delta T$$

と表せる。いま財政収支が均衡してるので $\Delta G = \Delta T$ となり、

$$\Delta Y = \frac{1}{1-c}\Delta G - \frac{c}{1-c}\Delta G$$

となる。この式を整理すると

$$\Delta Y = \frac{1-c}{1-c}\Delta G$$
$$= \Delta G$$

となる。よって、ΔG だけ国民所得 Y が増大することがわかる。つまり政府支出乗数は1になるわけである。

このように、政府支出の増加と財源としての増税が同じだけ行われる場合、国民所得は政府支出の増加分だけ増大することになる。このことを均衡予算乗数の定理とよぶ。

3．乗数の導出(2) 租税が国民所得の水準に依存するケース

ここまでは、国民所得の水準とはかかわりなく税収は一定（$T = T_0$）であると仮定して乗数を導出した。しかし、現実には国民所得が増大すれば税収も増加すると考えられる。次はこのように国民所得の水準に税収が依存するケースを考察してみよう。この場合のマクロ経済モデルは以下のようになる。

① $Y^D = C + I + G$ （有効需要）
② $Y = Y^D$ （有効需要の原理）
③ $C = C_0 + cY_d$ （ケインズ型消費関数）ただし、Y_d は可処分所得
④ $Y_d = Y - T$ （可処分所得）ただし、T は租税
⑤ $T = T_0 + tY$ （比例税）

先のケースでは租税は定数であったが、ここでは所得 Y に対して一定の税率 t が比例税として課されている。

まず、⑤式を④式に、そしてそれを③式に代入する。すると、
$$C = C_0 + c\{Y - (T_0 + tY)\}$$
となり、これを整理すると次の式になる。
⑥ $C = C_0 + cY - cT_0 - ctY$

この⑥式を①式に代入すると、
$$Y = C_0 + cY - cT_0 - ctY + I + G$$
$$Y - cY + ctY = C_0 - cT_0 + I + G$$
$$Y(1 - c + ct) = C_0 - cT_0 + I + G$$
となる。この式を Y について整理すると、
$$Y = \frac{1}{1 - c + ct} \cdot (C_0 - cT_0 + I + G)$$
$$Y = \frac{1}{1 - c(1 - t)} \cdot (C_0 - cT_0 + I + G)$$
となる。よって、次のような形で乗数を導出することができる。
$$\Delta Y = \frac{1}{1 - c(1 - t)} \cdot \Delta G \quad （政府支出乗数）$$

4．乗数の導出(3) 海外部門が存在するケース

次に海外部門が存在し、貿易がおこなわれている場合の乗数を考えていく。貿易がおこなわれている場合、総需要は、
$$Y^D = C + I + G + (X - M)$$
となる。ここで、X は輸出、M は輸入を表し、$(X - M)$ は経常収支を意味する。輸出 X は外国の景気によって決定されるため、一定の定数として表される。輸入 M は国内の景気（国民所得）に影響されるので、国民所得の関数として以下のように表される。
$$M = M_0 + mY$$
M_0 は所得水準と関係なく輸入される輸入量、m は限界輸入性向である。限界輸入性向は国民所得が1単位増加したときの輸入の増加分のことを示し、$0 < m < 1$ となる。

この場合のマクロ経済モデルは以下のように表される。

① $Y = C+I+G+X-M$　（有効需要の原理）
② $C = C_0+cY_d$　　　　（ケインズ型消費関数）ただし、Y_d は可処分所得
③ $Y_d = Y-T$　　　　　（可処分所得）ただし、T は租税
④ $M = M_0+mY$　　　　（輸入関数）

ここで、③を②に代入すると、

⑤ $C = C_0+c(Y-T)$

となる。そして、①に④と⑤を代入すると、

$$Y = C_0+c(Y-T)+I+G+X-mY-M_0$$

になる。これを Y について整理すると、

$$Y = \frac{1}{1-c+m}(C_0-cT+I+G+X-M_0)$$

となる。よって、次のような形で乗数を導出することができる。

$$\frac{1}{1-c+m}$$

海外部門が存在しないケースと乗数を比較すると、

$$\frac{1}{1-c+m} < \frac{1}{1-c}$$

となる。これは、海外部門を考慮に入れた場合、輸入によって支払われる金額が海外に移転するために乗数の値が小さくなることを示している。

Ⅲ　ビルトイン・スタビライザー

　インフレ・ギャップやデフレ・ギャップが生じた場合には、政府はそのときの判断に応じて政府支出や租税を変化させることにより、これらの問題を解消しようとする。このように、政府支出や租税を裁量的に変化させることによって景気の安定化をはかる政策を財政政策（fiscal policy）とよぶ。
　しかし、財政政策とは別に、経済には自動的に景気の変動を緩和する機能が備わっている。これをビルトイン・スタビライザー（built-in stabilizer 自動安定装置）という。

たとえば景気の見通しが悪化し、企業の投資が減少する状況を考えてみよう。投資の減少、すなわち総需要の減少は、乗数効果によって国民所得の累積的な減少をもたらす。乗数が大きければ大きいほど、総需要の減少が深刻な不況を招く可能性は大きくなる。乗数が大きければ、不況の場合の景気回復効果も大きいが、投資の減少が国民所得の減少に与える影響も大きくなる。ビルトイン・スタビライザーにはこの影響を緩和する機能がある。

ここでは、政府支出乗数について、租税が所得の水準に依存しない定額税のケースと、依存する所得税のケースを比較してみよう。

定額税の場合の政府支出乗数は、

$$\frac{1}{1-c}$$

であった。一方、租税が所得に依存する場合の政府支出乗数は、

$$\frac{1}{1-c(1-t)}$$

であった。両者を比較すると、

$$\frac{1}{1-c} > \frac{1}{1-c(1-t)}$$

となる。

このように租税が所得に比例して税収が決まるような形態のときは、投資の減少などの国民所得を減少させる力が働くと、定額税の場合よりも租税の支払いも減少する。よって相対的に定額税の場合よりも人々の可処分所得は増え、消費を増やす方向に力が働くことになる。これに対して、景気が過熱しているときには、投資や政府支出の効果を抑える働きをする。このように租税には国民所得の変動を緩和して景気を自動的に安定化させる作用がある。このようなビルトイン・スタビライザーの機能をもつものとしては、政府租税のほかに、政府移転支出や消費慣習などがあげられる。

IV 貯蓄のパラドックス

最後にマクロ経済学における興味深い議論を紹介しておこう。ミクロ経済

図表 9-8

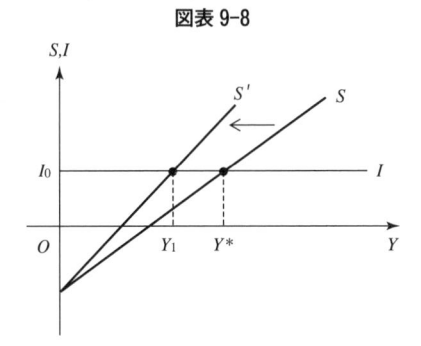

学では、経済主体として企業や家計といった個人を想定している。この個々の「部分」をすべて集計したものが「全体」としてのマクロ経済であるとイメージできる。だが、必ずしも、一部について成り立つことが全体においても成り立つとは限らないのである。このようにミクロ的な現象からの類推がマクロ全体では誤りをもたらしてしまうとき、これを合成の誤謬（fallacy of composition）という。

合成の誤謬の一例として、貯蓄のパラドックスがあげられる。

もしすべての家計が貯蓄を増やそうとして限界貯蓄性向を引き上げた場合、社会全体の貯蓄総額も増大すると考えられる。だが、はたしてそうであろうか。

限界貯蓄性向が s から s' へ高まると、貯蓄関数の傾きは急になり、図表9-8のように S から S' へとシフトする。均衡国民所得では $I=S$ が成立するので、国民所得は Y^* から Y_1 へと減少する。

限界貯蓄性向が高まったにもかかわらず貯蓄総額が増加しないのは、それを相殺してしまうだけの所得水準の低下が発生するからである。これは人々の貯蓄意欲の増加が消費を減らし、総需要を抑制したためであると考えられる。

均衡水準では貯蓄は投資に等しくなければならないために、投資が一定である限り、貯蓄の総額は変化しないのである。

マクロ経済学ではこのような合成の誤謬をおかさないように注意する必要がある。

確認用語

有効需要の原理　セイの法則　限界消費性向　限界貯蓄性向　ケインズ型消費関数　45度線分析　均衡国民所得　インフレ・ギャップ　デフレ・ギャップ　投資乗数　政府支出乗数　租税乗数　均衡予算乗数の定理　ビルトイン・スタビライザー　貯蓄のパラドックス

●第10章

貨幣市場

　前章ではケインズ型消費関数を用いて財市場における国民所得の決定メカニズムを分析した。そこでは単純化のために投資水準は一定と仮定したが、実際には均衡国民所得を決定するうえで、投資は重要な要素となってくる。この投資水準を決定する要因として、特に重要なのは利子率である。ケインズはこの利子率rを決定するのは財市場ではなく、貨幣市場であると考えた。本章では貨幣市場をモデルに組み込み、利子率rの決定メカニズムを分析していく。

I　貨幣市場

　貨幣市場について分析を行う前に、貨幣市場を含む資産市場と、前章の財市場の関係を整理しておこう。

　財市場の分析ではフローを説明するのに対して、資産市場ではストックを説明している[1]。たとえば家計においては、所得から消費を引いた残りが貯蓄になる。これはフローとしての見方であるが、貯蓄を続けていくことによって、貯金・株・債券・土地・住宅などの資産がストックとして形成されることになる。

　現実経済における資産には、預貯金のほかに、土地・住宅などの実物資産や、株式・債券などの金融資産がある。ここでは議論を単純化するために、資産を貨幣と債券の2つに限定して分析を行う。すると、資産市場とは人々

1）ストックとフローの相違については、第8章を確認のこと。

が貨幣と債券を交換する市場であると考えることができる。

この資産市場の均衡メカニズムを分析するためには、貨幣市場と債券市場の均衡メカニズムをそれぞれ分析する必要があるだろう。しかし、両市場は表裏一体の関係にあるため、実際には貨幣市場の均衡メカニズムのみを考察すればよい。この考え方のもとになっているのがワルラス法則である。ワルラス法則とは「n 個の市場がある経済において、$n-1$ 個の市場が均衡していれば、残りの1市場も均衡している」というものである。

次に、貨幣の機能を整理しておこう。貨幣にはさまざまな機能があるが、一般的に貨幣の機能は、①支払手段、②価値尺度、③価値の保蔵手段の3つとされる。

貨幣がもつ第1番目の機能は、支払手段である。物々交換経済では、自分の欲しい財を持っている人がいたとしても、その相手が欲しがっているものを自分が持っていなければ交換が成立しない。自分がリンゴと梨を交換したいとしよう。しかし、自分のリンゴを梨の所有者と交換しようとしても、相手がリンゴを欲していなければ交換は成立しない。このような欲望の二重の一致は偶然的にしか成立しえないであろう。

しかし、貨幣は物々交換などの他の支払手段とは異なり一般受容性を持つため、貨幣であれば誰でも受け取ってくれる。貨幣はこのように取引を効率化する機能を果たしている。

第2番目としては、価値尺度という機能がある。財・サービスの交換のためには各財・サービスの交換比率、つまり相対価格が問題となる。物々交換経済に一般的な価値基準となる貨幣を導入することで、価格体系を簡素化することが可能となる。

第3番目としては価値保蔵機能がある。貨幣は取り扱いやすく、長期間保存したとしても品質が低下することがない。ただし、インフレーションが発生した場合は貨幣の価値が下がることも考えられる。

続いては、貨幣市場を供給面と需要面からみていこう。

II 貨幣供給

1. マネー・サプライ

　貨幣の定義を供給面から明確にしておこう。まず、一般に、貨幣供給量（money supply ＝ M^S：マネー・サプライ）である。マネー・サプライとは、民間の非金融部門（家計や一般の民間企業）が保有している現金通貨 C（currency）と預金通貨 D（deposit）の和として定義される。現金通貨は紙幣や硬貨などであり、預金通貨は普通預金や当座預金などである。日常生活においてマネーというと紙幣や硬貨ばかりが連想され、預金をイメージできない読者もいるかもしれない。しかし、預金も決済手段として用いることができるために「マネー」と考えられる。もちろん、普通口座のような預金と定期預金では流動性が異なり、後者が常に決済手段となりうるとは限らない。

　そこでマネー・サプライは、預金通貨にどのようなものを含めるかによって、以下のように何種類かに分けることができる。

①M_1 ＝ 現金通貨 ＋ 預金通貨
②M_2 ＝ M_1 ＋ 定期性預金
③M_2+CD ＝ M_2 ＋ 譲渡性預金
④M_3 ＝ M_2 ＋ 郵便局・農協・信用金庫の預金等
⑤M_3+CD

　定期性預金は、これを担保として借入が可能になり、また解約すれば現金通貨や預金通貨に替えることができるために、預金通貨に準じた性格を持つ。このため準通貨ともよばれる。また、CD（Certificate of Deposit：譲渡性預金）は、銀行が発行する定期性預金証書のことであり、預金者はこれを金融市場で自由に売買することができる。

　日本では近年、M_2+CD に郵便貯金、金融債、国債などを含めた広義流動性を経済の指標として使うことが多い。

2．ハイパワード・マネー

　現金通貨を発行するのは中央銀行（日本では日本銀行）であるが、中央銀行が直接コントロールできる貨幣量は限られている。中央銀行が直接管理できる貨幣のことをハイパワード・マネー（high-powered money）とよぶ。

　ハイパワード・マネーとは、民間非金融部門が保有する現金通貨と、民間銀行が保有する現金通貨および日銀預け金（法定準備金）の合計のことをさす。

　日銀預け金とは民間銀行が預金残高に応じて日本銀行に預けることを義務づけられている通貨のことをさす。民間銀行は預金のすべてを企業に貸し付けてよいわけではなく、預金者の払い戻しに備えて預金の一部を残しておかなければならない。このため、預金の一定割合（法定準備率）を日銀預け金の形で保有しておくことが法律で定められている。これを法定準備金制度という。

　なお民間銀行が保有している現金通貨も預金者に対する払い戻しに備えて保有している面があるので、これと日銀預け金を合わせて準備金（reserve）ともよぶ。

　日本銀行はマネー・サプライなどの通貨量そのものではなく、日銀預け金（法定準備金）などのハイパワード・マネーを管理することによって金融政策をおこなうのである。

3．信用創造

　ある銀行に新規の預金がなされると全体としてはその何倍もの預金が創造される。このことを信用創造という。

　信用創造のプロセスを理解するために、以下のような例を考えてみよう。たとえば、法定準備率が10％であるとき、A銀行に100万円が預金されたとしよう。A銀行は預金の10％を準備金として手元に保有し、残りの90万円を企業aへ貸し出す。この企業aはそれを企業bに対する支払いにあてる。企業bがこの90万円を銀行Bに預金した場合、銀行Bには新たな預金

90万円が増えることになる。そして、銀行Bは法定準備率の10%にあたる9万円を準備金として手元に保有し、残りの81万円を貸し出しにあてる。このような連鎖がC銀行、D銀行と次々に続いていくと結局、

$$\begin{aligned}派生預金 &= 90+81+72.9+65.51+\cdots \\ &= 90(1+0.9+0.9^2+0.9^3+0.9^4+\cdots) \\ &= 90\{1/(1-0.9)\} \\ &= 900\end{aligned}$$

となる。つまり、最初の100万円の預金が銀行部門全体で900万円の預金を派生的に生み出すことになるのである。

4．信用乗数

中央銀行は民間の債券や外貨を購入したり、国債を市場で購入したりして、貨幣を経済に供給する。ここで、経済全体に出回っている貨幣量とハイパワード・マネーの関係を考えていく。マネー・サプライ M^S は現金通貨 C と預金通貨 D の和であるため、

$$M^S = C+D$$

となる。一方、ハイパワード・マネー H は現金通貨 C と準備金 R から構成されるため、

$$H = C+R$$

が成立する。よって、M^S を H で割ると、

$$\frac{M^S}{H} = \frac{C+D}{C+R}$$

となる。この右辺の分子と分母を D で割ると、

$$\frac{M^S}{H} = \frac{\frac{C}{D}+\frac{D}{D}}{\frac{C}{D}+\frac{R}{D}}$$

となる。ここで、$\frac{C}{D}$ を現金・預金比率 c とし、$\frac{R}{D}$ を法定準備率 r とすると、

$$\frac{M^S}{H} = \frac{c+1}{c+r}$$

となる。$\frac{c+1}{c+r}$ を定数 m として、両辺に H をかけると、

$$M^s = mH \quad \cdots\cdots \text{ (10-1)}$$

となる。両辺の変化分をとると、

$$\Delta M^s = m\Delta H \quad \cdots\cdots \text{ (10-2)}$$

が成立する。

　これらの式は中央銀行がハイパワードマネー H を決めると、その m 倍の貨幣が供給されることを意味する。この m を信用乗数とよぶ。また、この式から、法定準備率 r が下がれば、信用乗数 m が大きくなることがわかる。

4．金融政策

　各国の中央銀行（日本では日本銀行）は、主にマネー・サプライを操作することによって金融政策をおこなっている。中央銀行が行う金融政策は主として、①公定歩合操作、②公開市場操作、③法定準備率操作の3つに分けることができる。

　①公定歩合（official discount rate / official bank rate）とは、中央銀行が市中銀行に信用貸出を行う際に適用される利子率のことをいう。中央銀行はこの公定歩合を操作することによって市中銀行に対する貸し出しを増減させ、ハイパワード・マネーをコントロールすることができる。たとえば、公定歩合の引き上げは市中銀行にとってコストの上昇を意味する。そのため市中銀行から企業などへの貸し出しは減少し、結果としてマネー・サプライも減少する。このように、公定歩合の引き上げは金融引き締めを意味する。逆に公定歩合の引き下げは金融緩和を意味する。また公定歩合の変更は、それに連動する他の金利の変動を促す効果も持つ。

　②公開市場操作（open market operation）とは、中央銀行が金融市場から国債などの債券や手形を売買することによってハイパワード・マネーをコントロールする政策である。市場で市中銀行から債券を購入するのが買いオペレーション、逆に市中銀行に債券を売却するのが売りオペレーションになる。買いオペレーションは中央銀行から市中に貨幣が流れることになるので金融

図表 10-1

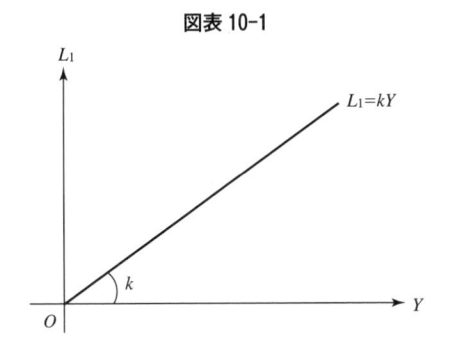

緩和を意味し、逆に売りオペレーションは金融引き締めを意味する。

③法定準備率操作とは、前述のように法定準備率（reserve requirement：支払準備率）を操作することを意味する。法定準備率を引き下げると信用乗数が大きくなるため金融緩和を意味し、逆に法定準備率の引き上げは金融引き締めを意味する。

III 貨幣需要

1．貨幣の保有動機

貨幣需要 M^D は前述の貨幣の機能にともなって発生するものであるが、ケインズは貨幣を需要する動機を、①取引動機にもとづく貨幣需要、②予備的動機にもとづく貨幣需要、③投機的動機にもとづく貨幣需要、の3つに分けて考察している。

①取引動機にもとづく貨幣需要とは、人々が経済取引を行う際に生じる貨幣需要のことである。

②予備的動機にもとづく貨幣需要とは、病気や事故など万が一の支出のために貨幣を備えておこうとする貨幣需要のことである。

これらの①と②は市場における取引額が増加するにつれて増大する。市場における取引額は、国民所得が増大するにつれて大きくなると考えられよう。よってこれらの貨幣需要は国民所得 Y の増加関数になる。①と②の合計に

よる貨幣需要を L_1 とすると、

$L_1 = kY$ （ただし、k は $0<k<1$ の定数）

となる。これを図示すると図表10-1のようになる。

③投機的動機にもとづく貨幣需要とは、貨幣の資産需要のことをさす。これは資産を貨幣で持つか、それとも債券として持つかという選択によって決まる。この投機的需要にもとづく貨幣需要を L_2 と表す。この L_2 がどのようにして決定されるかを理解するには債券価格の決定メカニズムを知る必要がある。

2．債券価格の決定メカニズム

投機的動機にもとづく貨幣需要は、資産としての貨幣需要であり、ケインズによって流動性選好理論（liquidity preference theory）として分析されたものである。この理論でまず問題となるのは、貨幣の代替的な資産である債券の利回りと価格の関係である。

債券利回りと債券価格の関係をみるために、ここではコンソル債とよばれる永久確定利子付債券を例として考える。コンソル債とは、毎年一定額の利子額が永久に支払われ、元本が返却されないような債券である。いまこの債券の額面を A とすると、年率 a の割合で aA 円の利息が永久に支払われる。ところで、同じ aA 円といっても、来年の aA 円は今年の aA 円とは価値が異なる。このため、市場利子率 r で来年の aA 円を割り引くことによって、将来の利息収入の割引現在価値を求めることができる。割引現在価値とは、aA 円を $(1+r)$ で割ったものになる。

すると、利息を永続的に受け取るとした場合の利息収入の割引現在価値 B は、

$$B = \frac{aA}{1+r} + \frac{aA}{(1+r)^2} + \frac{aA}{(1+r)^3} + \cdots$$

となる。これは公比が $\dfrac{1}{1+r}$ の等比級数なので、

$$B = \frac{aA}{r}$$

図表 10-2

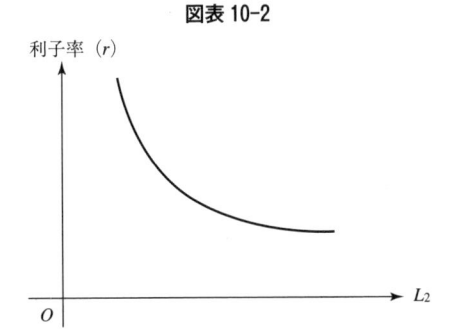

となる。ところで、この B は債券価格の理論値となる。なぜなら、実際の債券価格が B より高ければ、債券を売却するほうが利益が高く、逆に実際の債券価格が B より低ければ、その債券を買ったほうが利益が高くなるからである。よって、債券価格は B に落ち着くのである。

また利子率 r と債券価格 B との関係をみると、利子率 r が上昇すれば債券価格 B は下がり、逆に、利子率 r が下落すれば債券価格 B は上昇することがわかる。このように利子率 r と債券価格 B は相反する関係にある。

3．投機的動機にもとづく貨幣需要 L_2 の決定メカニズム

貨幣の投機的動機にもとづく需要とは貨幣と債券との資産選択から生じるものであった。よって、貨幣の投機的需要 L_2 は債券価格 B を決定する利子率 r によって決定されることがわかる。

いま、利子率が上昇し、債券価格が安い状態を考えてみよう。このような状態では将来、利子率が低下して債券価格の上昇による儲けが予想される。そのため、人々は資産を貨幣の形で保有せずに、債券の形で保有しようとする。つまり、利子率が上昇すると貨幣の投機的需要 L_2 は減少するのである。

逆に、利子率が低下し、債券価格が高い場合には、将来利子率が上がって債券価格が下落すると予想される。そのため、人々は債券を売却して、貨幣の形で資産を保有しようとする。よって、利子率が低下すると貨幣の投機的需要 L_2 は増加するのである。

図表 10-3

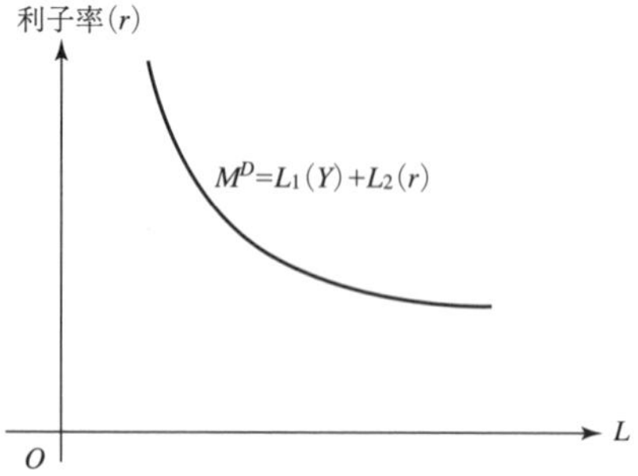

このように貨幣の資産需要 L_2 は利子率 r の減少関数になる。この関係を表したものが図表 10-2 である。

4．貨幣需要の決定式

ここまでみてきたように、取引的動機と予備的動機にもとづく貨幣需要 L_1 は国民所得 Y の増加関数、投機的動機にもとづく貨幣需要 L_2 は利子率 r の減少関数であった。

ここから貨幣需要 M^D は L_1 と L_2 の和として次のように表すことができる。

$$M^D = L_1(Y) + L_2(r) \quad \cdots\cdots \ (10\text{–}3)$$

この式は流動性選好関数とよばれる。

ここで、国民所得 Y を一定とすれば、国民所得の増加関数である貨幣需要 L_1 も定数となる。これを利子率の減少関数である L_2 に足し合わせたものが全体での貨幣需要 M^D になる。よって、貨幣需要 M^D と利子率 r の関係を表した流動性選好関数は図表 10-3 のように右下がりの形となる。

ところで、国民所得が増大した場合、このグラフにはどのような変化がおこるであろうか。この場合、国民所得の増加関数である貨幣需要 L_1 は増加する。よって、貨幣需要 M^D を表す曲線は右シフトすることになる。逆に、国民所得が減少した場合は、左シフトする。

図表 10-4

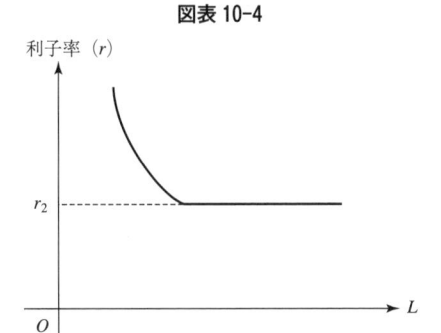

5．流動性の罠

図表 10-4 では、流動性選好関数が最低利子率 r_2 において、水平になっている。これはいずれ利子率が上昇して債券価格が下落すると予想されるために、貨幣に対する資産需要が無限大に大きくなる状態を示している。

このような状態は流動性の罠（liquidity trap）とよばれる。利子率が非常に低い水準にある場合、債券価格は逆に高い水準にあることになる。市場に参加するすべての人々が、「いずれ利子率が上昇し債券価格が下落する」と予想するようになると、流動性の罠が発生する。この状態では、誰も資産を債券で保有しようとはせずに、貨幣で保有しようと考えるため、貨幣需要が無限大になってしまう。

Ⅳ 利子率の決定メカニズム

ここまでは貨幣の需要と供給の決定メカニズムについて別々に分析を行ってきた。次に、貨幣市場の均衡条件を考えていく。貨幣市場が均衡するということは貨幣の需要と供給が等しいということなので、

　　貨幣供給量（マネー・サプライ）＝ 貨幣需要 $L(L_1+L_2)$

となる。よって、

$$\frac{M^S}{P} = L_1(Y)+L_2(r) \quad \cdots\cdots (10\text{-}4)$$

図表 10-5

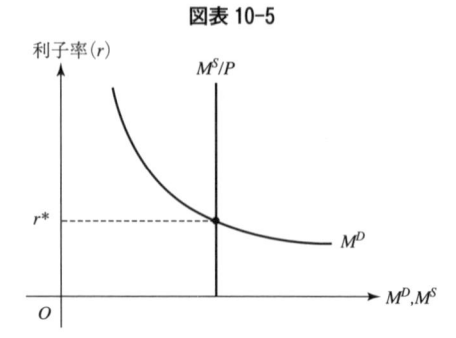

が成立する。ここで、マネー・サプライ M^S を物価水準 P で割っているのは、実質マネー・サプライを表すためである。

図表 10-5 は貨幣需要と貨幣供給について、利子率との関係を表したものである。貨幣需要は国民所得が一定のもとでは、利子率の減少関数となる。一方、貨幣供給は前述のように、中央銀行がさまざまな手段を用いて、利子率とは独立した形でなされる。よって、貨幣供給量は図の M^S/P のように垂直な直線となる。これらの貨幣供給と貨幣需要が均衡する点で利子率 r^* が決定されるのである。

このように、貨幣市場では均衡利子率 r^* が決定される。そして、この利子率 r^* が $I = I(r)$ という投資関数を通じて投資水準を決定し、ひいては総需要 Y^D に影響を与える。

つまり、貨幣が、利子率→投資→国民所得という経路によって国民所得の水準を左右し、実体経済に影響を与えることになるのである。これは流動性選好理論にもとづいたケインズ経済学の考え方であり、価格の伸縮性と市場の万能性を主張する古典派の考え方とは大きく異なっている。古典派においては貨幣市場は国民所得の水準に影響を与えないとする。

次節では古典派の貨幣に対する考え方を整理していく。

V 古典派の貨幣市場

ここまではケインズの流動性選好理論にもとづいた貨幣市場をみてきた。

ケインズの流動性選好理論では貨幣市場で利子率が決定され、その利子率が投資に影響を与えると考える。古典派はこの流動性選好理論に対して貨幣数量説（quantity theory of money）を取り、貨幣は実体経済には影響を与えずに物価水準にのみ影響を与えると考える。

1．貨幣の中立性命題

　古典派は、貨幣は生産量や雇用量といった実体経済には影響を与えず、マネー・サプライの増減を通じて物価水準に影響を与えるだけであると考える。この考え方の背景には、古典派が価格の伸縮性を重視していることがあげられる。

　このことは財市場だけではなく、労働市場においてもあてはまる。古典派の考えによれば、失業は存在しない。つまり、セイの法則の通り、市場メカニズムによって完全雇用が達成され、均衡賃金水準と雇用量が決まり、それに応じて生産量（国民所得）が決定されるわけである。ここでは、国民所得の決定とマネー・サプライは無関係である。このように、貨幣は国民所得や失業率の決定などの実物経済の活動水準には影響を与えないとする考え方を貨幣の中立性命題とよぶ。また実物経済と貨幣部門が完全に分離しているとみなす考え方は古典派の二分法（貨幣ヴェール観）ともよばれる。

2．貨幣数量説

　貨幣数量説を説明する。マネーサプライを M、貨幣の流通速度を V、物価水準を P、一定期間における取引量を T とする。貨幣の流通速度 V とは、取引量 T を生み出すために、貨幣 M がその経済において取引された頻度を示す。この関係を式に表すと次のようになる。

$$V = \frac{PT}{M}$$

この式の両辺に M をかけると、

$$MV = PT \quad \cdots\cdots (10\text{-}5)$$

となる。(10-5) 式をフィッシャーの交換方程式とよぶ。

またこのフィッシャー交換方程式の両辺を V で割り、取引量 T を国民所得 Y におきかえると、

$$M = \frac{1}{V}PY$$

となる。この $\frac{1}{V}$ を定数 k におきかえると、

$$M = kPY \quad \cdots\cdots \quad (10\text{-}6)$$

が成立する。(10-6) 式はケンブリッジの貨幣（現金）残高方程式とよばれ、k はマーシャルの k とよばれる。

(10-5) 式と (10-6) 式がともに意味するのは、ある経済において一定期間に取引された総額は、貨幣ストック量に流通速度をかけたものに等しいということである。ここで短期的に V、T、k、が一定であれば、M と P は比例的関係にあることがわかる。つまり、マネー・サプライが増えれば物価は上昇するのである。

このように、古典派は貨幣数量説を用いて、貨幣は実物経済に影響を与えずに物価に影響を与えるだけであることを説明する。

3．古典派の貨幣需要

古典派の考え方によれば、貨幣需要もケインズの流動性選好関数とは異なる。貨幣数量説においてはマネー・サプライと利子率の間には関係がない。古典派においては、貨幣は単に交換手段としての役割しかない。よって、貨幣需要は取引動機 $L_1(Y)$ のみに依存することになる。この関係を式に表すと、次のようになる。

$$L = L_1(Y) = kY$$

この式は前節のケンブリッジの貨幣残高方程式を変形することによって求められる。ケンブリッジの貨幣残高方程式、

$$M = kPY$$

の両辺を物価水準 P で割ると、

$$\frac{M}{P} = kY$$

となる。右辺の kY は、国民所得 Y の増加関数であり、貨幣の取引需要と考えることができる。よって、古典派の貨幣市場の均衡条件 $M/P = L_1$ より、

$L_1 = kY$

を求めることができる。

確認用語

マネー・サプライ　ハイパワード・マネー　公定歩合操作　公開市場操作　法定準備率操作　債券価格の決定　流動性選好理論　流動性の罠　貨幣数量説

● 第 11 章

$IS\text{-}LM$ 分析

　これまで財市場は第 9 章で、貨幣市場については第 10 章でそれぞれ検討してきた。そこでは、財市場において国民所得 Y が決定され、そして貨幣市場において利子率 r が決定されることを学んだ。しかし、第 2 章の財市場で Y が決定される際には、モデルを単純するために投資を所与、つまり投資水準が一定と仮定していた。このため第 10 章では貨幣市場で決定される r も一定とした下での独立投資 I_0 を仮定してきた。そこで第 11 章では、国民所得 Y と利子率 r の決定を同時にみていくことにする。そのために $IS\text{-}LM$ 分析という手法を用いて同時決定の理論を学ぶことにする。$IS\text{-}LM$ 分析は、財市場の均衡を表す IS 曲線と貨幣市場の均衡を表す LM 曲線から構成される（このため $IS\text{-}LM$ 分析を理解するには第 10 章と第 11 章を十分に理解していることが前提となる）。すなわち、財市場で決定された国民所得 Y は貨幣市場で貨幣需要に影響を及ぼし、逆に貨幣市場で決定された利子率 r は投資を通じて財市場に影響を及ぼすことが想定されている。

　また $IS\text{-}LM$ 分析は政府による裁量的（補正的）財政・金融政策の効果を分析するのに有効であり、財政政策や金融政策を分析するためのツールであるともいえる。

I　IS曲線

1．IS曲線の定義

　IS曲線のIは投資（Investment）、Sは貯蓄（Saving）を表しており、投資・貯蓄曲線ということになる。このIS曲線は、投資Iと貯蓄Sの組み合わせを表している。言い換えるならば、財市場を均衡させる国民所得と利子率の組み合わせをつないだ曲線を示している。もう一度、定義するならば、「財市場の均衡を満たすような利子率と国民所得の関係を示す曲線をIS曲線とよぶ」ということになる。財市場の均衡とは、総供給と総需要が一致することを意味しており、

$$\underbrace{C+S(Y)+T}_{総供給} = \underbrace{C+I(r)+G}_{総需要} \quad \cdots\cdots \text{(11-1)}$$

$$S(Y)+T = I(r)+G$$

が成立する時に実現される。ここで説明を要するのは利子率rと投資Iとの関係である。詳しい説明は本章の付論2を見てもらいたいが、結論から言うと投資は利子率の減少関数となる。利子率が低下（上昇）すると、企業家は金融機関から借り入れを行い、投資を行うことが容易（困難）となり設備投資を増加（減少）させる。また第9章で説明したように貯蓄は国民所得の増加関数である。すなわち国民所得が増加（減少）するにつれて貯蓄は増加（減少）することになろう。横軸に国民所得Yを、縦軸には利子率rをそれぞれとり、この均衡条件式（11-1）をみたすように図示したものがIS曲線であり、図表11-1のように示される。

　図表11-1のように、IS曲線は横軸にY、縦軸にrをとったY-r平面上で右下がりになる。どうして右下がりになるのかを図を使って説明しよう。まず、A点で財市場が均衡していたとする。ここで利子率はまったく変化せず、Y_0からY_1へとYだけが増加して財市場の状態がB点に移動したとしよう。このB点はIS曲線上にはないので財市場は不均衡状態にある。B点では、貯蓄超過$I(r)+G<S(Y)+T$の関係が成立している。すなわち総供給

図表 11-1

図表 11-2

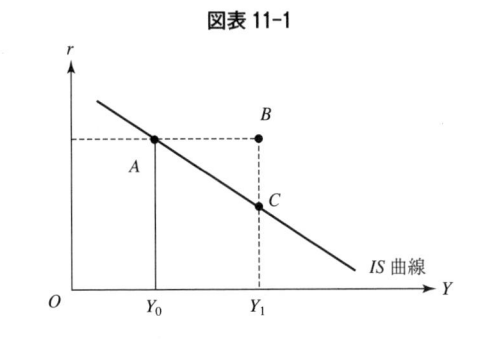

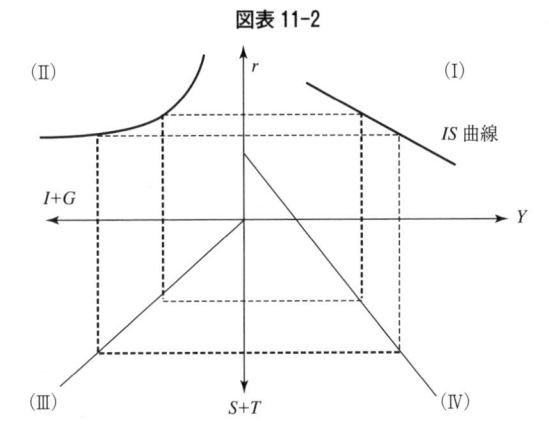

が総需要を上回る超過供給が発生しているのである。この状態から Y_1 を維持して財市場を均衡させるには、利子率を下げて I を増加させ、$I(r)+G=S(Y)+T$ が成立するようにするしかない（C 点）。したがって、IS 曲線は右下がりになる。

また IS 曲線の上側では、財市場で超過供給が発生し、下側では超過需要が発生している。なぜなら、B 点の利子率の水準では、$I(r)+G<S(Y)+T$ であるためである。

2．IS 曲線の導出とシフト

上記のとおり、IS 曲線は右下がりの曲線として導出できるが、次のよう

図表 11-3

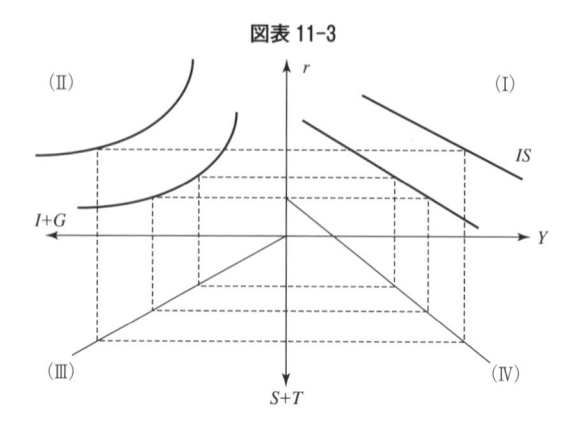

な方法によっても導出することができる。図表 11-2 の第Ⅲ象限における直線は、投資と貯蓄が恒等的に一致していることを示している。また第Ⅱ象限は投資関数、第Ⅳ象限は貯蓄関数を示している。つまり、第Ⅲ象限において投資と貯蓄が等しくなるように調整され、第Ⅱ象限で利子率、第Ⅳ象限で国民所得が決められ、第Ⅰ象限で IS 曲線が導出される。

ここで、政府が政府支出を拡大させた場合に IS 曲線に対してどのような影響を及ぼすことになるのかをみていくことにする。政府支出 G が増大すると、第Ⅱ象限の投資関数が左上にシフトする。その結果として、図表 11-3 で示されているように、IS 曲線は右上にシフトすることになる。

3．投資の利子弾力性と IS 曲線の傾き

また投資の利子弾力性の大きさによって、IS 曲線の傾きも異なってくる。投資の利子弾力性とは、利子率が 1% 変化した場合に、投資が何% 増減するかを示している。投資の利子弾力性が大きくなるにつれて、利子率の下落に対して、投資の増加量はより大きくなる。逆に、投資の利子弾力性が小さくなるにつれて、利子率が下がってもあまり投資が増えないといえる。

図表 11-4 は、投資の利子弾力性が大きくなるに従い、IS 曲線が垂直から水平に近づいていくことを示している。投資の利子弾力性がゼロの場合には、利子率が低下しても投資はまったく増加しないので、国民所得 Y は増えも

図表 11-4

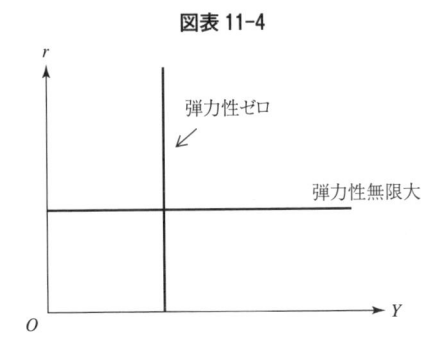

弾力性ゼロ
弾力性無限大

減りもしない。これに対して、投資の利子弾力性が無限大であるならば、たとえ少しでも利子率が低下すれば投資は無限大に拡大することになる。この投資の増加によって総需要も拡大するため、ひいては国民所得も増大するため、IS 曲線は水平となる。

ここで、IS 曲線の特徴をまとめると以下のようになる。
・IS 曲線は右下がり。
・IS 曲線の左側は $I(r)+G>S(Y)+T$ より財市場の超過需要を示す。
・IS 曲線の右側は $I(r)+G<S(Y)+T$ より財市場の超過供給を示す。
・政府支出 G が増大すると IS 曲線は右にシフトする。
・投資の利子弾力性が上昇すると、IS 曲線は水平に近くなっていく。

II　LM 曲線

1．LM 曲線の定義

LM 曲線とは、貨幣に対する流動性選好（Liquidity Preference）の L とマネーサプライ（Money Supply）の M を表している。IS 曲線が財市場の均衡を表すのに対して、LM 曲線は「貨幣市場の均衡を維持する利子率と国民所得の組み合わせをつないだ曲線」を示している。マネーサプライ M と物価水準 P が与えられると貨幣の供給が決定され、一方、貨幣市場における貨幣需要には、取引需要と資産需要の2つがある。これは第 10 章での議論

図表 11-5

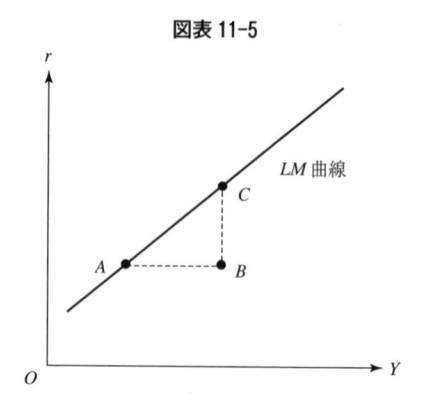

から、以下の均衡式

$$\frac{M}{P} = L_1(Y) + L_2(r) \quad \cdots\cdots \quad (11\text{-}2)$$

が成立する場合に貨幣市場は均衡する。図表 11-5 で図示されているように、貨幣市場が均衡したときの利子率と国民所得との組み合わせの軌跡が LM 曲線となる。

図表 11-5 のように、LM 曲線は横軸に国民所得 Y、縦軸に利子率 r をとった平面上で右上がりになる。この点について図を用いて説明することにしよう。まず A 点で貨幣市場が均衡していたとしよう。利子率を一定として、国民所得だけを増加させた B 点では $L_1(Y)$ が増大するため、貨幣の超過需要が発生することになる。貨幣市場の均衡を維持するためには、取引動機によって生じた貨幣需要の増加分だけ、資産動機にもとづく貨幣需要を減少させねばならない。そのためには、利子率を上昇させて $L_2(r)$ を縮小させる必要がある。したがって、LM 曲線は右上がりになる。

また、LM 曲線の下側では貨幣の超過需要が、そして上側では貨幣の超過供給が発生しているといえる。これも貨幣市場の均衡式より明らかである。

2.LM 曲線の導出とシフト

次に、貨幣市場の均衡から LM 曲線を導出し、どのような要因によって

図表 11-6

図表 11-7

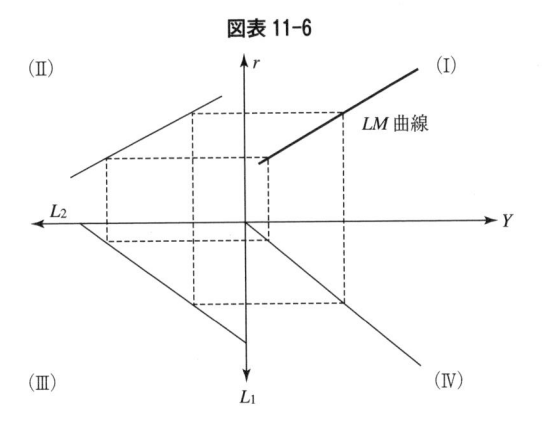

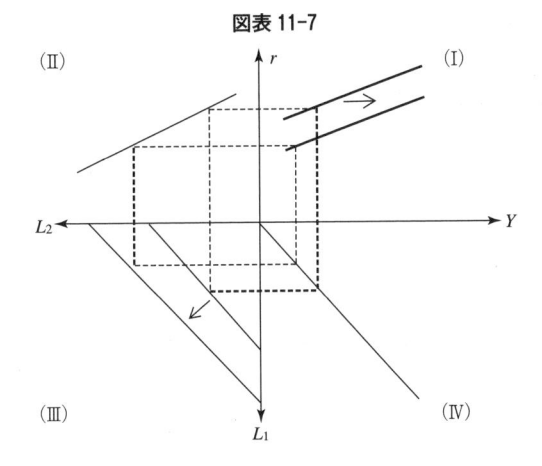

シフトするのかを検討することにする。

図表 11-6 は、第Ⅱ象限に投機的動機にもとづく貨幣需要、第Ⅳ象限に取引動機および予備的動機にもとづく貨幣需要を示している。そして第Ⅲ象限ではマネーサプライが示されており、貨幣の需要と供給が等しくなるような利子率と国民所得の軌跡が第Ⅰ象限に LM 曲線として描かれている。

また LM 曲線は実質マネーサプライが増大すれば右にシフトすることが図表 11-7 から確認することができる。

図表 11-8　LM（弾力性：大）

図表 11-9　LM（弾力性：小）

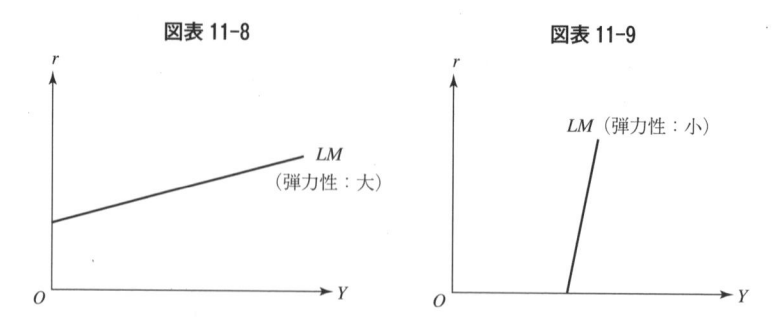

3．貨幣需要の利子弾力性と LM 曲線

　すでに投資の利子弾力性と IS 曲線の関係について検討したが、ここでは貨幣需要の利子弾力性と LM 曲線の関係についてみていくことにする。貨幣需要の利子弾力性が高い場合には、利子率が少し変化すると、貨幣需要は大きく変化することになる。このため、貨幣市場を均衡させるためには、国民所得の大きな変化が必要になる。貨幣需要の利子弾力性が大きくなると、LM 曲線の傾きはより緩やかになり、水平に近づいていくことになる（図表11-8）。一方、利子弾力性が小さくなるにつれて、その傾きはより大きくなり、垂直に近づいていく（図表11-9）。

　ここで、LM 曲線の特徴をまとめると以下のようになる。
・LM 曲線とは貨幣市場の均衡を示す利子率と国民所得の軌跡である。
・LM 曲線は右上がりである。
・LM 曲線の右下側では貨幣の超過需要。
・LM 曲線の左上側では貨幣の超過供給。
・マネーサプライの増大は LM 曲線を右にシフトさせる。
・貨幣の利子弾力性が大きくなると LM 曲線の傾きは水平に近づく。

III　利子率 r と国民所得 Y の同時決定と裁量的政策の効果

　図表 11-10 で示されているように、IS 曲線と LM 曲線の交点で、財市場

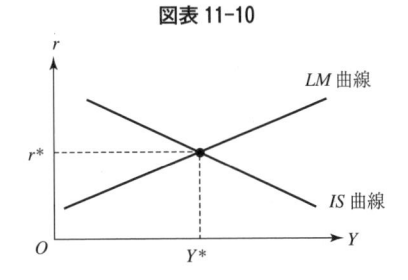

図表 11-10

図表 11-11
財政政策による完全雇用の達成

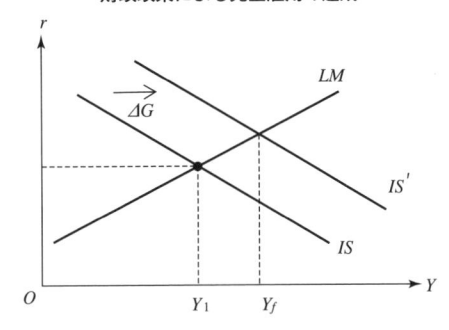

と貨幣市場を同時に均衡させる国民所得 Y^* と利子率 r^* が決定される。

　ただし、この国民所得 Y^* が完全雇用水準の Y_f であることを必ずしも保証するものではない。この Y^* では失業が発生しているかもしれないのである。もし、失業が発生しているとしたならば、どのような政策を講じることができるのであろうか。これまで検討してきたように、政府支出の増大は IS 曲線を右にシフトさせ、実質マネーサプライの増大は LM 曲線を右にシフトさせる。

　図表 11-11 は、拡張的な財政政策（Fiscal Policy）を発動し、政府支出 G を拡大させることで、IS 曲線を右にシフトさせる（IS → IS'）。これにより、完全雇用水準の国民所得 Y_f を達成できることを示している。

　同様に、図表 11-12 のように拡張的な金融政策（Monetary Policy）によって実質マネーサプライを増加させ、LM 曲線を右にシフトさせる（LM → LM'）。このように拡張的な金融政策によっても完全雇用水準の国民所得 Y_f

図表 11-12
金融政策による完全雇用の達成

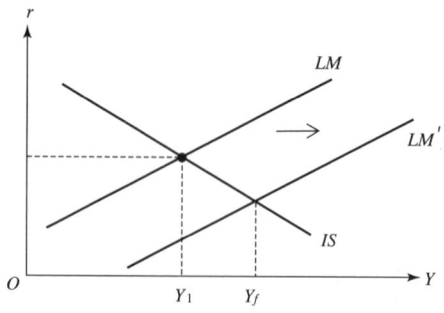

を達成することができるのである。拡張的な財政政策や金融政策によっても、国民所得は増加し、完全雇用が達成されることを確認できる。

Ⅳ 金融政策が無効となるケース

しかし、裁量的政策を採用しても必ずしも国民所得を増大させることができるわけではない。次の2つのケースにおいては、金融政策はまったく無効であり、裁量的政策を実施しても国民所得はまったく増加しない。

1．流動性の罠のケース

流動性の罠（Liquidity Trap）とは、金融政策が不況期に有効性を失うケースの1つとして、ケインズ（John Maynard Keynes）が指摘したものである（197ページも参照）。本来、投機的動機にもとづく貨幣需要は、利子率の減少関数となる。流動性の罠とは、図表11-13のように、利子率が非常に低い水準にあり（債券価格はかなり高い水準にある）、投機的動機にもとづく貨幣需要が無限大になってしまう状態をさす。このケースでは、水平部分をもった LM 曲線が導出される。

この状態では、債券価格がかなり高い水準にあると、価格下落リスクが高まるため、だれも債券を購入しなくなる。したがって、債券価格が上昇しな

図表 11-13

図表 11-14
金融政策は無効

図表 11-15
財政政策は有効

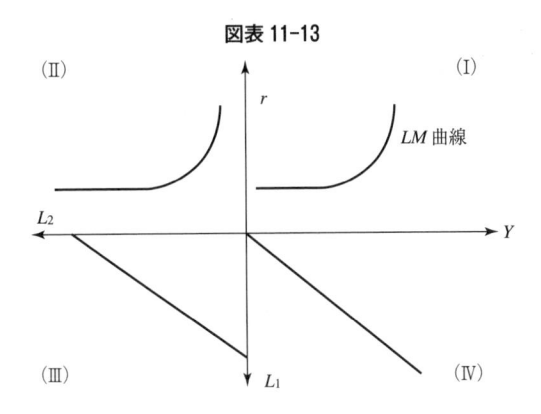

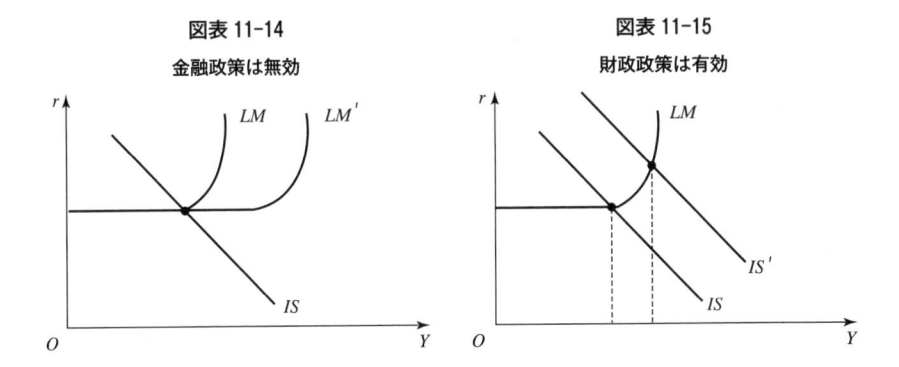

いため、利子率も低下しなくなる。マネーサプライが増加しても、債券保有を控え、貨幣保有だけが拡大するだけで、利子率も変化しない状況に陥ることになる。流動性の罠の場合の LM 曲線は図表 11-13 のように、水平部分をもつ LM 曲線が導出される。このような水平部分をもつ LM 曲線が存在する場合には、金融政策は無効であることが知られている（図表 11-14）。LM 曲線に水平部分がある場合には、財政政策が有効である（図表 11-15）。

2．投資の利子弾力性がゼロのケース

投資の利子弾力性がゼロとは、利子率が低下しても、投資がまったく増加しないことをさす。この時、投資関数は図表 11-16 のような垂直部分をもつ。

図表 11-16
投資の利子弾力性がゼロの場合の投資関数

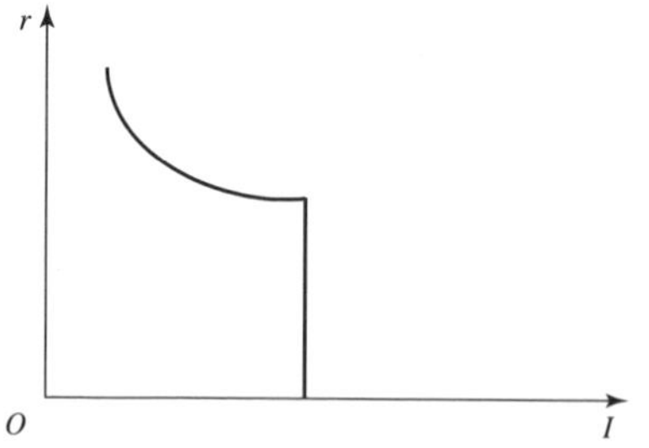

図表 11-17
投資の利子弾力性がゼロの場合の IS 曲線

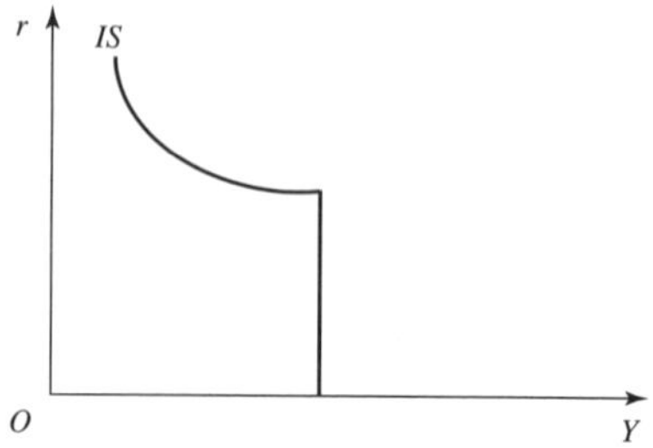

図表 11-18
金融政策は無効

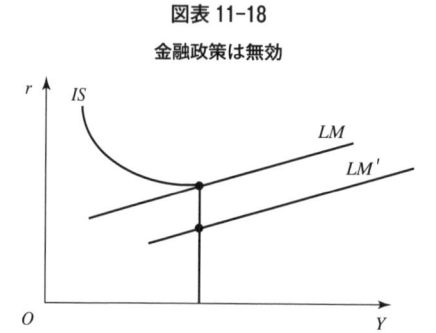

図表 11-19
財政政策は有効

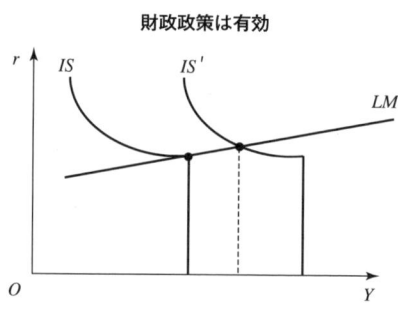

　投資がこのように、利子弾力性がゼロの場合には、IS 曲線は垂直部分をもつことになる（図表 11-17）。

　そして、投資の利子弾力性がゼロのケースでは、拡張的な金融政策を実施してもまったく国民所得は増加しないのに対して（図表 11-18）、拡張的な財政政策の方が有効であることがわかる（図表 11-19）。

V　クラウディング・アウト

　前節では、流動性の罠が存在するケースと、投資の利子弾力性ゼロのケースでは、財政政策が効果をもち、金融政策は機能しないことをみてきた。しかし、財政政策がいかなる状況においても有効であるというわけではない。

図表 11-20

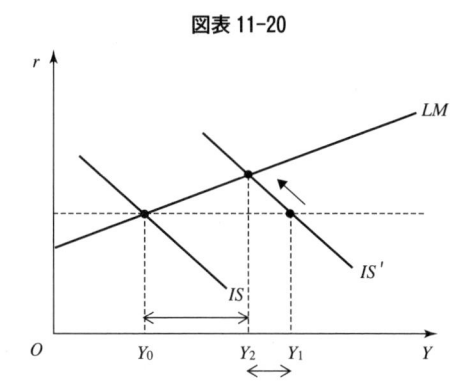

クラウディング・アウト（Crowding out）が生じる状況においては、財政政策が機能しない可能性がある。

クラウディング・アウトとは、拡張的な財政政策によって IS 曲線が右にシフトした場合に、利子率が上昇し、民間投資が圧迫されることをさす。

45度線をもちいた財市場の分析において、拡張的な財政政策によって G を増大させると、乗数効果分だけ国民所得を押し上げることをみてきた。しかし、この国民所得の拡大は貨幣市場を考慮に入れていないために生じるものであり、そこでは利子率 r を一定としている。たとえば、国債を市中売却によって消化し、財源を確保すると仮定する。

このケースでは、財市場だけを考慮するならば、財政支出乗数分の国民所得が増大する。つまり、図表11-20にみられるように、Y_0 から Y_1 へと国民所得が増大することがわかる。

しかし、これは、財市場だけを考慮したものであり、貨幣市場は考慮されていないからである。貨幣市場を分析に取り入れるならば、利子率の上昇を通じて投資が圧迫されるため、国民所得の増加分は、Y_0 から Y_2 となる。図表11-20 の Y_1-Y_2 の分がクラウディング・アウトされていることがわかる。

クラウディング・アウトには、トランザクション・クラウディング・アウトと呼ばれるものと、ポートフォリオ・クラウディング・アウトと呼ばれるものの、2つがある。

トランザクション・クラウディング・アウトとは以下のように説明できる。

図表 11-21
古典派の LM 曲線

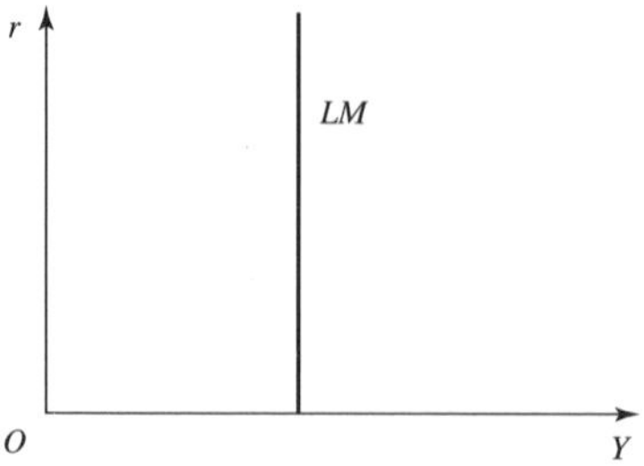

図表 11-22
古典派の財政政策の無効性

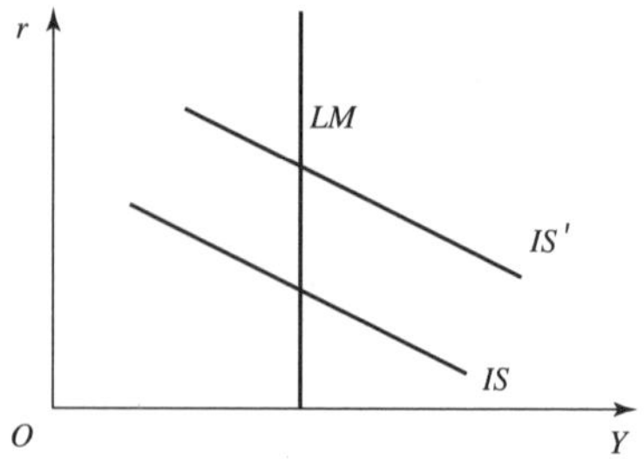

　まず、政府支出 G が増大することにより、国民所得 Y が増大する。これにより、取引動機にもとづく貨幣需要 L_1 が増大するため、貨幣市場において超過需要が発生する。この超過需要によって利子率 r が上昇するため、結果的に投資を圧迫するメカニズムが作用する。つまり、財政支出という政府投資が民間投資を圧迫することになる。

　一方、ポートフォリオ・クラウディング・アウトとは、財政支出の財源が国債発行で賄われた場合、債券供給の増加から債券価格 B が下落し、債券価格の下落は利子率 r を上昇させるため、投資を減退させる効果をもつというものである。

　どちらのメカニズムが作用するにせよ、財政政策が常に政府支出乗数による効果の分だけ国民所得を増大させるわけではないことに注意しなければならない。

VI　古典派のケース

　古典派のケースでは、流動性選好説ではなく、貨幣数量説の立場が採用される。そのため、投機的動機にもとづく貨幣需要は存在しないことになる。つまり、L_2 ではなく L_1 だけを考慮することになるが、そうすると LM 曲線は図表 11-21 のように垂直となる。LM 曲線がこのような形状をもつのであれば、財政政策はまったく国民所得を増加させないことも確認することができる（図表 11-22）。

図表 11-23
市中消化のケース

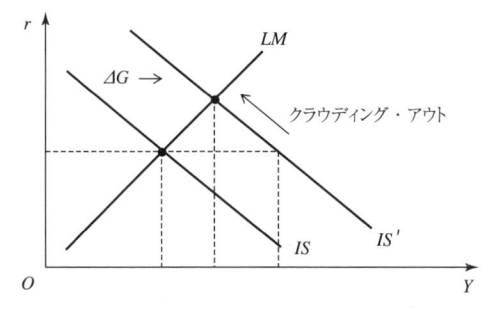

付論 1　国債発行の 2 つの方法の相違

　不況下で拡張的な財政政策を実施する場合の政策手段としては、減税と国債発行を通じた政府支出の拡大策がある。ここでは、後者の政策手段について検討する。政府支出の財源は、増税ではなく国債の発行によってファイナンスされる。そのファイナンスの仕方には、市中消化と中央銀行引き受けの 2 通りがある。市中消化とは、政府が民間に国債を直接販売することであり、中央銀行引き受けとは政府が日本銀行に販売するということである。

　市中消化の場合には国債証書が政府から民間へと向かい、その代金が民間から政府へと向かうことになる。民間から政府へと持ち手を変えたマネーサプライが ΔG として市場に舞い戻るため、マネーサプライは一定である。また、財市場だけを考えれば、政府支出の増加額 ΔG に対して、その乗数倍の国民所得の増加の効果をもつ。ここで、貨幣市場を考慮に入れるならば、国債発行による債券供給量の増加から債券価格の下落、ひいては利子率の上昇をもたらし、クラウディング・アウトが発生することになる。このクラウディング・アウトが生じるならば、乗数効果ほどには国民所得が増加しないことは、本論で検討した通りである。

　図表 11-23 は、上述の内容を図示したものである。ΔG により IS 曲線は右にシフトする（$IS \rightarrow IS'$）。一方、債券市場では債券の超過供給状態にあるために債券価格の下落、利子率の上昇、というプロセスを経て、民間投資

図表 11-24
中央銀行引受のケース

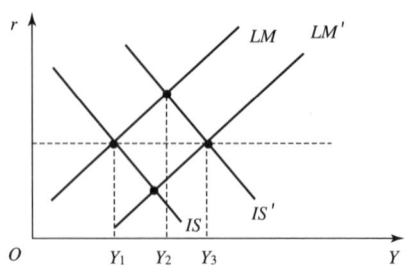

が締め出されている（クラウド・アウト）。このため、ΔG を乗数倍した程には ΔY は増えない。この現象がクラウディング・アウトである。このクラウディング・アウト現象は、あくまでも民間投資需要が存在することを前提としている。日本のバブル崩壊以降の長期不況の状況のように、大量の国債発行が行われても、民間投資需要がそれほど多く存在しなかったため、長期金利は上昇しなかった。したがって、クラウディング・アウトは生じなかったのである。

　国債を直接中央銀行が引き受けることは、現在では財政法によって禁止されているので実行できない。しかし、政府が民間部門に売却した国債を中央銀行が公開市場操作（Open Market Operation）（買いオペ）によって買い取れば、中央銀行引き受けと同じ効果を得ることができる。図表 11-24 からも確認することができるように、このケースではマネーサプライが増加するために、LM 曲線は右にシフトする。

　中央銀行引き受けの場合、LM 曲線のシフトによってクラウディング・アウトは生じえない。このため、もともとの均衡国民所得 Y_1 に、ΔG に乗数をかけた分を足した、Y_3 まで国民所得が増大することを意味している。つまり、

$$Y_3 = Y_1 + \Delta Y = Y_1 + \frac{1}{1-c(1-t)}\Delta G$$

であり、財政政策による国民所得増加効果が完全に発揮されることを示している。

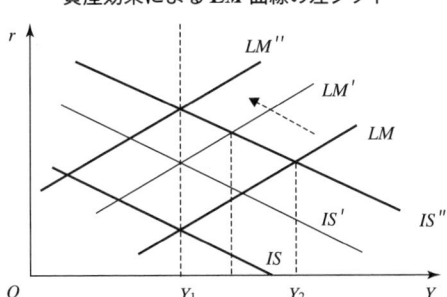

図表 11-25
資産効果による *LM* 曲線の左シフト

しかし、マネーサプライを大幅に増加させることからインフレが懸念され、この方法による国債発行に対しては慎重に対処しなければならない。

市中消化の場合、クラウディング・アウトが生じたとしてもいくらかは国民所得が増加するとケインジアンが指摘しているのに対して、ミルトン・フリードマン（Milton Friedman）によれば長期的に国債発行による減税は無効であると主張した。市中消化により財政政策が行われた場合、IS 曲線は右にシフトするが、公債の「資産効果」によってさらに右にシフトする。「資産効果（Assets Effect）」とは、債券残高が増加すると、それに応じて民間の富も増加するので、それにより消費や投資が刺激されることをいう。この公債の富効果を考慮するならば、財政政策の有効性はさらに高まることになる。しかし、「資産効果」は、LM 曲線を左にシフトさせる要因となる。「資産効果」はまた、資産としての債券保有量が増えれば、その分だけの貨幣を保有しようとする効果を生み出すことでもある。そして、この左シフトの効果が大きければ、100%のクラウディング・アウトが生じ、財政政策の有効性が完全に失われる可能性もある（図表 11-25）。

付論 2 投資理論

投資は消費に次ぐ重要な需要構成項目である。消費がどちらかといえば景気を安定させる効果をもつのに対して、投資はむしろ景気を不安定化させる

要因として作用することが多い。投資は企業の設備投資、在庫投資、家計の住宅投資、および公共部門の公的投資によって構成される。投資の中で大きな割合を占める企業の設備投資の動向は、企業の将来予想によって大きく変動する。たとえば、企業が悲観的な予想を立てるならば、その予測にもとづき設備投資も減少するのに対して、楽観的な見通しを立てるならば、設備投資が必要以上に増加するため、投資は景気を不安定化させる要因となりやすい。このように、将来を予想することが困難であるために、設備投資もまた不安定なものとなり、これが景気の変動幅を大きくさせる原因となる。

このことは、投資を説明する理論を構築することが困難を極めることを示している。投資が将来の予想に依存しているとすれば、投資理論を構築するための前提として、人々がどのような予想を抱くかについての理論が必要になるからである。しかし、人々の心の中を理論化することはほとんど不可能である。現段階における投資理論も、これまでにさまざまな理論が提出されてきたが、十分に満足いくものではないという状況である。

以下では、いくつかの投資理論をその発展段階に沿って解説するが、その際、比較的最近の理論の説明に重点を置くことにする。

1．ケインズの投資の限界効率

ケインズは「投資は、投資の限界効率と利子率が等しくなるように決定される」と考えた。とはいえ結局のところ、最終的には企業経営者の「血気（アニマル・スピリッツ）」が投資を決める、とも彼は主張している。

2．加速度原理

加速度原理では、投資は利子率というよりも、むしろ国民所得の変化分（増加分）に比例して変動するものだと考えられた。しかし、加速度原理には、事前に計画された投資計画が毎期実現されるということと、事後的に見ても資本ストックと国民所得の間の望ましい関係が維持されるということを、暗黙のうちに想定しているといった問題点がある。

3．ストック調整モデル

　ストック調整モデルは加速度原理の問題点を解決するために考案された。その主旨は、「今期末に望ましいとされる最適資本ストック K^*_{t+1} と、今期首の現実の資本ストック K_t の差、$K^*_{t+1}-K_t$ がすべて実現されるわけではなく、その一定比率だけが今期実現される」ということである。したがって、今期の投資は

$$I_t = \lambda(K^*_{t+1}-K_t) \cdots\cdots (11\text{-}3)$$

という式にしたがって決定されることになる。λ は伸縮的加速子と呼ばれ、0以上1以下の値をとる定数と仮定される。なお、$\lambda=1$ のときにはストック調整モデルは加速度原理と同じになる。また参考のために、伸縮的加速子が0以上1以下の値をとる理由（つまり、望ましい資本ストックがどうして実現できないのか、その理由）と考えられるものを、以下にいくつか挙げておく。

①投資計画をたてること自体に時間がかかり、発注が遅れる
②注文があっても、メーカーの都合で生産が遅れる
③急激に理想的な資本ストック水準を達成しようとすると、計画に無理がかかる
④将来の予測が実現するかどうかを見極めながら、徐々に望ましいストック水準に近づいていった方が無難

などである。

4．新古典派投資理論

　望ましい資本ストックの値をミクロ的基礎にもとづいて導出し、それとストック調整モデルにおける伸縮的加速子の議論を結び付けることによって開発された投資理論が、ジョルゲンソンの新古典派投資理論である。しかし、この理論には、「望ましい資本ストックの値を導出する際に、伸縮的加速子 λ のことがまったく考慮されていない」。言い換えれば「望ましい資本ストックと伸縮的加速子の間には何の関連もないことが、暗黙のうちに前提されている」という欠点がある。

5．宇沢理論

　宇沢理論は新古典派投資理論の欠点を補うために宇沢弘文によって開発された理論である。この理論では、伸縮的加速子と投資の間の関係を明示的にモデルの中で説明するために、投資活動に付随する「調整費用」の存在に注目する。調整費用というのは「ある一定の設備投資をして生産能力を拡大するときに、成長率を高くしようとすればするほど余分にかかってくる追加的な諸経費のこと」である。たとえば、企業が1年間の間に、5%の設備拡張を行おうとする場合と、一挙に100%の設備拡張を行おうとする場合を比較してみればよい。5%成長の場合は、企業の拡張計画としては無理のない計画であるといえるが、100%成長の場合は専門的知識を持つ技術者の大量育成、販売網の拡張や組織の大幅な改造など、一挙にいろいろなことをやらなければならなくなる。しかし、そのような無理をしても、組織が効率的に作動しなくなったりして、かえって余計な費用がかかるようになる可能性がある。このような費用のことを一括して「調整費用」と呼ぶのであるが、この調整費用は、限られた期間内で投資量を多くしようとすればするだけ、急速に増加するものと考えられる。宇沢はこのような調整費用の存在を仮定し、企業が調整費用も含めて最適な投資計画を決定するというモデルを開発することによって、新古典派投資理論の欠点を克服したのである。

6．トービンの q 理論

　比較的最近の投資理論として、トービンの q 理論がある。この理論のポイントは、「企業の市場価値」が「資本の買い換え費用総額」を上回る限り企業が投資を実行するというものである。以下でより詳しい解説を行う。
　まず、q は

$$q = \frac{企業の市場価値}{現行資本を買い換える費用総額} \quad \cdots\cdots (11\text{-}4)$$

と定義できる。
　ここで、「企業の市場価値」とは、株式市場が評価した、ある企業の株式

の総額（すなわち、株価に発行株式総数を掛けたもの）と、その企業の債務（すなわち銀行などから借りている借金など）の総額を合計したものである。これは「いま、この企業が解散して所有者が全て入れ替わるとするならば、現在の株主と債権者（銀行や社債保有者）が受け取ることのできる金額」のことでもある。

「現行資本を買い換える費用の総額」とは、「いま、この企業が保有している資本ストック（具体的にはその企業の工場設備や使っているパソコンなど）をすべて新たに買い換えるならば、どれだけかかるか」を表している。

q の値が1を超えていたら何が起こるかを考えてみよう。このとき、企業の市場価値はこの企業が現に保有する資本ストックの価値よりも高いので、企業が株を売ってその代金で資本財を購入すると、現存する資本ストックよりも大きな資本ストックが買えることになる。つまり企業にとっては投資を行うときの費用よりも、そこから得られる予想利益の方が大きいということになる。このような場合、企業は当然その投資を実行すべきだということになる。したがって、$q>1$ ならば投資を実行、とまとめられる。逆に、q が1よりも小さいときには、市場が評価している企業の価値が現存の資本ストックの価値よりも小さいということになるから、現在の資本ストックの水準は高すぎるということになり、場合によってはマイナスの投資（既存設備の縮小つまり工場閉鎖など）が必要となる。また、q が1ならば投資を行っても儲けにも損にもならないから投資する理由がないということになる。

以上から、結局、投資 I は q の増加関数となる。つまり

$$I = I(q)$$

において

$q>1$ ならば $I>0$ （投資実行）

$q=1$ ならば $I=0$ （投資なし）

$q<1$ ならば $I<0$ （負の投資）

が成り立つ。

この議論は、株価と投資の関係を論述する際に、重要な武器となる。たとえば、バブル期における株価上昇が投資の増加をもたらした原因について、この理論はよく説明することができるのである。

【参考】

限界の q

本来企業にとって重要なのは、(1)式で表された「平均の q」ではなく、追加的な投資1単位についての概念である「限界の q」である。限界の q は、投資の限界効率 ρ （追加的投資1単位に対する収益率）と実質金利 i （金融市場でその投資を実行するためにかかる資本コスト）の比率として表すことができる。

つまり、

$$q = \frac{\rho}{i} = \frac{投資の限界効率}{実質金利}$$

である。つまり、トービンの（限界の）q とは「株式」（実物資産からの限界効率 ρ を表現）と、「貨幣、債券」（金融資産からの収益率 i を表現）との間の交換比率である、ということになる。なお、限界の q は、ある条件のもとでは平均の q に等しくなる。

q 理論の貢献

q 理論とこれまでの投資理論との違いは、以下の点に求められる。

①株式市場の明示

これまでの投資理論では株式市場が無視されることが多かったが、トービンの q 理論では株式市場の役割と投資の決定とが関連づけられた。

②調整費用の明示

q 理論の背景には、前述の「調整費用」の考え方がある。調整費用が重要な役割を果たす場合、企業の収益力（限界効率）と資本調達の費用を表す金利とは、毎期一致するとは限らない。このことは q 理論に従えば、「q の値が常に1に等しいとは限らない」ということに対応する。つまり、調整費用があるため、q の値が1より大きい（投資の限界効率が金利よりも大きい）、あるいは q の値が1よりも小さい（投資の限界効率が金利よりも小さい）といったことがありうるのである。以上のようにトービンの q 理論は実物的な投資（設備や機械）の世界における調整が、通常の金融資産の取引のように瞬時に金利裁定が行われる世界とは基本的に異なることに注目し、実物資産が取引される資本財市場（調整コストが大きい）と金融資産が取引される金融市場（調整コストはほとんど存在しない）を明確に区別したところに、その特徴がある。

確認用語

IS 曲線　LM 曲線　投資の利子弾力性　貨幣需要の利子弾力性　流動性の罠の時の LM 曲線　投資の利子弾力性がゼロの場合の IS 曲線　金融政策が無効になる2つのケース　トランザクション・クラウディング・アウト　ポートフォリオ・クラウディング・アウト　古典派の LM 曲線と財政政策の無効性

●第12章

AD-AS 分析とフィリップス曲線

　第12章では、AD-AS 分析のフレーム・ワークを使用して、マクロ経済学の2大潮流である古典派とケインズ派の経済理論について学ぶ。またフィリップス曲線を巡る議論を通じて、マネタリストによるケインズ経済理論の批判を説明し、現代のマクロ経済理論の諸潮流についても解説していく。

I　総需要曲線(AD曲線)の導出

　総需要曲線（aggregate demand curve：AD 曲線）とは、財市場と貨幣市場を同時に均衡させる物価水準と国民所得との組み合わせをつないだ線分のことである。総需要曲線は IS 曲線と LM 曲線によって導くことができる。IS - LM 分析においては、短期的に物価を一定としていた。この第12章では、物価が長期的に変動することを考慮した分析を行っていく。
　物価が変動した場合、実質マネーサプライが変化し、LM 曲線も左右にシフトすることになる。たとえば、図表12-1の上図のように、物価が P_0 から P_1 に下落した場合、実質マネーサプライ（= M/P）は上昇することになる。
　その結果、LM 曲線は LM から LM' へと右シフトする。すると、図表12-1の下図のように、物価が P_0 から P_1 に下落したことにより、国民所得は Y_0 から Y_1 へ増加することになる。
　図表12-1の上図の均衡点 E は財市場と貨幣市場の均衡を意味しており、下図の均衡点 E に対応している。下図の均衡点 E は、財市場と貨幣市場の均衡を示す物価と国民所得の組み合わせを意味することになる。その組み合

図表 12-1

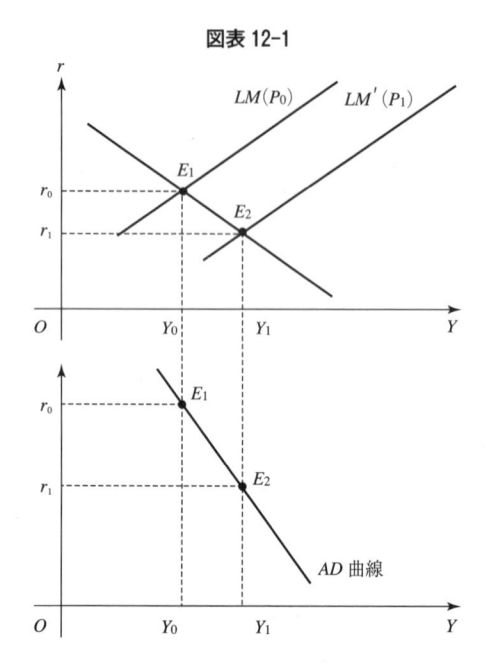

わせ E_1 と E_2 をつないだ線分は、右下がりの総需要曲線（AD 曲線）となる。

II　古典派とケインズ派の労働市場の相違

1．古典派の労働市場

　古典派の労働市場は、名目賃金が収縮的であるために労働市場は常に均衡しており、失業者が存在しない状態であるとされている。
　たとえば、図表 12-2 のように、一人当たりの実質賃金 w が何らかの要因で均衡水準よりも高い水準 w_1 にあるとする。この場合、古典派の労働市場においては名目賃金 W が瞬時に下落して、均衡点 E 点を実現することになる。このような状態の場合、失業は、①現在の賃金水準では働く気持ちにならないと考える自発的失業、②転職や移動のために一時的に失業している摩擦的失業、の2つのタイプのみである。自らの意思に反して失業状態になっ

図表 12-2

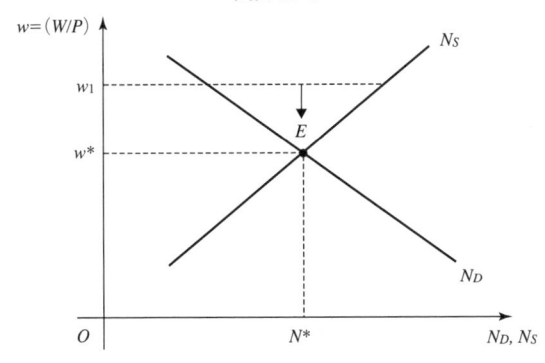

ている非自発的失業（involuntary unemployment）は存在しない。そして、労働市場では常に均衡点 E が成立していることになり、賃金は w^*、雇用量は N^* となる。

また古典派においては、実質賃金は労働の限界生産力に等しいという古典派の第一公準（the first postulate of classical theory）と、労働供給は労働の限界不効用が実質賃金に一致するように決められるという古典派の第二公準（the second postulate of classical theory）が常に成立している。労働需要曲線は古典派の第一公準から、労働供給曲線は古典派の第二公準から導くことができる。

生産技術が収穫逓減的である場合、労働需要は実質賃金の減少関数となり、右下がりの労働需要曲線が導かれる。また、労働の限界不効用は労働量が増加するにつれて上昇するため、労働供給は実質賃金の増加関数となる。一方、ケインズ派においては古典派の第一公準はあてはまるが、古典派の第二公準はあてはまらないとされている。後述するが、ケインズ派においては、労働者は実質賃金ではなく、名目賃金を重視して働こうとするためである。

2．ケインズ派の労働市場

ケインズは労働市場において、名目賃金が下方硬直的であると考える。すなわち、名目賃金は上がる場合には伸縮的であるが、下がる場合には硬直的

であることになる。実際の日本の労働市場を考えてみた場合にも、このことは容易に理解することが可能である。

名目賃金の下方硬直性（downward nominal wage rigidity）については、以下のような事例を考えてみるとよく理解することが出来る。たとえば、日本の大企業には労働組合が入っており、定期的に支払われる給料の金額が下がることには大きな抵抗が存在する。また大学生が日常的に行っているバイトですら、一度決められた時給を下げるというようなことはあまり行われない。現実の名目賃金は、労働組合の存在や雇用契約の存在などによってある程度固定的であることから、超過供給が起こったからといってすぐに賃金が下落するとは限らない。

またケインズは、労働者は貨幣錯覚（money illusion）の状態にあると考える。これは、労働者が仕事を行う場合に、実質賃金でなく名目賃金を重視していることを意味している。しかし実際は、労働者の生活水準は物価を考慮した実質賃金によって左右される。

実質賃金が現在、100万円であるとしよう。名目賃金も100万円で、物価上昇が生じてないとする。ここで、名目賃金は100万円で一定であるが、物価水準が5％下落したとしよう。この場合、実質賃金は約105万円となる。

しかし、労働者は名目賃金が下がるのには抵抗するため、名目賃金は100万円のままになってしまう。名目賃金は100万円のままでも実質賃金は105万円に上昇しているため、名目賃金が下がらない場合、労働市場には失業者が存在してしまうようになる。しかし、労働者は貨幣錯覚の状態にあるため、失業を受け入れることになる。

これを図で表すと図表12-3のようになる。物価が下落して、実質賃金がw^*からw_1へと上昇したときに、名目賃金Wが下方硬直的であるとN_{D_1}からN_{S_1}の失業が発生する。逆に物価が上がって、実質賃金がw^*からw_2へと低下した場合には、N_{D_1}からN_{S_1}の超過需要が労働市場に発生する。この場合、名目賃金Wは上がる分には伸縮的であるため、実質賃金はw_2からw^*へと即座に上昇することになる。

またケインズ派の労働市場では雇用量は物価が上昇するにつれて増加する。この状態は図表12-4のように示される。たとえば、実質賃金がw_1のとき、

図表 12-3

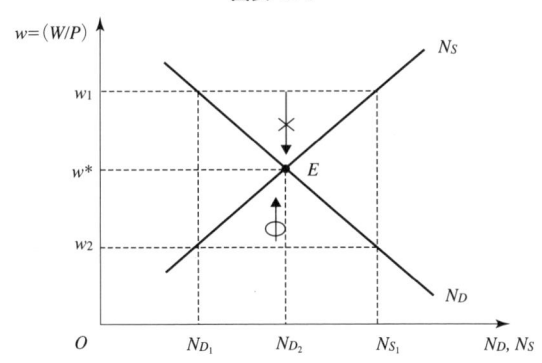

図表 12-4

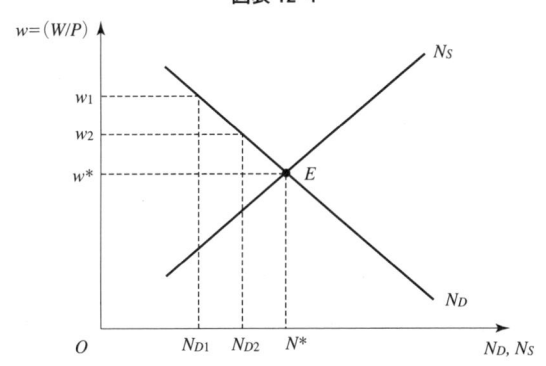

物価水準 P が上がれば、実質賃金は w_1 から w_2 へと低下する。

この場合、企業が労働者を雇用する量は労働需要曲線によって決定されることになるため、雇用量は N_{D_1} から N_{D_2} へと増加する。

さらに物価水準が上がって、実質賃金が w^* を越えて低下すると、労働市場が需要超過であるため、名目賃金が上がることになり、実質賃金は即座に w^* に調整されることになる。よって、ケインズ派の労働市場においては、物価水準 P が上がれば、雇用量は増加するが、完全雇用が実現すると、物価水準 P が上がっても雇用量は N^* で常に一定になる。

図表 12-5

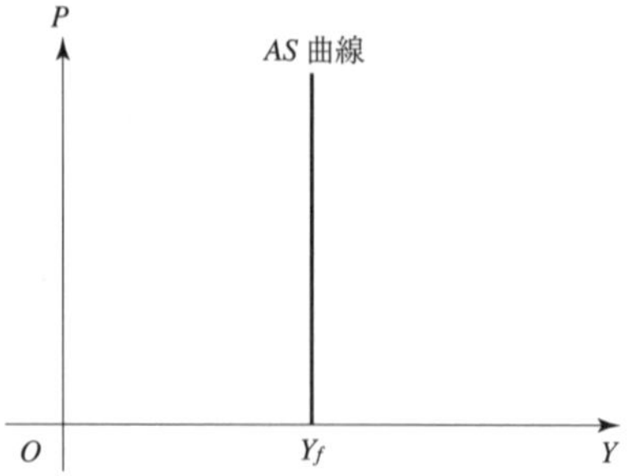

Ⅲ　総供給曲線（*AS* 曲線）

総供給曲線（aggregate supply curve：*AS* 曲線）とは、国民所得 Y（＝総供給）と物価水準 P との関係を表したものである。総供給曲線は労働市場の捉え方によって古典派とケインズ派にわかれる。

1．古典派の総供給曲線

短期的に国民所得の水準は雇用量によって決定されると考える。雇用量が増えると、国民所得が増加することは容易に理解することができるであろう。もちろん、機械や工場の建物を示す資本ストックが増加しても国民所得は増加するが、資本ストックは短期的に増加させることが困難であり、ここでは一定と考える。

古典派では名目賃金は伸縮的なため、労働市場は常に均衡しており、非自発的失業は存在しないと想定する。そのため、雇用量は常に N^* で一定となり、国民所得 Y も図表 12-5 のように、完全雇用国民所得 Y_f で一定の値となる。

2．ケインズ派の総供給曲線

ケインズ派においては、名目賃金が下方硬直的であり、常に労働市場が均

図表 12-6

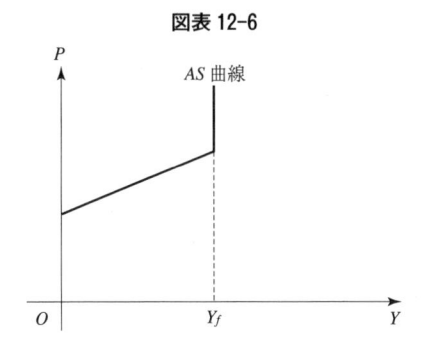

衡しているとは想定しない。労働市場には非自発的失業者が存在している場合、物価水準が上がれば、実質賃金が低下して、雇用量が増加することになる。

雇用量が増加すれば国民所得も増加するため、物価水準が上がるにつれて、国民所得も増加することになる。物価水準が上がるにつれて、非自発的失業も減少することになる。

整理すると、物価の上昇→実質賃金の低下→雇用の増大→国民所得の増大という連鎖である。そして、やがて完全雇用が達成されることになれば、雇用量は N^* で安定することになる。

雇用量が N^* となれば、物価が上昇して実質賃金が低下しても、名目賃金が上昇して実質賃金は w^* へと上昇してしまう。よって物価水準が上がっても国民所得は一定の水準となる。この関係を示したのが図表 12-6 における AS 曲線の垂直部分である。完全雇用国民所得 Y_f までは物価上昇とともに雇用量が増加して国民所得も増加するが、国民所得が Y_f になると総供給曲線は古典派と同じ形になる。

IV 裁量的政策の効果

古典派とケインズ派の総供給曲線はそれぞれ形が異なっている。総供給曲線の相違によって、政府による財政金融政策の効果に相違が生じるようになる。以下では、古典派とケインズ派の総供給曲線のそれぞれについて財政金

図表 12-7

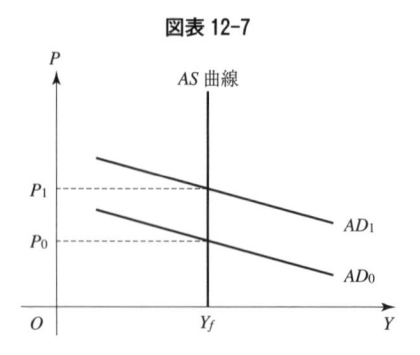

融政策の効果を確認していく。

1．古典派の場合

　古典派の総供給曲線の場合、財政金融政策は物価を上げるのみであり、国民所得に影響を及ぼさないと考える。その状態は図表 12-7 で示されている。

　政府が公共投資を行う、あるいはマネーサプライを増加すると、総需要曲線 AD は AD_0 から AD_1 へと右シフトする。拡張的な財政金融政策を行えば、IS-LM 分析で学んだように、国民所得が増加するため、総需要曲線は右シフトする。

　しかし、古典派の総供給曲線は横軸に対して垂直な形であるため、物価水準は P_0 から P_1 へと上昇し、国民所得は完全雇用国民所得 Y_F で一定のままとなる。すなわち、拡張的な財政金融政策は物価の上昇を引き起こすのみの結果となる。

2．ケインズ派の場合

　ケインズ派の総供給曲線の場合、財政金融政策は完全雇用国民所得までは、物価が上昇すると同時に国民所得が増加する。しかし完全雇用国民所得を実現した後は、古典派の場合と同様に、財政金融政策は物価を上げるのみの結果となる。

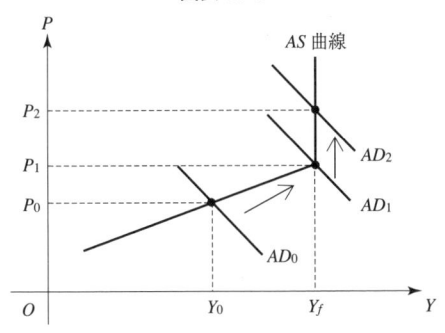

図表12-8

図表 12-8 はケインズ派の総供給曲線の場合の財政金融政策の効果について表している。政府が拡張的な財政金融政策を行った場合、総需要曲線 AD は AD_0 から AD_1 へと右シフトする。そして、物価水準は P_0 から P_1 へと上昇し、国民所得も Y_0 から Y_f へと増加することになる。

拡張的な財政金融政策を行うことによって、物価は上昇するが、失業は解消して国民所得も増大することとなる。言い換えれば、拡張的な財政金融政策は総需要を増加させ、雇用を拡大させることによって、生産力を高めることが可能となる。

しかし、さらに拡張的な財政金融政策を行っても、総需要曲線は AD_1 から AD_2 へシフトするが、物価水準が P_0 から P_1 へと上昇するのみであり、国民所得は完全雇用国民所得 Y_f で一定となる。総需要の増加によって失業者が全て吸収されてしまうと、雇用を増加させて国民所得を増加させることが不可能となる。そして、さらに総需要を増加させた場合、国民所得は増加せず、結果として物価が上がるのみとなる。

物価が持続的に上昇する現象のことをインフレーション (inflation) という。インフレーションに関しては、イギリスの経済学者フィリップスが 1861 年～1957 年のイギリスの統計を使用して貨幣賃金の上昇率と失業率はトレード・オフ（＝逆相関）の関係があることを指摘している。

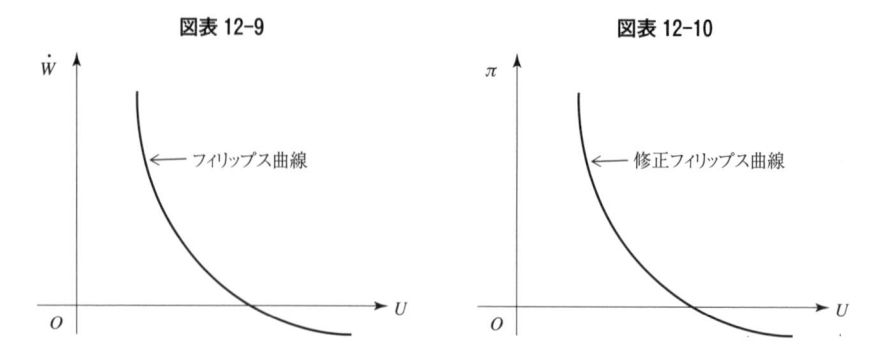

図表 12-9　　　　　　　　　図表 12-10

（フィリップス曲線）　　　　　（修正フィリップス曲線）

V　フィリップス曲線

　フィリップスが考案したフィリップス曲線（Phillips curve）は、失業率 U、名目賃金の上昇率 $\dot{W}$ とするならば、図表12-9のように示すことができる。失業率 U が上昇するにつれて名目賃金の上昇率 $\dot{W}$ は低下することになる。

　名目賃金が上昇すれば、生産のために必要なコストが賃金が上昇した分だけ上昇することになるため、物価も上昇すると考えられる。そのため、名目賃金の上昇率を物価水準の上昇率（＝インフレ率）とおきかえて考えることができる。

　物価水準の上昇率はインフレーションを示す指標であるため、この場合、インフレーションは、失業率とトレード・オフの関係にあると言える。インフレ率 π と失業率 U の関係は図表12-10のように表すことができる。

　フィリップス曲線のような関係が成立している場合、政府が総需要を拡大するような政策を行って失業率を低下させてもインフレが進行するような状態になる。そのため、財政金融政策を実行している政策当局は、インフレのコストと失業のコストを勘案して政策を実行する必要があることを示唆している。

　フィリップス曲線の前提とされているのはケインズ派の経済理論である。そのようなケインズ派の経済理論に基づいた経済政策の考え方に対して理論的、実証的批判を展開したのがミルトン・フリードマンに代表されるマネタリスト（monetarist）である。マネタリストの議論は、政府による介入的マ

クロ政策の無効を主張するルーカス、バロー、サージェント等の合理的期待形成学派に受け継がれることになる。以下では、それらケインズ理論を前提としたマクロ経済政策に対する批判について説明していく。

VI 長期フィリップス曲線

1960年代においては、日本、アメリカの両国において、安定的なフィリップス曲線を観察することができた。それは、有効需要管理政策によって、ある程度のインフレを甘受することで失業率を減らし、安定的な成長を遂げることが可能であったことを意味していた。

しかし、1970年代に入り、フィリップス曲線は不安定化することとなったのである。先進各国で激しいインフレーションが観察されるようになり、フィリップス曲線の形に変化が生じるようになった。そしてこれにより、ケインズ派の経済理論に対する批判が生じることとなり、ミルトン・フリードマンの自然失業率仮説（natural rate of unemployment hypothesis）に基づく、期待によって修正されたフィリップス曲線の理論が注目を集めたのである。

通常、労働市場の需給が均衡している場合にも、転職や新規就業のために一時的な失業が存在すると考えられる。この場合、労働市場が均衡していても、失業率はゼロとならず、正の値をとることになる。フリードマンは、このような失業率のことを自然失業率と定義する

またフリードマンは、インフレ率（物価上昇率）が人々の期待（予想）によって影響をうけると考えた。すなわち、自然失業率と期待の概念が導入された場合、フィリップス曲線は、インフレ率 π、インフレ期待 π_e、自然失業率 U^*、0以上の定数 Φ とすると、以下の式で表すことができる。

$$\pi = \pi_e - \Phi(U - U^*) \quad \cdots (12\text{-}1)$$

(12-1) 式では、人々のインフレ期待が現実のインフレ率と一致するならば、失業率は自然失業率の値をとることになる。また、フィリップス曲線はインフレ期待の変動とともに上下にシフトする。

フリードマンは、(12-1) 式のようなタイプのフィリップス曲線を使用し

図表 12-11

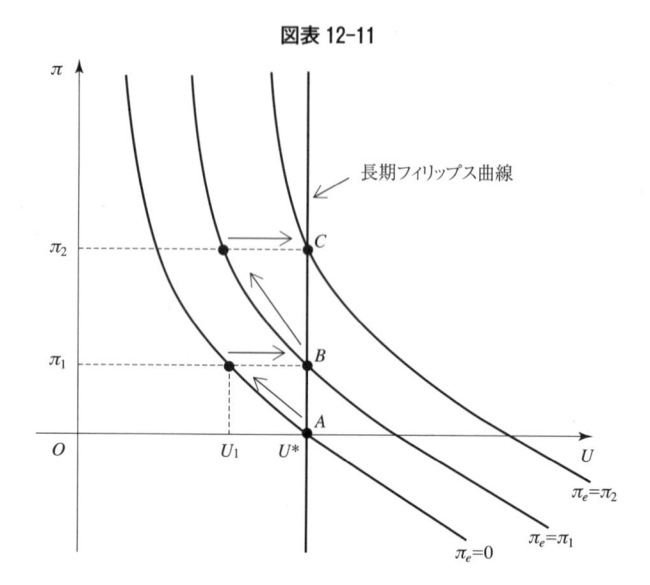

て、長期的にフィリップス曲線は図表 12-10 のような右下がりの形状とならず、図表 12-11 のように横軸に垂直な線分となることを示した。

最初に、失業率が自然失業率の水準 U^* にあるとしよう。この場合、現実の物価上昇率はゼロであるため期待物価上昇率 π_e もゼロとなる。

ここで、政府が拡張的財政金融政策を行い、総需要を拡大させたために、失業率は U_1 の水準に低下したとしよう。

U_1 の水準では、現実の物価上昇率は π_1 の状態になり、人々は、予想物価上昇率をゼロから π_1 に修正する。その結果、フィリップス曲線は π_1 だけ上方シフトすることになり、失業率は再び U_1 から U^* へと上昇することになる。以上のようなプロセスが継続した場合、フィリップス曲線は A、B、C の点をそれぞれつないだ直線になる。すなわち、長期フィリップス曲線は、横軸に対して垂直な線分となるのである。

このような場合、政府が拡張的な財政金融政策を行うことにより、総需要を増加させても、短期的には失業率は低下するが、長期的には失業率は変化せず、インフレーションを進行させる結果しかもたらさないことになってしまう。

フリードマンは、以上のような根拠から積極的な総需要管理政策が長期的には役に立たず、インフレを拡大させるのみであることを主張した。そして、マネーサプライの増加率を長期的な GDP の成長率と同じ一定水準に保つような金融政策が正しいことを主張したのである。取引される財・サービスが必要とするだけの貨幣量を供給すればよいとするフリードマンの主張は、すべての市場が価格メカニズムの作用によって自動的に均衡するという考え方に立脚した新古典派理論の復活を意味する。

Ⅶ 現代のマクロ経済理論の諸潮流

マネタリスト以降のマクロ経済理論は、基本的に、価格メカニズムの自動調整力を信奉する考え方に立脚したものである。ルーカス、バロー、サージェントによる合理的期待（rational expectation）形成理論とは、人々がその時点で入手可能なあらゆる情報を効率的に利用して「期待」を形成すれば、平均的には正しい結果を予測することが可能であると考える。

この場合、財政金融政策は、人々によってその効果が正確に予測されるために、短期的にも長期的にも無効となる（＝政策無効性命題）。この場合、政府が人々の予測を裏切るような唐突な政策を実行する以外、有効な政策を実行することはできないことになる。

こうした合理的期待形成理論の考え方は、プレスコット、プロッサー、キングらによって提唱され、1980 年代に盛んとなったリアル・ビジネスサイクル理論（theory of real business cycle）においても、基本的には受け継がれている。

リアル・ビジネスサイクル理論は、経済変動は実物的ショックによって生じることを主張する。そして、景気循環の各時点において家計や企業は最適な行動をとっていると考え、景気循環はマネーサプライや物価水準といった需要側の要因ではなく、イノベーションや技術変化といった供給側の要因に強く影響されると考える。

マネタリストによって始まった一連のケインズ経済理論への批判は、非常に難解な数学、統計学の手法を駆使した、理論モデルとしては１つの完結し

た体系を提示するものである。しかし、その実際の経済政策への適用可能性とその有効性は、しばしば疑問視されることもある。そして、ローマーやマンキュー等のニューケインジアン（New Keynesian economics）によるケインズ経済理論の再構築も行われるようになっている。現実の経済政策を意識した、マクロ経済のための理論的、実証的な再検討が必要であるといえよう。

> **確認用語**
>
> 総需要曲線（AD 曲線）　古典派の第一公準　古典派の第二公準　貨幣錯覚　非自発的失業　ケインズ型労働供給曲線　古典派の AS 曲線　ケインズ型の AS 曲線

●第13章

国際マクロ経済学

　第11章と第12章では、海外との経済関係を捨象した、一国経済を対象とした分析を行った。しかし、実際の経済はさまざまな国と貿易・投資・金融などの海外取引を行っている。そこで、本章では、さまざまな対外経済取引を行う国における裁量的政策の効果を検討していくことにする。ある国の経済は多くの諸国と対外経済取引を行っているが、本章の分析は、分析を単純化するために二国間モデルを用いることにする。すなわち、ある国が実施するマクロ経済政策がもう一方の国との経済取引を通じてどのような効果を及ぼすのかを検討することになる。その際、固定為替レート制と変動為替レート制という異なる制度環境のもとで、財政政策と金融政策の効果を検討することにする。

I　外国為替相場

1．為替レート

　日本経済は、世界の国々と貿易や金融取引を行っている。このような対外取引には、代金の支払いや借入資金の返済など、自国通貨と外国通貨の交換が必ず行われる。自国通貨と外国通貨の交換は外国為替市場で行われる。外国為替市場の参加者は銀行、その顧客である企業や個人、為替ブローカー、および中央銀行である。また外国為替市場は、銀行間の大口の取引を行うインターバンク市場と、取引規模が相対的に小さい対顧客取引を行う対顧客市場がある。そして、新聞やテレビなどで見聞きする為替レートは、インター

バンク市場での為替取引の結果として決まるのである。

　このインターバンク市場でのメイン・プレーヤーは銀行である。銀行は異種通貨交換の仲介役を担う。貿易や資本などの国際間取引の決済は、銀行を仲介として外国為替により行われている。この点を、日米間の貿易取引を事例にしてみていくことにしよう。日本の輸出業者は米国で販売した製品の代金としてドルを手に入れる。輸出業者は、入手したドル資金をそのまま日本国内で使うことができないため、ドルを銀行へもっていく。そして、銀行にドルを買ってもらうことで、輸出業者は円資金を入手することができる。逆に、日本の輸入業者は、銀行に円で支払いドル債務を銀行に肩代わりしてもらうことで支払いをすませ（外国債券を買う）、商品を受け取ることができる。このように、外国為替の取引、およびそれにともなう外貨の売買取引市場を外国為替市場とよぶ。

　しかし、異なる通貨間の交換が行われる際に、事前にその交換比率がわからなければ交換できない。そこで交換比率を決める必要があり、この比率が外国為替レート（以下、為替レートと略す）とよばれるものである。為替レートの表示方法には、外貨建てと自国通貨建てとの2通りがある。自国通貨建てとは、1ドル＝110円というように、外国通貨1単位と交換される自国通貨の単位数で表示されるものである。もう1つの外貨建てとは、1円＝1/110ドル、したがって1円≒1セントのように表記されるものである。

　為替レートが変動して、外国通貨に対する自国通貨（円）の価値が上昇することを、為替レートの増価（または円高）というのに対して、外国通貨に対する自国通貨の価値が低下することを、為替レートの減価（または円安）という。

　為替レートとは、自国通貨と外国通貨との相対価格比であり、通常の財・サービスの貿易取引にともなう外貨の需要と供給によって変化する。たとえば、財・サービスの輸入や資本の流出はドル需要を増加させるのに対して、財・サービスの輸出や海外からの資本流入はドルの供給を増加させることになる。これを図示したのが、図表13-1である。

　為替レートが e_1 の場合には、ドルが超過供給となっているので、円高・ドル安の方向に為替レートが動く。これに対して、e_2 の場合には、ドルの超過需要が発生しているので、為替レートは円安・ドル高へと向かい、やが

図表 13-1

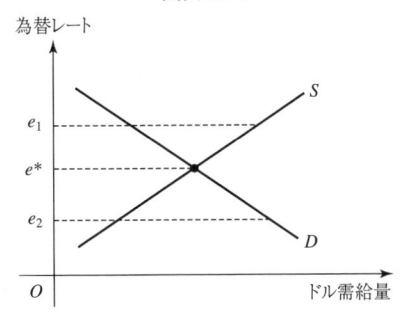

て e^* に収束していくことになる。

　しかし、このようなメカニズムが作用するためには、次の前提条件が満たされる必要がある。この前提条件とは、外国と自国の輸入需要の価格弾力性の和が1以上であるというものであり、これは**マーシャル＝ラーナーの安定化条件**と呼ばれるものである。

　つまり、為替レートの減価が経常収支を改善するためには、為替レートの変動に対して、ある一定規模以上に両国の輸入量が伸縮的に変動する必要があるということを示しているのである。そして、このような為替レートの変動によって、経常収支は改善されるはずである。たとえば、自国の経常収支が赤字であれば、為替レートの減価を通じて輸入が減少するとともに、輸出が増加するので、経常収支は改善されることになるからである。逆に、自国の経常収支が黒字であれば、為替レートの増価により、輸入が増加し、輸出が減少することになるので、経常収支は改善されることになる。

　しかし、短期的にみると、先のマーシャル＝ラーナーの条件が満たされないために、経常収支不均衡は改善されないどころか、かえって不均衡が拡大することがある。たとえば、日米間の貿易不均衡の例で考えるならば、円高にもかかわらず、経常収支の黒字額が増大するようなケースである。このような短期的に経常収支の不均衡が拡大するような現象をＪカーブ効果という。為替レートが変化しても、それに応じてすぐに日米両国の輸出入量が変化するとは限らない。両国の輸出入量の変化を妨げる要因としては次のことが指摘できる。国際貿易は基本的には長期契約にもとづいて数量が決定されてい

るため、為替レートが円高に振れると円換算の黒字額が拡大する時期、為替レートの変動によって国内物価が変化する時期、そして国内物価の変動に応じて輸出入量が調整される時期との間にタイム・ラグが存在するために、このような現象が生じるといえる。この場合、マーシャル＝ラーナーの安定化条件はみたされず、一時的に不均衡が拡大することが知られている。

2．国際通貨体制の歴史

　第一次世界大戦の勃発する1914年以前の時期には、世界の大多数の国が金本位制を採用していた。金と各国通貨の交換比率は固定されていた。そのため、金本位制の下では為替レートも固定されることになる。また各国は金平価を維持するために、請求に応じて通貨と金を交換しなければならないため、各国の通貨量は金の保有量に比例していたのである。そのため、貿易赤字国が対外赤字を金で相手国に支払うと保有金量が減少するので、それに応じて国内の貨幣供給量も減少していくことになる。この結果、物価下落が生じ、輸出の増加と輸入の減少を通じて国際収支の均衡を回復することになる。逆に、貿易黒字国では金の流入にともない貨幣供給量が増加し、物価が上昇することになる。そして、この物価上昇により輸出が減少し、国際収支不均衡が回復されることになる。このメカニズムは物価・正貨流出入機構と呼ばれるものであるが、これが金本位制のもとで作用することによって、国際収支が安定化していくと考えられている。

　しかし、国際取引の増加や、国内経済規模の拡大などによって、通貨需要が増加しても、金本位制を採用する限りは、金の供給量が拡大されなければ貨幣供給量を増加させることができないという欠点がある。

　1944年にアメリカのニューハンプシャー州ブレトン・ウッズにおいて、戦後の新たな通貨体制が決められ、国際通貨基金（IMF）と世界銀行（IBRD）が設立された。また、この新しい通貨体制は、IMF体制、あるいは**ブレトン・ウッズ体制**と呼ばれる。その後、1971年まで続いたこの通貨制度は金為替本位制と呼ばれ、金とドルの交換比率が金1オンス＝35ドルで固定されていた。また、アメリカは金とドルの交換について無制限に応じ

ていた。当時の国際通貨はドルであり、各国通貨の交換比率はドルに対して固定されていたのである。この固定された交換比率をドル平価という。つまり固定為替相場 (Fixed Exchange Rate) が採用されていたのであった。

固定為替相場の下では各国通貨間の交換比率が固定されているが、交換比率を固定するとある通貨の需要は他の通貨の需要よりも大きくなる可能性がある。そのような場合には、各国の中央銀行が固定されたレートで民間の要求に応えていくらでも外国通貨を売ったり買ったりする用意がなければならない。もし、中央銀行が外国通貨と自国通貨の交換を拒否するならば、固定為替相場を維持できなくなり、変動為替相場 (Floating Exchange Rate) となる。たとえば、日本銀行がドルと円の交換を拒否すれば、誰も円を持とうとしなくなり、国際取引手段としての機能を果たせなくなる。つまり固定為替相場の下では、中央銀行は国際収支の不均衡に対応できるだけの十分な外貨準備を保有しており、いつでも要求に応じて売買に応じなければならない。

日本が IMF に加盟したのは 1959 年である。円の対ドル平価は 1 ドル＝360 円であった。その当時、各国の中央銀行は為替市場での相場変動が、平価を中心に上下 1% 以内に収まるように介入することを義務づけられていた。それでも国際収支の不均衡が解消できない構造的な不均衡が生じた場合には、平価を変更することができた（調整可能な釘付け、アジャスタブル・ペッグ）。

金の準備高が減少する中で、1971 年 8 月にニクソン大統領は金とドルの交換停止を決定した（**ニクソン・ショック**）。その後、1973 年より主要各国において変動相場制が採用されるようになった。

固定相場制が崩壊した原因は、1960 年代のアメリカのインフレと国際競争力の低下によって、日本とドイツの国際収支が大幅な黒字を記録したことにある。その結果、黒字国通貨の円やマルクが切り上げられるだろうとの予想が広まった。もし、この予想が実現されるならば、切り上げ前に円やマルクを買っておくことが利益になる。実際に、世界中で円やマルクが買われたため、ブンデスバンクや日銀は巨額のドルを保有することになった。このような投機が発生すると、日銀やブンデスバンクは円やマルクを大量に市場に放出することになる。その結果、マネーサプライは急激に増加することにな

る。このようなマネーサプライの増加に対して、中央銀行が売りオペを行うことによりハイパワード・マネーを吸収することを不胎化介入政策 (Sterilized Foreign Exchange Intervention Policy)〔外貨準備の増減によるハイパワード・マネーの変化を、売りオペや買いオペなどの手段によって相殺する政策〕と呼ぶが、この政策によってそれを十分に吸収することができなかった。結局、ドルが大量に流出することに危機感をもったニクソン大統領は、ドルの金兌換停止という形でブレトン・ウッズ体制からの一方的離脱を宣言したのであった。

変動相場制下であれば、原理的には、中央銀行は外貨準備を保有する必要はないが、変動相場制に移行してから、同制度のさまざまな欠点も指摘されている。投機的な資本移動がかなりの程度で自由に実施できる現在では、為替レートの変動が激しすぎるために企業活動の不確実性はますます大きくなっている。東アジアの通貨危機などは、この影響を受けているといえる。このため、変動相場制を部分的に見直そうとする動きも出てきている。

II 国際収支均衡曲線(BP 曲線)

まず、国際収支 (Balance of Payments) という言葉を説明することにしよう。国際収支とは、経常収支 (Current Account) と資本収支 (Capital Account) の合計のことをさす。経常収支は国際間の財・サービスの取引を記録したものであり、資本収支は国際間での資金の流れを示したものである。テレビや新聞などで外貨預金や外債のCMや広告を頻繁に見聞きするようになっているが、それはこのような国際間での資金移動が日常的に行われていることの証左である。

以下では、経常収支と資本収支がどのように決定されるのかをみていくことにする。その際、輸出を X、輸入を M、経常収支を $(X-M)$、資本収支を V、自国の国民所得を Y、外国の国民所得を Y_W、為替レートを e、自国の利子率を r、外国の利子率を r_W とする。これにしたがい、経常収支と資本収支を定式化するならば、

$$(X-M) = X(Y_W, e) - M(Y, e)$$

図表 13-2

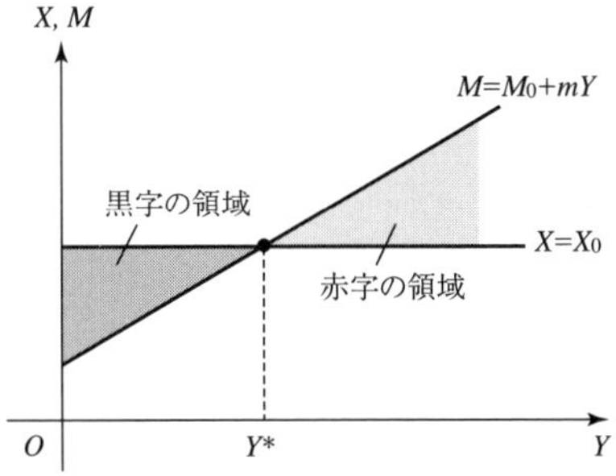

$V = V(r-r_W)$

となる。上記の定式によれば、経常収支の決定要因は、外国の景気、為替レート、自国の景気である。そして、輸出 X は為替レート e と貿易相手国の国民所得 Y_W の関数であり、輸入 M は自国の国民所得 Y および為替レート e の関数であるとする。ここで、貿易相手国の国民所得 Y_W はその国の景気情勢によって決定されるものであるため、ここでは所与のものとして考える。そのため、経常収支（$X-M$）は Y と e との関数となる。そして、固定為替相場の場合には、e は政策的に変更されない限り変わらないため、これも一定と考えるならば、経常収支は Y だけの関数となる。

前述のとおり、為替レートを一定とし、輸出も海外の景気に依存するため一定であるとし、輸入は自国の国民所得の増加関数であるとする。これらのことから、輸出は $X = X_0$、輸入は $M = M_0+mY$ とあらわすことができる（ただし、M_0 は国民所得 Y がゼロであってもおこなわれる輸入量を示している。また、m は限界輸入性向であり、ゼロ以上、1以下の値をとるとする)。これを図示すると図表 13-2 のようになる。

Y^* は輸入＝輸出、つまり、経常収支が均衡する国民所得の水準を示している。国民所得がこの Y^* を下回るならば、輸出が輸入を上回り、経常収支は黒字となる。逆に国民所得が Y^* を上回るならば、輸入が輸出を上回り、経常収支は赤字となることがわかる。

次に資本収支 V であるが、資本の流出入は内外の利子率の格差に依存して決定される。自国利子率 r と外国利子率 r_W とを比較して、前者の方が高

図表 13-3

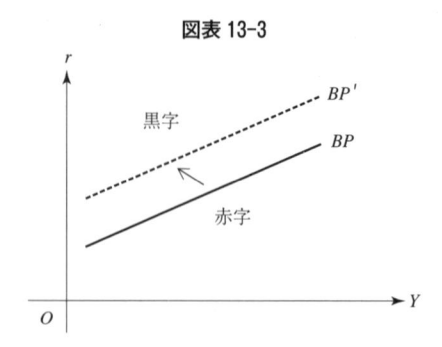

ければ（$r>r_W$）、自国における投資のほうが外国において投資するよりも有利になる。そのため、自国への資本流入が生じ、V は改善するようになる。逆に、（$r<r_W$）の場合には、外国における投資のほうが自国よりも有利になり資本流出が生じて V は悪化していくことになる。

　国際収支表は複式簿記の原理に従って記入されるために、経常収支、資本収支、外貨準備の増減、および誤差脱漏の4項目の合計は必ずゼロになる。外貨準備の増減は経常収支と資本収支から生じる不均衡により増減するために、誤差脱漏をゼロとするならば、国際収支均衡とは経常収支と資本収支の合計がゼロであることをさしている。

　したがって、

　　経常収支 ＋ 資本収支 ＝ 0

が成立するならば、国際収支は均衡しているといえる。そして、横軸に国民所得 Y、縦軸に利子率 r をとった平面において、国際収支が均衡する直線を描いたものが国際収支均衡曲線（BP 曲線）と呼ばれるものである（図表13-3）。

　国際収支均衡曲線（BP 曲線）は、横軸に国民所得 Y、縦軸に利子率 r をとった平面上において右上がりとなる。その理由は、国際収支均衡曲線（BP 曲線）上のある一点から出発して、たとえば国民所得が増大すると、それにより輸入が増加するため、経常収支が悪化する。この経常収支赤字の増加分を相殺するためには、利子率を上昇させて資本を引き寄せなければならなくなる。また、国際収支均衡曲線の上側は国際収支が黒字であり、下側

図表13-4

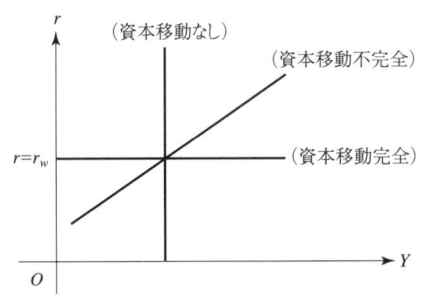

は赤字となる。なぜなら、ある一定の国民所得の下で国際収支均衡曲線上のある一点よりも利子率が高ければ、資本流入が生じ、逆に利子率が低ければ資本流出が生じるからである。そして、変動相場制において為替レートが増価した場合（円高）には、BP曲線は左にシフトすることになる。その理由は、たとえば一定の国民所得の下で為替レートが増価したとするならば、為替レートの増価（円高）は輸出の減少と輸入の増大をもたらすため、経常収支は悪化することになるからである。このため、国際収支を均衡させるためにはより高い利子率が必要となってくる。

ただし、国際収支均衡曲線（BP曲線）の傾きは、資本移動がどの程度容易かによって異なってくるといえる。図表13-4は、そのことを示している。資本移動が完全な場合には、利子率に対して完全に弾力的となり、外国利子率の水準で水平な直線となる。資本移動が全くない場合には横軸に垂直な直線となる。資本移動の程度がその中間にある場合には、右上がりの直線となるのである。

Ⅲ　*IS-LM-BP*分析

*IS-LM*分析に国際取引を導入した開放経済体制下のマクロ経済モデルをマンデル＝フレミング・モデルという。このモデルの基本構造は第11章、第12章および本章のこれまでの分析から、以下の3本の式によって捉えられることを再確認しておく。

250

① $I(r)+G+X(Y_w,e) = S(Y)+T+M(Y,e)$
② $M = L_1(Y)+L_2(r)$
③ $(X-M)[X(Y_w,e)-M(Y,e)]+V(r,r_w) = 0$

(なお②の式の左辺は、これまではM/Pとしてきたが、ここでは所与として変数から外した。)

この分析モデルを用いて、以下では固定為替相場制と変動為替相場制の両制度の下での財政および金融政策の効果を分析する。

1. 固定相場制における財政政策の効果

まず、固定為替相場制下での政府による裁量的政策の効果を、IS-LM-BP分析を用いて確認する。

固定為替相場において財政政策が施行されると、IS曲線が右へとシフトし、IS'となる。

まず、資本移動が完全に自由な場合をみていくことにする（図表13-5）。IS曲線のシフトによりLM曲線との交点はE_0からE_1へと移動する。この交点E_1は、BP曲線よりも上方に位置するため、国際収支は黒字である。また、利子率も上昇している。これらのことから、外貨（以下では、外貨をドルで代表させることにする）を円に交換する要求が増えることになる。また、固定為替相場の下では、中央銀行は市場に介入し為替レートを固定的に維持する義務を負っている。そのため、国際収支が黒字になると中央銀行はドルの買い入れをおこない、そのかわりに円が市中に放出され、マネーサプライが増加することになる。マネーサプライが増大すると、LM曲線は右にシフトするため、新たな均衡点はE_2へと移動することになる。

次に、資本移動が不完全な場合をみていくことにする（図表13-6）。この場合、財政政策によりIS曲線がIS'にシフトすると、LM曲線との交点はE_0からE_1へと移動することになる。このE_1はBP曲線の下方に位置するため、国際収支は赤字状態にある。このため、中央銀行は固定相場制を維持するために外貨の売り介入を実施するので、マネーサプライは減少する。マネーサプライの減少は、LM曲線を左シフトさせるが、この左へのシフトは

第13章 国際マクロ経済学 251

図表 13-5
固定相場制の下での財政政策①

図表 13-6
固定相場制の下での財政政策②

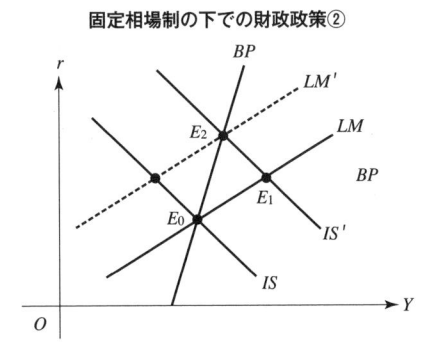

国際収支が赤字であるかぎり続くため、LM 曲線は LM' へとシフトすることになるので、均衡点は E_2 に落ち着くことになる。この場合、拡張的な財政政策が実施される前と後を比べると、以前よりも国民所得は増大しているが、その効果は資本移動が完全に自由な場合よりも低下するといえる。

しかし、いずれのケースにおいても、固定相場制度下での財政政策は政策実施前よりも実施後に国民所得を増加させるので、有効であるといえる。

2．固定相場制における金融政策の効果

金融政策によってマネーサプライが増大すれば、LM 曲線は右へとシフトし LM' となる。まず、資本移動が完全に自由なケースについて検討していくことにする（図表13-7）。

LM 曲線が右へとシフトした結果、IS 曲線との交点は E_0 から E_1 へと移動することになる。この交点 E_1 は、BP 曲線の下方に位置するため、国際収支赤字が発生している状況にある。固定相場制の下では中央銀行は固定為替レートを維持する義務を負っているために、外貨の売り介入を実施せざるをえないが、その結果としてマネーサプライは減少することになる。このマネーサプライの減少を反映して、LM 曲線は左にシフトすることになる。この LM 曲線の左へのシフトは、国際収支赤字が解消されるまで続くので、交点は E_1 から E_0 へと移動することになる。結局、LM 曲線はシフトせず、

図表 13-7
固定相場制の下での金融政策①

図表 13-8
固定相場制の下での金融政策②

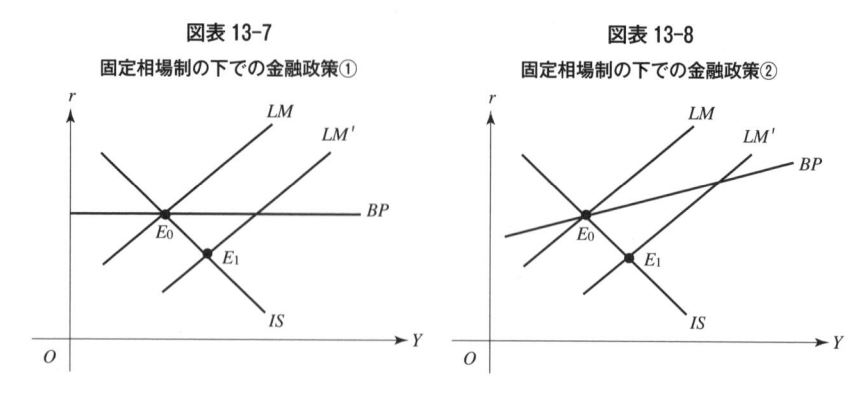

均衡点も不変のままとなり、固定相場制における金融政策は無効となる。資本移動が完全に自由でない場合であっても、これと同様の結果となる（図表13-8）。

3．変動為替相場における財政政策の効果

　変動為替相場制の下では、為替レートの変動によって通貨の需給調節が行われるため、理論的には、中央銀行は外国為替市場に介入する義務を持たないということができる。この点が、固定為替相場制の下での環境とは大きく異なる。
　まず、変動為替相場における財政政策の効果について資本移動が完全に自由なケースから検討していくことにする（図表13-9）。
　変動為替相場制の下においても、拡張的な財政政策が実施されると、IS曲線は右方向へとシフトし、IS'曲線となる。IS曲線の右側へのシフトにより、LM曲線との交点はE_0からE_1へと移動することになる。E_1はBP曲線よりも上方に位置するので国際収支は黒字状態にある。また、E_1は国民所得が増加し、そして利子率も高い状態にある。しかし、国際収支が黒字になるため、資本が流入するので、自国通貨である円の需要が増加して為替レートも増価していくことから、経常収支は悪化していくことになる。為替レートの増価によって輸出は減少し、IS'曲線はもとのIS曲線の位置へと左に

図表 13-9
変動為替相場における財政政策①

図表 13-10
変動為替相場における財政政策②

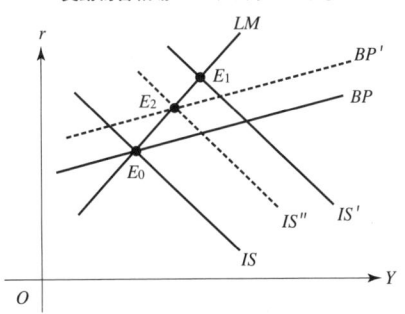

シフトしていくことになる。つまり、変動為替相場制の下では、資本移動が完全に自由であるならば、拡張的な財政政策を実施しても、国民所得はまったく増加しないので、その効果は完全に無効であるということができる。

次に資本移動の自由が不完全であるケースをみていくことにする（図表13-10 を参照）。

拡張的な財政政策が実施されると、IS 曲線は右側へとシフトし、IS′ 曲線となる。IS 曲線の右へのシフトにより、LM 曲線との交点も E_0 から E_1 へと移動することになる。交点 E_1 は、BP 曲線よりも上方に位置するので国際収支は黒字の状態にあるといえる。国際収支が黒字になるため、資本流入が起こり、自国通貨の需要が高まり、為替レートは増価し、経常収支は悪化していくことになる。為替レートの増価によって輸出は縮小し、IS′ 曲線はもとの IS 曲線の位置に向けて左へとシフトしていく。しかし、このケースでは、IS 曲線が左シフトするのと同時に、BP 曲線も左にシフトすることに注目する必要がある。これは、為替レートの増価（円高）によって経常収支は悪化することになるが、国際収支を均衡させるためには、より高い利子率によって資本の流入を促進する必要があるからである（右上がりの BP 曲線を考えてみることにしよう。国民所得の水準が同一であったとしても、為替レートが円高になれば、国際収支を均衡させるには利子率が上昇しなければならないので、BP 曲線は左にシフトすることになる）。したがって、均衡点は E_2 で決定されることになる。このケースでは、資本移動が完全に自由

図表 13-11
変動為替相場における財政政策③

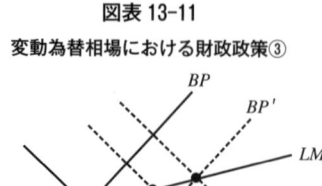

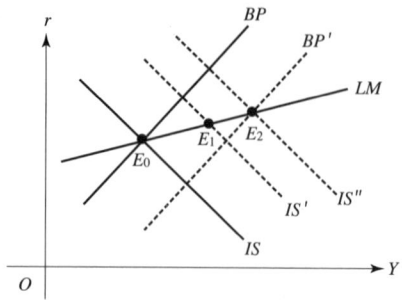

なケースと同様に、財政政策の効果が為替レートの増価によって一部相殺されることになるが、いくらかは国民所得が増大するため、財政政策は一応有効であるということができる。

また、図表 13-11 のケースであれば、財政政策は有効であり、その効果が強化されることを確認することができる。このケースでは、拡張的な財政政策が実施されると、IS 曲線が右へとシフトし、IS' 曲線となる。IS 曲線の右側へのシフトにより LM 曲線との交点は E_0 から E_1 へと移動することになる。交点 E_1 は BP 曲線よりも下方に位置するので国際収支は赤字状態にある。このため、為替レートは減価（円安）し、経常収支が改善にむかうため、IS' 曲線はさらに IS'' 曲線へと右側にシフトしていくのと同時に、BP 曲線も右側へシフトしていくことになる。このため、最終的な交点は E_2 で決定され、財政政策は有効であり、その効果が強化されていることがわかる。

4．変動為替相場制下での金融政策

まず、資本移動が完全に自由な場合の金融政策の効果をみていくことにする。金融政策によってマネーサプライが増大すれば、LM 曲線は右側へとシフトし LM' 曲線になる（図表 13-12 を参照）。

資本移動が完全に自由なケースにおいては、IS 曲線のシフトにより LM 曲線との交点は E_0 から E_1 へと移動することになる。交点 E_1 では、BP 曲

図表 13-12　　　　　　　　　図表 13-13
変動相場制での金融政策①　　　変動相場制での金融政策②

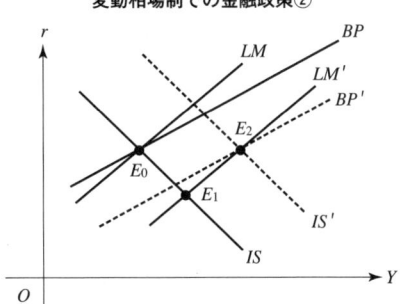

線の下方にあるため、国際収支は赤字であり、資本流出が発生して為替レートは減価（円安）していくので、IS曲線は右側へシフトし、IS'曲線となり、最終的な交点はE_2で定まることになる。このケースでは、金融政策は完全に有効であるといえる。しかし、図表13-13のように、資本移動の自由が不完全であるケースでは、為替レートの減価（円安）によりBP曲線も右側へとシフトするため、均衡点はLM'、IS'、BP'の交点であるE_2で決定される。このケースでも、金融政策は有効であるが、資本移動が完全な場合ほどの効果はもたらさないことが図からも確認することができる。

確認用語

固定為替相場制　変動為替相場制　輸出関数　輸入関数　BP曲線　不胎化政策　固定相場制でのIS-LM-BP分析（財政政策、金融政策それぞれの効果）変動相場制でのIS-LM-BP分析（財政政策、金融政策それぞれの効果）

●第14章

経済成長理論

　ここまでの章では、マクロ経済学の中でも主に短期的な理論の説明を行ってきた。ここでいう短期とは「資本ストックが一定」と仮定していることを意味する。この章では、資本ストックが増大していく長期的な経済成長を説明するための諸理論について説明していく。一国の長期的な経済成長を説明するための諸理論は経済成長理論と呼ばれる。

　経済成長理論は大きく、ケインズ派経済成長理論（＝ハロッド＝ドーマー・モデル：Harrod-Domer model）と新古典派経済成長理論（＝ソロー＝スワン・モデル：Solow-Swan model）に分けることができる。一国の経済成長は、ハロッド＝ドーマー・モデルでは不安定なもの、一方、ソロー＝スワン・モデルでは安定的なもの、と考えられている。成長が安定的であるとは、経済が需給が一致したままで成長することを意味し、不安定であるとは需給のギャップが成長していくにつれて拡大していくことを意味する。

　以下ではハロッド＝ドーマー・モデルとソロー＝スワン・モデルを中心に経済成長の諸理論について解説する。

I　ハロッド＝ドーマー・モデル

　ハロッドとドーマーによって提示された**ハロッド＝ドーマー・モデル**は、短期のケインズ経済理論を長期的経済成長理論へと発展させたものである。ハロッド＝ドーマー・モデルにおいては、経済成長は本質的に不安定なものであり、政府による経済計画の役割が重要視されることになる。

　ハロッド＝ドーマー・モデルは、マクロ経済学のみならず、開発途上国の

経済発展について分析するための学問である初期の開発経済学に大きな影響を与えたことが知られている。ハロッド＝ドーマー・モデルは、資本 K を完全利用することが可能な国民所得 Y の成長率 $\Delta Y/Y$ を保証成長率（the warranted rate of growth）G_w としており、以下のように示すことができる。

（保証成長率）$G_w = \dfrac{\Delta Y}{Y} = \dfrac{s}{v}$ … (14-1)

貯蓄率 s、資本係数 $v = \dfrac{K}{Y}$

貯蓄率 s は国民所得 Y に占める貯蓄の割合 S/Y を、資本係数（capital coefficient）v は1単位の生産を行うのに必要な資本ストック K/Y を、それぞれ示している。

ハロッド＝ドーマー・モデルにおいては、1単位の生産を行うのに必要な資本の数が一定であると考えられている。1本のスコップ（ここでは資本として考えてみる）を使える労働者はたった1人である。スコップが1本しかなければ、労働者が2人いてもスコップ1本分に相当する生産しかできないであろう。この場合、スコップ1本に労働者1人で1単位の生産を行うことができるとしよう。スコップを2本に増やした場合、労働者の数は2人に増加し、生産も2単位に増やすことができる。

ただし、いずれの場合でも資本係数は1で一定のままである。ハロッド＝ドーマー・モデルにおいては、生産活動を行うのに必要な資本と労働の組み合わせは決まっており、そのため、資本係数も一定の値を仮定している。

(14-1) 式によれば、ある国において資本が完全利用されているとき、貯蓄率が高いほど、また、資本係数が低いほど、その国の経済成長率は上昇することになる。例えば、ある開発途上国に強権的な政府が存在していると考えてみよう。ハロッド＝ドーマー・モデルによれば、貯蓄率を強制的に引き上げれば、経済成長率は上昇することになろう。

貯蓄率を引き上げるためには、人々の消費を減少させる必要がある。そのため、配給制度をとって人々の消費を政府がコントロールし、貯蓄を強制的に高めるような政策をとることが正しいことになる。実際、旧ソ連や中国、インドにおいては、強制的に貯蓄率を上昇させるような政策が行われた時代

がある。

一方、労働力 L が完全雇用の状態にあることが可能な成長率は自然成長率（the natural rate of growth）G_n とされており、以下のように表すことができる。

（自然成長率）$G_n = n + \lambda$　…（14-2）

n：労働人口増加率、λ：技術進歩率

ハロッド＝ドーマー・モデルにおいては、資本と労働が完全に利用された状態で経済成長（均衡成長）が進行するための必要条件は、保証成長率 G_w と自然成長率 G_n が等しくなることである。均衡成長条件は以下のように表される。

（均衡成長条件）　$G_w = G_n$　…（14-3）

$$\frac{s}{v} = n + \lambda \quad \cdots (14\text{-}4)$$

(14-4) 式のことをハロッド＝ドーマー条件と呼ぶ。ハロッド＝ドーマー条件が満たされない場合、例えば、

$G_w > G_n$　…（14-5）

のような状態の場合は、労働力と比べて資本が過剰に存在しながら経済成長が持続することになる。逆に、

$G_w < G_n$　…（14-6）

のような場合は、資本と比べて労働が過剰に存在しながら経済成長が持続することになる。

保証成長率や自然成長率に対して、現実の GDP の成長率 G は以下のように表すことができる。

（現実成長率）$G = \dfrac{s}{v}$　…（14-7）

ハロッド＝ドーマー・モデルにおいては、保証成長率、自然成長率、現実成長率が一致するとき、資本と労働が完全に利用される均衡成長が実現される。しかし、ハロッド＝ドーマー・モデルにおいては、貯蓄率 s、資本係数 v、労働人口増加率 n、技術進歩率 λ は外生的に与えられており、一定とされている。

そのため、保証成長率、自然成長率、現実成長率が一致するとは限らない。むしろ、それぞれの格差が拡大するようなメカニズムが働きうることになる。例えば現実の経済成長率が以下のように保証成長率を上回っているとしよう。

$G > G_w$ …（14-8）

この場合、貯蓄率 s が一定であるとすれば、以下のような関係が成立することになる（ここでは、保証成長率の資本係数を v_w としている）。

$v < v_w$ …（14-9）

（14-9）式のような関係が成立している場合、企業家は、現実の資本が望ましい水準を下回っていると考える。

そのため、資本を増加させようと、工場建設や機械の購入を活発に行うようになる。工場建設や機械の購入は設備投資を増やすために、資本の増加率は上昇して、同時に現実の経済成長率も上昇することになる。そして、現実成長率は保証成長率をより一層上回ることになってしまうのである。

これは、現実の資本の増加率 $\Delta K/K$ が、以下の式のように現実成長率と等しくなることからも明白に理解することができよう。

$$G = \frac{\Delta K}{K} = \frac{I}{K} = \frac{sY}{K} = \frac{s}{v} \quad \cdots (14\text{-}10)$$

すなわち、現実の資本係数が資本の無駄の存在しない望ましい水準を下回る→企業家が設備投資を活発化→資本の増加率の上昇→現実成長率の上昇といったメカニズムが生じることになるわけである。

逆に、現実の経済成長率が保証成長率を下回っている場合は、現実の資本係数が望ましい水準を上回っているために、企業家は設備投資を減少させてしまうため、現実の成長率は低下して保証成長率をより一層下回ることになる。

ハロッド＝ドーマー・モデルにおいては、一度、現実の経済成長率が保証成長率から離れてしまうと、その差は時間の経過とともに拡大してしまうことになる。ハロッドはこのことを不安定性原理（ナイフエッジ定理：knife-edge Theorem）と呼んだ。ハロッド＝ドーマー・モデルにおいては、経済成長は本質的に不安定なものと捉えられているのだ。

II ソロー＝スワン・モデル

ソロー＝スワン・モデルとは、新古典派経済成長理論のことをいい、ソローとスワンによって提示された。ソロー＝スワン・モデルはハロッド＝ドーマー・モデルと異なり、生産活動を行うのに必要な生産要素の比率は一定ではない。

ソロー＝スワン・モデルでは、生産要素間の代替がスムーズに行われることが仮定されている。そのため、資本係数は変化することになる。言い換えるならば、労働や資本の組み合わせを自由に行うことができることを想定している。

ソロー＝スワン・モデルでは、常にそれらの生産要素は過不足なく最適に使用されることが仮定されているため、資本と労働が完全に利用された状態で経済成長が持続していく。逆に、ハロッド＝ドーマー・モデルでは、基本的に資本と労働が完全に利用されない状態で経済成長が持続することになる。

その結果、ソロー＝スワン・モデルでは、経済成長は安定的なものとなり、ハロッド＝ドーマー・モデルでは、経済成長は不安定なものとなる。

ソロー＝スワン・モデルの生産関数は以下のように定義される。

$$Y = f(K, L) \quad \cdots (14\text{-}11)$$

(14-11) 式の生産関数は以下のような性質を持っている。まず、資本と労働の限界生産力は正の値となり、資本と労働に関して収穫逓減法則が成立する。この場合、資本や労働を追加的に1単位増加したとき、財・サービスの総生産は増加する。また、総生産は、資本や労働を増加させた場合、やがてある一定の値におさまることになる。

さらに (14-11) 式の生産関数は、規模に関して収穫一定を仮定している。例えば、ある工場の機械や労働者の数を2倍にすると工場の総生産も2倍になるような状態が成立している。

加えて資本と労働がゼロに接近するとその限界生産力は無限大に近づき、逆に、資本と労働が無限大に接近するとその限界生産力はゼロに近づく稲田条件が成立している。

(14-11) 式は規模に関して収穫一定の仮定より、以下のように労働生産性

関数 y としても表すことができる。

$Y = f(K, L) = L \cdot f(K/L, 1) = L \cdot f(k)$

$y = Y/L = f(k)$ … (14-12)

さて、貯蓄率 s が以下のように総生産 Y と比例的に決められているとしよう。

$S = sY$ … (14-13)

$S = I$ の関係が成立し、$I = \Delta K$ だから、(14-13) 式は以下のように示される。

$\Delta K = I = sY$ … (14-14)

(14-14) 式を L で割ると以下のように表すことができる。

$\dfrac{\Delta K}{L} = sf(k)$ … (14-15)

ここで、

$\Delta k = \dfrac{\Delta K}{\Delta L} = \left(\dfrac{\Delta K}{K} - \dfrac{\Delta L}{L}\right) \times \dfrac{K}{L}$ … (14-16)

の関係が成立しているとしよう。労働力人口の成長率を n とすると、Δk は以下のように、$\Delta K/L$ で表すことができる。

$\Delta k = \dfrac{\Delta K}{L} - nk$ … (14-17)

(14-15) を (14-17) に代入して整理すると以下のようなソローの基本方程式を導くことができる。

$\Delta k = sf(k) - nk$ … (14-18)

図表 14-1 のように資本労働比率 k の値が k_1 にあれば、$sf(k) > nk$ となる。$sf(k) > nk$ であれば、$\Delta k > 0$ となる。そのため、時間が経過するにつれて、k の値は上昇することになるのである。

そして、k^* まで k の値が上昇すると、$sf(k) = nk$ となる。$sf(k) = nk$ であれば、$\Delta k = 0$ となる。このため、時間が経過しても k の値は一定となり、変化しないことになる。

また k^* では、$\Delta k = 0$ であるため、資本と労働の成長率は同率で変化することになる。そして、規模に関して収穫一定の仮定より、総生産の成長率も

図表 14-1

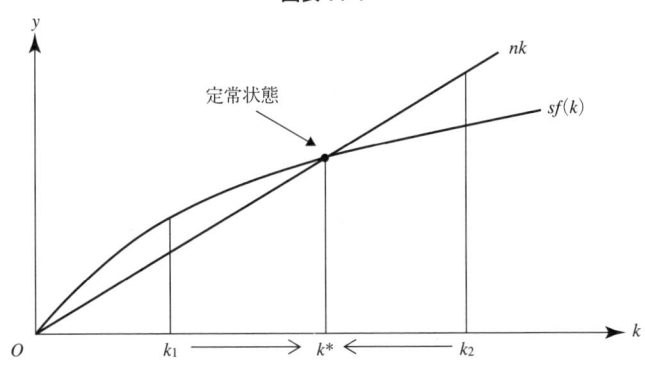

資本と労働の成長率に等しい値となる。k^* においては、定常状態（steady state）が成立しているといわれる。

一方、資本労働比率 k の値が k_2 の時は、$sf(k) < nk$ となる。$sf(k) < nk$ であれば、$\Delta k < 0$ となる。そのため、時間が経過するにつれて k の値は低下することになる。そして、k^* で k の値は一定となる。

ソロー＝スワン・モデルによると、資本労働比率が低く、1人当たりの GDP が低い国においては急速な資本蓄積が進み、高い経済成長を実現することになる。図表 14-1 の k_1 を開発途上国、k_2 を先進国であるとすれば、開発途上国においては資本蓄積が進行するが、先進国においては逆に資本が減少するような事態が生じることになる。そして、先進国と開発途上国の経済成長率は、やがて k^* で等しい値となる。ソロー＝スワン・モデルにおいては、開発途上国の経済成長が先進国よりも急速に進行し、やがて全ての国々の経済成長率が等しくなる可能性があることを示唆している。

III 黄金律

1人当たりの消費が最大となるような定常状態の成立条件のことを資本蓄積の黄金律（golden rule）と呼ぶ。1人当たりの消費 c（$= C/L$）は以下のような式で表される。

$c = f(k) - sf(k)$ … (14-19)

図表 14-2

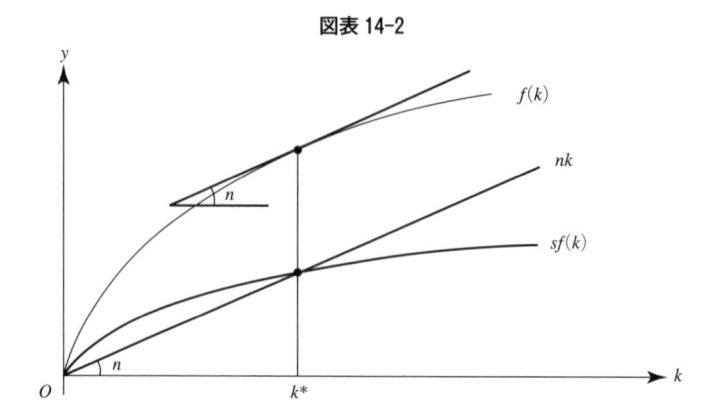

(14-19) は、

$$Y = C + S \quad \cdots (14\text{-}20)$$

の両辺を労働力 L で割ることによって導くことができる。定常状態においては、

$$sf(k) = nk \quad \cdots (14\text{-}21)$$

のような関係が成立しているため、(14-19) 式に代入すれば、以下のような定常状態における 1 人当たり消費 c の値を導くことができる。

$$c = f(k) - nk \quad \cdots (14\text{-}22)$$

ソロー＝スワン・モデルにおいては、定常状態は、図表 14-2 の k^* で成立している。貯蓄率 s は $0<s<1$ であるため、$f(k)$ は $sf(k)$ よりも高い位置に存在する。$f(k)$ の接線の傾きの大きさが $f'(k)$ であり、その大きさが労働人口の成長率 n と等しい場合、定常状態で 1 人当たり消費 c の値は最大となる。すなわち、

$$f'(k) = n \quad \cdots (14\text{-}23)$$

というような条件のことを**資本蓄積の黄金律**という。

図表 14-2 の k^* においては、(14-23) 式の条件が成立している。すなわち、資本装備率が k^* のとき、定常状態にありながら、1 人当たり消費が最大化されている状態であると解釈することができる。

Ⅳ. 経済成長の要因分解

次のコブ＝ダグラス型生産関数（Cobb-Douglas production function）を、
$$Y = AK^{\alpha}L^{(1-\alpha)} \quad \cdots (14\text{-}24)$$
A：技術水準　α：資本分配率（$0<\alpha<1$）

両辺について対数をとって時間 t で微分すれば以下のように表すことができる。

$$\frac{\Delta Y}{Y} = \frac{\Delta A}{A} + \alpha\frac{\Delta K}{K} + (1-\alpha)\frac{\Delta L}{L} \quad (\Delta \text{は変化分}) \quad \cdots (14\text{-}25)$$

(14-25) 式は経済成長率を技術進歩と資本、労働の成長率で表している。例えば、資本が1％成長すれば総生産は α％増加し、労働が1％成長すれば総生産は $(1-\alpha)$％増加する。

また、(14-25) 式は1人当たり総生産 y、資本労働比率 k によって以下のように表すことも可能である。

$$\frac{\Delta y}{y} = \frac{\Delta A}{A} + \alpha\frac{\Delta k}{k} \quad \cdots (14\text{-}26)$$

ここで、総生産の成長率が8％、資本の増加率が5％、労働の増加率が1％であり、資本分配率が0.6であったとしよう。これらの値を (14-25) 式へ代入して整理すれば、技術進歩率は4.6％となる。このように、技術進歩率は、資本や労働の成長率、資本分配率が推計されていれば、それらの値を総生産から差し引いた残差として求めることができる。

一国の総生産の成長に最も大きく影響を与える要因は？　と聞かれた場合、理論的にも実証的にも大事だといえるのは、技術進歩率である。資本や労働を増やすことによる経済成長は、まさに収穫逓減法則によって、定常状態へと近づいていくことになるであろう。技術進歩率を高めることによって、総生産は定常状態を越えて増加することが可能となるのである。

実際に先進諸国を対象とした場合、技術進歩の成長への貢献が高い値を示していることが実証されている。それでは、技術進歩を高めるためにはどのようにすればよいのであろう？　(14-24) 式のようなコブ＝ダグラス型の生産関数を前提とした場合、労働や資本以外に総生産に影響を与える全ての要

因が含まれており、技術進歩は外生変数としてのみ表されている。

V. 内生的成長理論

内生的成長理論（endogenous growth theory）とは、1980年代中盤以降、活発に研究が行われている新しい経済成長理論のことをいい、ローマー、ルーカス、バロー等によって提唱された。

従来の経済成長理論においては、経済成長の最も重要な説明要因として技術進歩のような外生変数を考えていたが、内生的成長理論においては経済成長をモデルの内部で決定される変数（内生変数）によって説明することが試みられるようになった。

その結果、外生変数として処理されていた技術進歩についても、企業の研究開発（research & development：R&D）活動や教育水準の向上などによって内生的に高められていくような過程がモデルに取り入れられるようになった。

また、従来の経済成長理論、特に、ソロー＝スワン・モデルによると、1人当たりの国民所得が低い国においては、1人当たりの国民所得が高い国と比較して、より一層、資本蓄積が急速に進行して高い経済成長率が実現することになる。その結果、長期的には、全ての国々の経済規模は均等化し、同一の成長率で成長を遂げることが理論的結論である。しかしながら現実には、世界全体の経済成長は、ある一定の値へと収束するよりもむしろ、発散する傾向をみせているともいえる。

内生的成長理論の大きな特徴として、資本に関する収穫逓減の仮定が取り除かれている点が挙げられる。この場合、理論的にも経済成長はある一定の値に収束するよりむしろ発散することになる。内生的成長理論によって、先進国と開発途上国の経済格差が縮小しない状態を、理論的に説明することが可能となる。

ここでは、内生的成長理論の中でもフォン・ノイマンによって最初に考案されたといわれる AK モデルを取り上げ、その理論的特徴を説明することにしよう。

図表 14-3

```
y
│
│─────────────── sA
│
│─────────────── n
│
O──────────────→ k
```

　AK モデルにおける生産関数は以下のように示される。
　$Y = AK$　…（14-27）
　A：技術水準、K：人的資本と物的資本を含む総資本
（14-27）式の生産関数においては、資本の限界生産力と平均生産力は $A>0$ で一定となる。（14-27）式の両辺を労働力 L で割って、$Y/L = y$、$K/L = k$ であるとすれば、（14-27）式は以下のように変形される。
　$y = Ak$　…（14-28）
（14-28）式の両辺を k で割ると、以下のように示すことができる。
　$\dfrac{y}{k} = A$　…（14-29）
ソローの基本方程式はソロー＝スワン・モデルによれば、以下のように示される。
　$\Delta k = sf(k) - nk$　…（14-30）
（14-30）式の両辺を k で割ると以下のように表すことができる。
　$\dfrac{\Delta k}{k} = s\dfrac{f(k)}{k} - n$　…（14-31）
（14-29）式の関係と $f(k) = y$ であることを考慮すれば、AK モデルにおいては（14-31）式を以下のように表すことができる。
　$\dfrac{\Delta k}{k} = sA - n$　…（14-32）

(14-32) 式より、$sA>n$ であれば資本労働比率 k は正の値で成長すると考えられる。その関係を図示すれば、AK モデルにおいてはソロー＝スワン・モデルと異なって、全ての変数が同率で成長しているような k への収束は観察されないことが理解される。すなわち、初期時点の k の水準に関係なく、それぞれが同率（$sA-n$）で成長すると考えられる。そのため、初期時点の k の格差は解消せず、長期的に持続すると考えられるのである。この結果は、開発途上国と先進国の経済格差が解消されない可能性があることを示唆している。内生的成長理論には AK モデル以外にも、投資が外部効果や収穫逓増の源泉であることに注目したアローやローマーのモデル、人的資本の蓄積による外部効果や収穫逓増に注目した宇沢やルーカスのモデル、政府支出による内生的成長に注目したバローのモデル等、さまざまなモデルが存在しており、現在、マクロ経済学における最も重要な研究分野の1つとされている。

確認用語

ハロッド＝ドーマー・モデル　ソロー＝スワン・モデル　保証成長率　資本係数　自然成長率　均衡成長条件　ハロッド＝ドーマー条件　新古典派経済成長理論　定常状態　資本蓄積の黄金律　コブ＝ダグラス型生産関数　資本分配率　内生的成長理論　技術進歩率　研究開発　人的資本

参考文献リスト

　本書を使用して学習する上で参考となる文献を紹介する。まずは経済理論の前段階となる水準について、高等学校の政治経済レベルについても踏み込んで基礎を解説したものとしては、以下が挙げられる。

- 小塩隆士『Q&A 経済のしくみ 100 の常識』日本経済新聞社、2001 年
- 小塩隆士『高校生のための経済学入門』ちくま新書、2002 年
- 大竹文雄『経済学的思考のセンス――お金がない人を助けるには』中公新書、2005 年

　また、経済英語の学習にも役立つ文献として、以下も有用であろう。アメリカでは、日本の大学教養レベルの経済学を高校生が学んでおり、決して水準は低くはなく、日本の大学生にとっても非常に有用である。

- 山岡道男・淺野忠克『アメリカの高校生が読んでいる経済の教科書』アスペクト、2008 年

　そして、本書と同水準でミクロ経済学とマクロ経済学を分けて解説したものとしては以下がある。本書で理解した内容を確実なものとするうえで有効である。

- 伊藤元重『ミクロ経済学 第 2 版』日本評論社、2003 年
- 清野一治『ミクロ経済学入門』日本評論社、2006 年
- 中谷巌『入門マクロ経済学 第 5 版』日本評論社、2007 年

　また、本書と同水準のレベルの理解を確認されたい場合、次の文献がその確認用問題集として最適であると思われる。

・白砂堤津耶・森脇祥太『例題で学ぶ 初歩からの経済学』日本評論社、2002年

　本書レベルに近い水準でも、様々な経済問題を分析することが可能であるが、そのような事例が豊富な文献として、関心のある読者は以下も参照されたい。

・大竹文雄『こんなに使える経済学——肥満から出世まで』ちくま新書、2008年

本書の水準を超え、学部上級・大学院レベル初級への準備としては以下が参考になろう。

・ハル・R. ヴァリアン『入門ミクロ経済学』佐藤隆三訳、勁草書房、2005年
・齋藤誠・岩本康志・太田聰一・柴田章久『マクロ経済学』有斐閣、2010年

索引

アルファベット

GDP デフレーター　167
IS-LM-BP 分析　250
IS 曲線　204
J カーブ効果　243
LM 曲線　207

あ行

アブソープション　165
異時点間の資源配分　22
一般均衡分析　80
インターバンク市場　241
インフレ・ギャップ　176
インフレーション　235
エッジ　140
エッジワースのボックス　80
オークション　157

か行

海外直接投資　126
外国為替市場　242
外部経済　87, 88
外部不経済　88
価格支持政策　84
価格消費曲線　16
価格の硬直性　64
下級財　14
拡張経路　14
家計　3
寡占　54

加速度原理　220
貨幣ヴェール観　199
貨幣供給量　189
貨幣錯覚　230
貨幣需要の利子弾力性　210
貨幣数量説　199
可変費用　32
完全競争市場　53
完全雇用水準の国民所得　176
完全情報ゲーム　129, 141
完備性　9
機会費用　26
企業内貿易　127
企業の研究開発　266
危険愛好者　108
危険回避者　107
危険中立者　109
技術進歩率　265
技術的外部効果　88
技術的限界代替率　49
――逓減の法則　50
希少性　10
基数的効用　4
帰属家賃　162
基礎消費　173
期待効用　107
ギッフェン財　19
規模に関して収穫一定　51
規模に関して収穫逓増　51
規模に関して収穫不変　51
規模の経済　125
規模の生産性　50
逆選択　102, 157

逆向き推論法　142
供給　3
協力ゲーム　129
切り替え戦略　153
均衡　73
均衡国民所得　176
均衡点　11
均衡予算乗数の定理　181
金銭的外部効果　87
金融政策　211
クールノー競争　67
クールノー均衡　69
クールノーの点　61
屈折需要曲線　63
クモの巣モデル　77
クラウディング・アウト　215
繰り返しゲーム　147
経済厚生　78
経常収支　246
経路　141
ケインズ型消費関数　173
ケインズ派　172
　——経済成長理論　257
　——の総供給曲線　232
ゲームの木　140
限界効用　5
限界効用逓減の法則　5
限界収入　35, 37
限界消費性向　173
限界代替率　10
限界貯蓄性向　174
限界費用　33
減価償却　163
現金通貨　189
ケンブリッジの貨幣（現金）残高方程式　200
公開市場操作　192, 218
公共財　95

厚生損失　58
合成の誤謬　185
厚生（の）損失　59, 79
公定歩合　192
後方屈曲的な労働供給曲線　28
効用　3, 5
効用関数　7
効用の個人間比較　4
合理的期待形成理論　239
コースの定理　91
国際収支　246
国際収支均衡曲線　248
国際通貨基金　244
国内企業物価指数　167
国内総固定資本形成　164
国内総生産　161
国民総所得　161
国民総生産　161
固定為替相場　245
固定的な生産要素　31
固定費用　32
古典派の総供給曲線　232
古典派の第一公準　229
古典派の第二公準　229
古典派の二分法　199
コブ＝ダグラス型生産関数　265
混合戦略　136
コンソル債　194

さ行

財政政策　183, 211
最適消費点　14
最適反応　132
財の同質性　53, 72
サブゲーム完全なナッシュ均衡　150
差別化　54
サミュエルソン条件　98

産業内貿易　124
参入障壁　55
参入阻止価格　62
参入と退出の自由　72
三面等価の原則　163
死荷重　→厚生の損失
シグナリング　157
資産効果　219
資産動機　208
支出面　163
市場需要曲線　19
市場の安定性　74
市場の失敗　87
自然成長率　259
市中消化　217
実質　166
実質所得　17
実質利子率　168
私的限界費用　89
私的財　94
自発的失業　228
資本係数　258
資本収支　246
資本集約的な財　117
資本蓄積の黄金律　263
社会的限界費用　89
社会的需要曲線　19
社会的余剰　58
囚人のジレンマ　131
収入　35
自由貿易　111
需要　3
純粋戦略ナッシュ均衡　141
純付加価値　164
上級財　14
乗数　179
乗数効果　178
譲渡性預金　189

消費者　3
消費者物価指数　167
消費者余剰　56
情報の完全性　53, 72
情報の非対称性　101
序数的効用　4
所得　3
所得効果　16
所得消費曲線　14
所得弾力性　14
所与　12
新古典派経済成長理論　257
新古典派投資理論　221
信念　158
信用乗数　192
信用創造　190
推移性　9
スクリーニング　158
ストック　163
ストック調整モデル　221
ストルパー＝サミュエルソンの定理　118, 119
生産可能性曲線　82, 114
生産関数　47
生産者余剰　57, 78
生産物（財・サービス）市場　31
生産面　163
生産要素　3
生産要素賦存量　117
正常財　14
成長率　166
セイの法則　171
製品差別化　54, 65
政府最終消費支出　164
世界銀行　244
選好　9
戦略　130
戦略形ゲーム　130

索引　273

総供給曲線　232
操業停止点　42
総支払意志　78
総収入　35, 36
総需要曲線　227
相対価格　12
総費用　32
粗付加価値　164
ソロー＝スワン・モデル　261
損益分岐点　41

た行

代替効果　16
タイプ　158
短期　31
弾力性　73
逐次手番ゲーム　129, 140
中央銀行引き受け　217
中間生産物　161
超過利潤　41
長期　31
長期フィリップス曲線　238
長期利潤最大の均衡条件　44
調整ゲーム　133
調整費用　222
貯蓄　204
定常状態　263
デフレ・ギャップ　176
展開形ゲーム　140
投資　204
同時手番ゲーム　129
投資の利子弾力性　206
等量曲線　48
トービンのq理論　222
独占　54
独占企業の利潤最大化生産量の決定　60
独占的競争　54, 64

取引動機　208
　　──にもとづく貨幣需要　193

な行

内生的成長理論　266
内生変数　266
ナイフエッジ定理　260
ナッシュ均衡　134
ニクソン・ショック　245
日銀預け金　190
ニューケインジアン　240
ノード　140

は行

ハイパワード・マネー　190
パレート最適　80
ハロッド＝ドーマー・モデル　257
反応関数　69
比較優位　112
比較劣位　113
非競合性　95
非協力ゲーム　129
ピグー的課税政策　90
非自発的失業　172, 229
非排除性　95
非飽和性　10
費用最少化　52
標準形ゲーム　130
費用逓減産業　94
ビルトイン・スタビライザー　183
フィリップス曲線　236
付加価値　161
不完全競争市場　54
不完全情報ゲーム　129, 141
複占市場　55
物価上昇率　168

負の効用　25
負の労働　25
不胎化介入政策　246
部分均衡　71
プライス・テイカー　53, 72
プライス・メーカー　54
プライス・リーダーシップ　64
フリードマンの自然失業率仮説　237
フリーライダー（ただ乗り）問題　100
フルコスト原理　62
プレイヤー　130
ブレトン・ウッズ体制　244
フロー　163
平均収入　35, 37
平均費用　32
ベイジアン仮説　158
ベイジアンゲーム　130
ヘクシャー＝オリーン・モデル　117
ヘクシャー＝オリーンの定理　117, 122
変動為替相場　245
法定準備金　190
法定準備率操作　193
包絡線　43
保険プレミアム　108
保護貿易主義　111
保証成長率　258

ま行

マークアップ原理　61
マーシャル＝ラーナーの安定化条件　243
マーシャル的調整過程　75
摩擦的失業　228
マネー・サプライ　189
マネタリスト　236
民間最終消費支出　164
無限繰り返しゲーム　147, 153
無差別曲線　8

名目　166
名目所得　16
名目賃金の下方硬直性　230
名目利子率　168
モラル・ハザード　102, 157

や行

有限繰り返しゲーム　147
有効需要（の原理）　172
有効需要管理政策　176
要素価格均等化の定理　118, 121
幼稚産業保護論　111
余暇　25
預金通貨　189
予算制約式　6
予備的動機にもとづく貨幣需要　193
45度線分析　175

ら行

リアル・ビジネスサイクル理論　239
リカード・モデル　117
利潤　31, 38
利潤最大化の十分条件　40
リスクプレミアム　109
利得　130
利得双行列　131
リプチンスキーの定理　118
流動性選好　207
流動性選好理論　194
流動性の罠　197, 212
リンダール均衡　101
連続性　10
労働供給　25
労働市場　3

わ行

割引因子　153
割引現在価値　23

ワルラス的価格調整メカニズム　56
ワルラス的調整過程　75
ワルラス法則　188

きっちり学ぶ 経済学入門

2011年4月1日第1版第1刷発行
編著者――江良亮、森脇祥太
発行者――黒田敏正
発行所――株式会社日本評論社
　　　　〒170-8474 東京都豊島区南大塚3-12-4
　　　　電話03-3987-8621（販売）　振替00100-3-16
印　刷――精文堂印刷株式会社　製　本――株式会社精光堂
検印省略 ©ERA Akira, MORIWAKI Shota
ISBN 978-4-535-55663-8

JCOPY <（社）出版者著作権管理機構 委託出版物>

本書の無断複写は著作権法上での例外を除き禁じられています。複写される場合は、そのつど事前に、（社）出版者著作権管理機構（電話 03-3513-6969、FAX03-3513-6979、e-mail: info@jcopy.or.jp）の許諾を得てください。

経済学の学習に最適な充実のラインナップ

入門｜経済学 [第3版]
伊藤元重／著　　　　　　　(3色刷) 3150円

まんがDE入門経済学 [第2版]
西村和雄／著　おやまだ祥子／絵　1365円

例題で学ぶ 初歩からの経済学
白砂堤津耶・森脇祥太／著　　　2940円

ニュースと円相場から学ぶ使える経済学入門
吉本佳生／著　　　　　　　　　1785円

マクロ経済学
伊藤元重／著　　　　　　　(4色刷) 2940円

マクロ経済学パーフェクトマスター
伊藤元重・下井直毅／著　　(2色刷) 1995円

入門マクロ経済学 [第5版]
中谷 巌／著　　　　　　　(4色刷) 2940円

スタディガイド 入門マクロ経済学
大竹文雄／著　[第5版]　　(2色刷) 1995円

明快マクロ経済学
荏開津典生／著　　　　　　(2色刷) 2100円

上級マクロ経済学 [原著第3版] 6930円
D・ローマー／著　堀 雅博・岩成博夫・南條 隆／訳

ミクロ経済学 [第2版]
伊藤元重／著　　　　　　　(4色刷) 3150円

ミクロ経済学パーフェクトマスター
伊藤元重・下井直毅／著　　(2色刷) 1995円

明快ミクロ経済学
荏開津典生／著　　　　　　(2色刷) 2100円

はじめてのミクロ経済学
三土修平／著　　　　　　　　　2835円

ミクロ経済学 戦略的アプローチ
梶井厚志・松井彰彦／著　　　　2415円

入門｜価格理論 [第2版]
倉澤資成／著　　　　　　　(2色刷) 3150円

入門｜ゲーム理論
佐々木宏夫／著　　　　　　　　2940円

入門 ゲーム理論と情報の経済学
神戸伸輔／著　　　　　　　　　2625円

例題で学ぶ初歩からの計量経済学 [第2版]
白砂堤津耶／著　　　　　　　　2940円

まんがDE入門経済数学
西村和雄／著　おやまだ祥子／絵　1785円

経済学に最低限必要な数学 [増補改訂版]
吉田和男・島 義博／著　　　　4200円

初歩からの経済数学 [第2版]
三土修平／著　　　　　　　　　3360円

最新 日本経済入門 [第3版]
小峰隆夫／著　　　　　　　　　2625円

経済論文の作法 [第3版]
小浜裕久・木村福成／著　　　　1890円

ミクロ経済学入門　　　　　(2色刷)
清野一治／著 [新エコノミクス・シリーズ]　2310円

マクロ経済学入門 [第2版] (2色刷)
二神孝一／著 [新エコノミクス・シリーズ]　2310円

金融論 [新エコノミクス・シリーズ]
村瀬英彰／著　　　　　　　　　2100円

都市経済学 [新エコノミクス・シリーズ]
山崎福寿・浅田義久／著　　　　2415円

日本評論社　http://www.nippyo.co.jp/　　　（価格は税込）